seismograph

JAMES A. GRYMES

Die Geigen des Amnon Weinstein

Aus dem Amerikanischen
von Jürgen Reuß

open house

1. Auflage, 2017
Die amerikanische Originalausgabe erschien 2014
unter dem Titel *Violins of Hope* bei Harper Perennial, New York

www.openhouse-verlag.de

Lektorat, Satz Open House Verlag
Umschlaggestaltung Annalena Weber
Druck und Bindung Clausen & Bosse, Leck

Printed in Germany
ISBN 978-3-944122-32-8

Wir spielten ums nackte Überleben.
Wir machten Musik in der Hölle.

— Heinz »Coco« Schumann

Inhalt

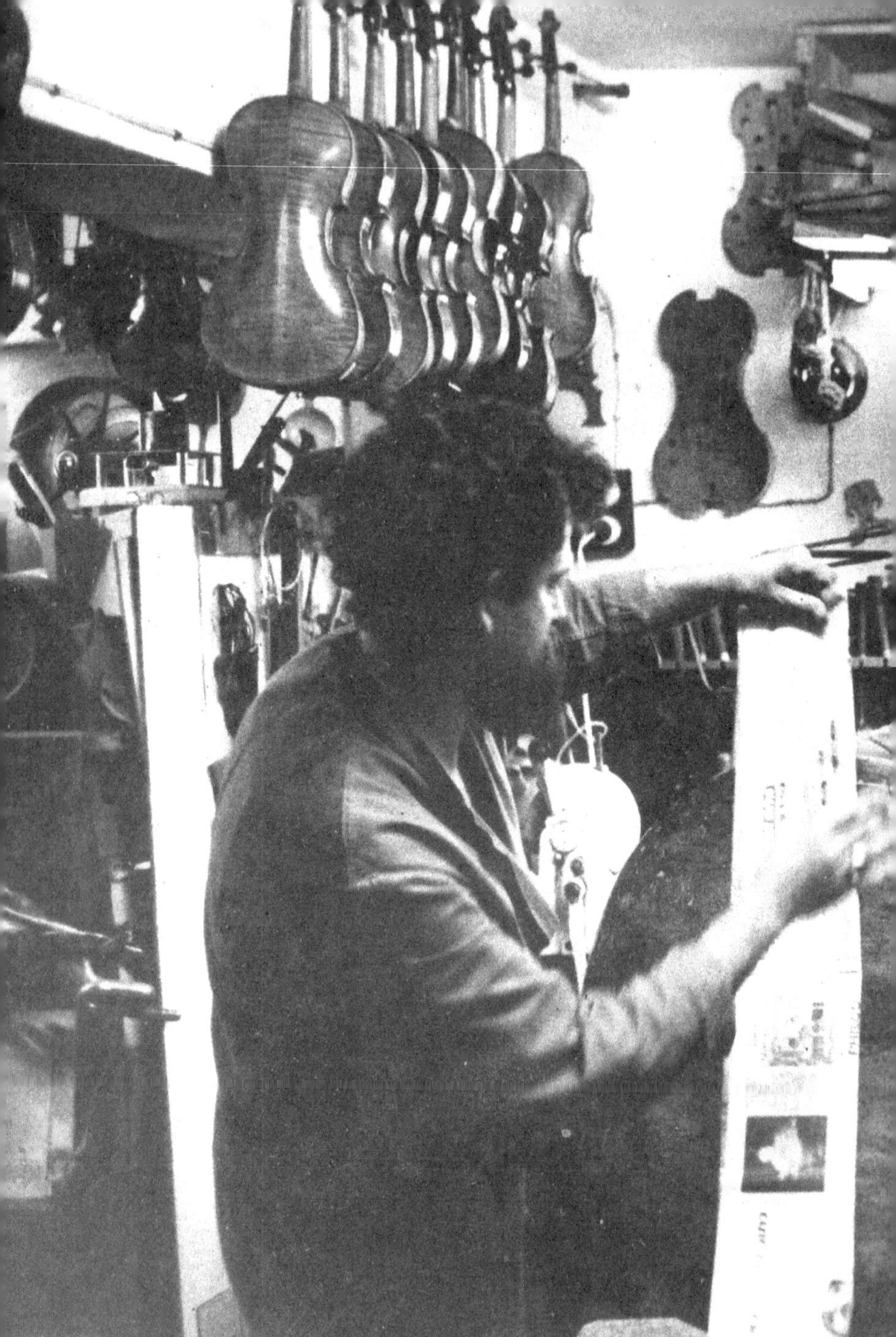

Amnon und Moshe Weinstein reparieren in ihrer Werkstatt in Tel Aviv einen Kontrabass, ca. 1965.

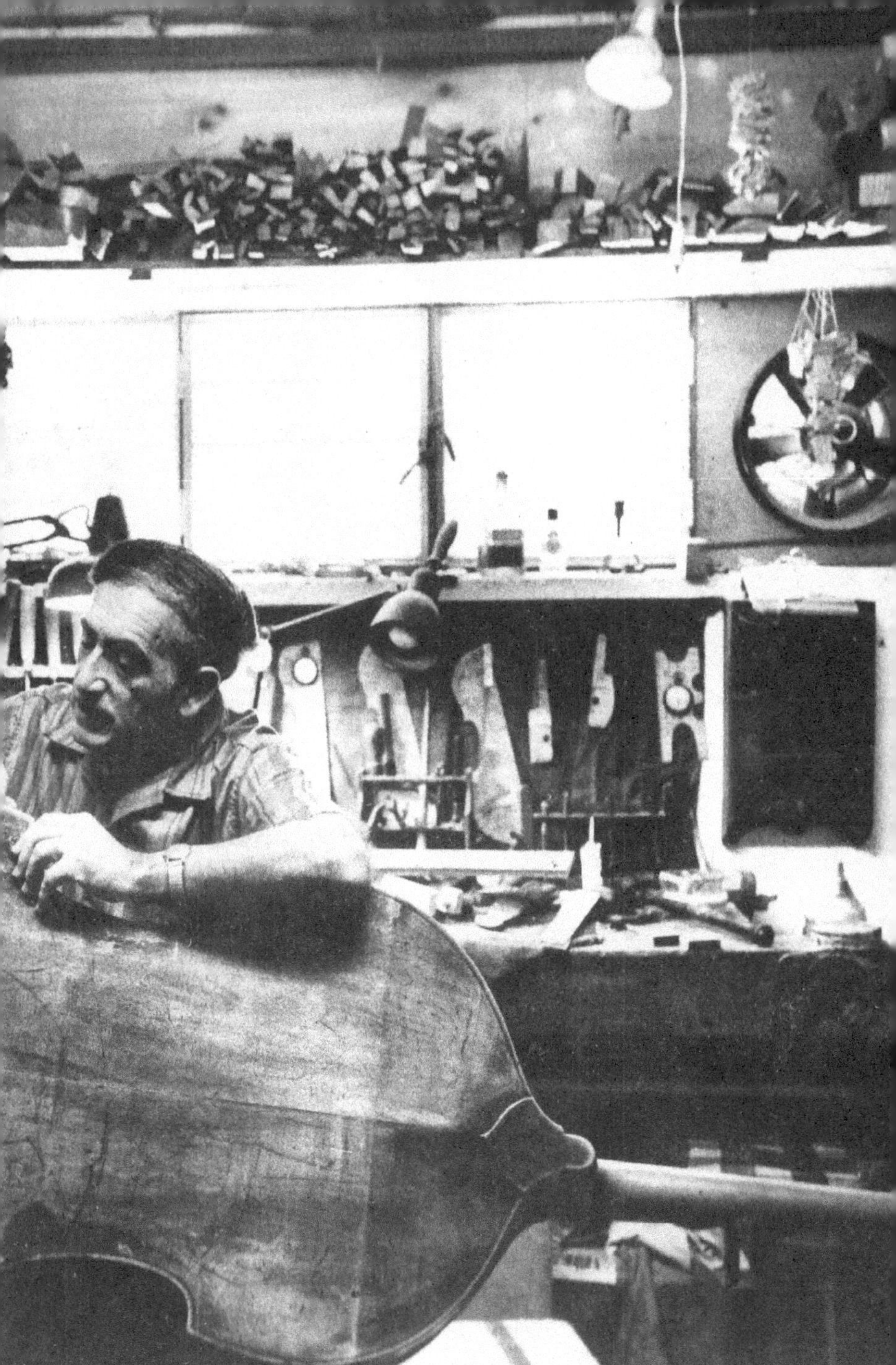

Noch heute baut und repariert Amnon in dieser Werkstatt Streichinstrumente. (Mit freundlicher Genehmigung von Amnon Weinstein)

Prolog
Amnons Geigen

In seinen frühesten Erinnerungen sitzt Amnon Weinstein Ende der 1940er Jahre an einem der hohen jüdischen Feiertage wie Rosch ha-Schana oder Passah mit seinen engsten Familienangehörigen am Tisch. Sie sind zu viert. Amnon, seine jüngere Schwester Esther und die Eltern, Moshe und Golda. Und vierhundert Geister. Es sind die Geister der Angehörigen, die zurück blieben, als Moshe und Golda 1938 nach Palästina emigrierten.

Moshe war Violinist, Geigenlehrer und Geigenbauer. Die Begeisterung für Geigen hatte er als Siebenjähriger für sich entdeckt, als er in seiner Heimatstadt Brest-Litowsk auf einer Hochzeit fahrende Musikanten Klezmermusik spielen hörte. Da es in Brest-Litowsk keine geeigneten Geigenlehrer gab, zog Moshe nach Vilnius, der größten Stadt Litauens und Zentrum der jüdischen Kultur. Er besuchte dasselbe Konservatorium, das auch der in Vilnius geborene Geigenvirtuose Jascha Heifetz wenige Jahre zuvor besucht hatte, und gewann sogar einen Preis für seine Interpretation desselben Violinkonzerts von Mendelssohn, mit dem Heifetz seinen Ruf als Wunderkind begründet hatte. In Vilnius lernte Moshe auch Golda kennen, die ihn auf dem Klavier begleitete und später seine Frau wurde.

Nachdem ihre Ausbildung am Konservatorium in Vilnius beendet war, beschlossen Moshe und Golda als überzeugte Anhänger des Zionismus nach Palästina auszuwandern. Sie wollten am Aufbau eines eigenen Landes und einer eigenen nationalen Identität für Juden in *Eretz Israel,* im Lande Israel mitwirken.

Ihre vierhundert Angehörigen blieben in Europa zurück. Auch Moshes Vater Yaakov, ein Rabbi, der wie viele andere die säkulare zionistische Bewegung für Frevel hielt. Seiner Ansicht nach entsprach es nicht dem Willen Gottes, nach Israel heimzukehren, bevor der Messias zurückgekommen war. Manche zögerten auch einfach zu lange, ihre finanziellen Dinge zu regeln und die nötigen Formalitäten zu erledigen, um ins Heilige Land auszureisen. Als Deutschland am 22. Juni 1941 in die Sowjetunion einmarschierte und die Nazis Osteuropa besetzten, saßen sie in der Falle.

Moshe wusste, dass er seinen Lebensunterhalt in Palästina nicht als Violinist bestreiten konnte. Also verlagerte er sich auf den Beruf des Geigenbauers. Die Geige ist in der jüdischen Kultur ein äußerst beliebtes Instrument, und Moshe sah klug voraus, dass bei den vielen tausend Juden, die auf dem Weg nach Palästina waren, ein fähiger Handwerker, der Instrumente reparieren konnte, sehr gefragt sein würde. Um seine Fertigkeiten zu vervollkommnen, reiste Moshe nach Warschau und ging bei dem angesehenen Geigenbauer Yaakov Zimmerman in die Lehre.

Zimmerman war nicht nur ein herausragender Handwerker. Auch seine Hilfsbereitschaft, besonders gegenüber jungen Musikern, war legendär. Die bekannte Violinistin Ida Haendel, die als Siebenjährige von ihrem Vater nach Warschau ans Konservatorium (heute Fryderyk-Chopin-Musikuniversität) gebracht wurde, erzählt, dass Zimmerman in seiner Selbstlosigkeit Instrumente mitunter ganz umsonst reparierte. Der ebenfalls in Warschau ausgebildete ehemalige Konzertmeister der Berliner Philharmoniker Michael Schwalbé erinnert sich, wie Zimmerman ihn mit allem versorgte, was er für das Violinspiel brauchte, egal, ob es sich um Instrumente, Saiten oder Bogenhaare handelte. Zimmerman organisierte Schwalbé sogar ein Zimmer in der Wohnung des Warschauer Unternehmers Shimon Krongold, damit er in Ruhe üben konnte. Ohne diese Hilfsbereitschaft hätte das Leben für jüdische Kinder wie Haendel und Schwalbé einen ganz anderen Verlauf genommen. Zimmermans Spur verliert sich im Holocaust. Vermutlich kam er im Warschauer Ghetto um.

Schließlich in Palästina angekommen verdingte sich Moshe, wie viele andere Immigranten, zunächst als Orangenpflücker in der Bauernsiedlung Petach Tikwa. Bis 1939 hatten er und Golda, hebräisch auch Zahava genannt, genügend Geld beisammen, um in das zehn Kilometer westlich gelegene Tel Aviv zu ziehen. Moshe eröffnete ein Geigengeschäft und machte sich schnell einen Namen im aufkeimenden Musikleben der Stadt. Als friedliebender Mensch war er der festen Überzeugung, jedes Kind sollte Geige spielen. Menschen, die Musik machten, konnten seiner Meinung nach unmöglich böse oder gewalttätig sein. Auch wenn die Instrumentalisierung der Musik im Holocaust bis zu einem gewissen Grad das Gegenteil bewies, blieb Moshe seiner ehrenhaften Gesinnung treu und stiftete Stipendien, die es vielversprechenden jungen Talenten wie Pinchas Zukerman und Shlomo Mintz ermöglichten, in die Vereinigten Staaten zu reisen, um dort an der Juilliard School die bestmögliche Ausbildung zu bekommen.

Gleichzeitig beschlossen Moshe und Golda eine Familie zu gründen. Sohn Amnon wurde 1939 geboren, Tochter Esther folgte fünf Jahre später.

Bis zum Ende des Holocaust hatten Moshe und Golda kaum etwas von ihren zurückgelassenen Angehörigen gehört. Anfangs erreichte sie noch ab und zu ein Brief von Verwandten, die ihnen gerne nach Palästina gefolgt wären und um Hilfe bei der Beschaffung von Einreisegenehmigungen baten. Aber mit dem Einmarsch der Deutschen in die Sowjetunion im Juni 1941 brach jegliche Kommunikation ab.

Bis eines Tages ein Überlebender des Holocausts Moshe in Tel Aviv aufsuchte und berichtete, auf welche Weise Moshes gesamte Verwandtschaft umgebracht worden war.

Vor dem Krieg hatten Moshes Angehörige sich in Wolkowysk, dem heutigen Waukawysk angesiedelt. Die Stadt war gleich zu Beginn der deutschen Invasion okkupiert worden, und die Deutschen setzten sofort ihr Vernichtungswerk an den Juden in Gang. Am 2. November 1942 trieben sie die Juden, die noch in

Wolkowysk und den umliegenden Regionen lebten, in ein ehemaliges Kriegsgefangenenlager. Wer zu fliehen versuchte, wurde gefangen genommen und hingerichtet. So war es auch Moshes Bruder ergangen. Man hatte ihn auf der Flucht gestellt und an Ort und Stelle erschossen. Bis Ende des Jahres wurde ein Großteil der 20.000 jüdischen Lagerinsassen nach Treblinka ins Todeslager geschickt. Die restlichen 2.000 Juden transportierte man am 12. Januar 1943 nach Auschwitz.

Die entsetzlichen Nachrichten aus der früheren Heimat machten Moshe schwer zu schaffen. In dieser Nacht erlitt er den ersten von vielen Herzinfarkten, die schließlich zu seinem Tod führen sollten. Moshe sprach nie wieder über seine Familie.

Golda fiel es nicht minder schwer, über ihre Angehörigen zu sprechen. Ihre Verwandtschaft war in Vilnius geblieben, das am 24. Juni 1941 von den Deutschen besetzt wurde. Im Gefolge der Wehrmacht kamen die Todesschwadronen und begannen sofort, Juden zusammenzutreiben und in den nahe gelegenen Wald von Ponary zu bringen. Das heutige Aukštieji Paneriai war ein beliebtes Ausflugsziel der jüdischen und nichtjüdischen Bürger von Vilnius gewesen. Nun wurde es zum Ort für eines der brutalsten Massaker des Holocaust. Zu Beginn der deutschen Besatzung lebten 75.000 Juden in Vilnius. Als die Rote Armee die Stadt am 13. Juli 1944 befreite, waren es nur noch wenige tausend. Wie auch bei Moshe überlebte niemand aus Goldas Verwandtschaft.

Gequält vom Schuldgefühl einer Überlebenden warf Golda sämtliche Briefe weg, die sie von ihren Verwandten bekommen hatte. All diese Erinnerungen waren Stimmen, deren Klang sie nicht länger ertragen konnte. Als Amnon älter wurde und nach seinen Großeltern, Tanten und Onkeln zu fragen begann, rang sie um Worte. Wie sollte sie ihm erklären, warum er seine Verwandtschaft nie kennenlernen würde? Schließlich holte sie ein Buch über das Ghetto in Vilnius und das Massaker von Ponary. »Dort sind deine Großeltern«, sagte sie und zeigte auf die entsetzlichen Fotos der Ermordeten. »Das ist meine Familie.« Sie brach in Tränen aus und war zu keiner weiteren Erklärung fähig.

Moshe und Golda brachten es niemals über sich, offen über ihre toten Verwandten zu sprechen. Dennoch waren die Schuldgefühle und die Trauer, die sie angesichts dieser schrecklichen Verluste empfanden, im Alltag der Weinsteins und damit auch in Amnons Kindheit stets präsent.

Manchmal nahm die Erinnerung aber doch konkret Gestalt an.

Moshes Amt als Präsident der Association of Vilna Immigrants brachte es mit sich, dass die Wohnung der Weinsteins zur Anlaufstelle für Überlebende aus Vilnius wurde, die hofften, im Land ihrer biblischen Vorfahren von vorne beginnen zu können. Moshe nahm sie in seiner Wohnung auf, sorgte für das leibliche Wohl und warme Betten, bis sie etwas Eigenes fanden. Amnon weiß noch, wie sehr er sich als Kind vor diesen ausgemergelten Gästen fürchtete, die beim kleinsten Geräusch zusammenzuckten. Es überstieg sein Vorstellungsvermögen, warum sie Brotreste unter Kissen und Bettdecken versteckten. Das Jammern von Besuchern, die sich in den Schlaf weinten, verfolgte ihn in Albträumen noch Jahre später.

Als junger Erwachsener tat Amnon sein Möglichstes, die Katastrophe zu verdrängen, die ihm die Verwandtschaft geraubt und stattdessen Furcht einflößende Fremde beschert hatte. Er konzentrierte sich ganz auf seinen Beruf als Geigenbauer. Im Geigengeschäft des Vaters hatte Amnon mitbekommen, dass Moshe unzähligen jungen Violinisten Starthilfe für ihre Karriere gegeben hatte. Die ärmsten Studenten bekamen Geige, Bogen und Saiten mitunter sogar geschenkt, ganz nach dem Beispiel von Moshes Vorbild Yaakov Zimmerman, der das Gleiche für die jüdischen Kinder in Warschau getan hatte. Amnon nahm sich vor, die Tradition fortzusetzen und sich später in gleicher Weise für junge Musiker einzusetzen. Nach der Lehre beim Vater zog er nach Cremona, der Stadt namhafter italienischer Geigenbauer wie Amati, Guarneri und Stradivari, um bei den Geigenbaumeistern Pietro Sgarabotto, Giuseppe Ornati und Ferdinando Garimberti das alte europäische Handwerk zu studieren. Nachdem er dort seine Fertigkeiten erweitert hatte, zog er weiter nach Paris und ging beim renommierten Geigenbauer Étienne Vatelot in die Lehre.

Als Moshe 1986 starb, übernahm Amnon den Familienbetrieb. Damit die vom Vater begründete Handwerksdynastie nicht mit ihm endete, nahm er ab 1998 seinen Sohn Avshalom in die Lehre, der somit der wahrscheinlich erste jüdische Geigenbauer in dritter Generation ist. Inzwischen galt Amnon längst als einer der besten Geigenbauer der Welt und hatte sich als bedeutende Persönlichkeit des israelischen Kulturlebens etabliert. Auch seine Frau Assi genießt eine gewisse Prominenz: als Journalistin und als Tochter eines der heldenhaften Bielski-Brüder, deren Partisanenleben unter dem Titel *Defiance* mit Daniel Craig in der Hauptrolle sogar verfilmt wurde.

So sehr Amnon versuchte, den Holocaust auszublenden, er ließ ihn doch nicht los. In den späten 1980er Jahren erschien ein Mann in Amnons Werkstatt, der in Auschwitz Geige gespielt hatte. Das Instrument hatte er, seitdem er dem Todeslager entkommen war, nicht mehr angerührt. Jetzt wollte er es für seinen Enkel restaurieren lassen. Die Oberseite der Geige war beschädigt, weil sie auch bei Regen und Schnee gespielt worden war. Als Amnon sich die Violine genauer ansah, fand er im Inneren Aschereste. War das Asche aus den Schornsteinen der Krematorien von Auschwitz? Allein die Vorstellung, was das Instrument und sein Eigentümer durchgemacht hatten, erschütterte Amnon zutiefst. Doch schnell schob er die grausigen Gedanken wieder beiseite. Noch war der Widerstand zu groß, um den Holocaust näher an sich heranzulassen.

In den 1990ern, etwa zu der Zeit, als er seinen Sohn in die Lehre nahm, spürte er plötzlich die Bereitschaft, sich seinem verlorenen Erbe zu stellen. Fünf Jahrzehnte nachdem seine Familie vernichtet worden war, begann er, sich nicht nur allgemein mit dem Holocaust auseinanderzusetzen, sondern auch speziell mit der Rolle, die die Musik – besonders die Geigenmusik – für das jüdische Leben in dieser dunklen Zeit gespielt hatte. Er fing an, nach Geigen zu suchen, die während des Holocaust von jüdischen Musikern gespielt worden waren, und restaurierte sie.

Manche Geigen, die er ausfindig machen konnte, waren während des Holocaust stark beschädigt worden und seitdem unbrauchbar. Doch sobald sie in der Werkstatt vor ihm liegen, setzt er jedes Mal all sein Herzblut, seine Seele und sein außergewöhnliches Können als Geigenbaumeister daran, ihnen neues Leben einzuhauchen. Restaurieren ist oft mühsam und kann bis zu achtzehn Monaten dauern. Ist es Amnon jedoch erst einmal gelungen, eine Geige wieder zusammenzusetzen, kann sie jederzeit in den feinsten Konzertsälen der Welt gespielt werden. Manche Musiker, die die vernachlässigten und schwer beschädigten Instrumente einst gespielt haben, mögen vom Holocaust zum Schweigen gebracht worden sein, doch ihre Stimmen und ihr Geist leben in allen diesen von Amnon hingebungsvoll restaurierten Geigen weiter.

Die Geige im Holocaust

Die Geige war jahrhundertelang wichtiger Bestandteil des jüdischen Kulturlebens. Viele der bedeutendsten Violinisten der Welt waren und sind Juden. Dazu gehören – um nur einige zu nennen – im 19. Jahrhundert die Interpreten der bejubelten Violinkonzerte von Brahms und Mendelssohn; Ausnahmekünstler des 20. Jahrhunderts wie Jascha Heifetz, Yehudi Menuhin und Isaac Stern, und heutige Virtuosen wie Itzhak Perlman, Pinchas Zukerman und Shlomo Mintz.

Manche Gelehrte führen sogar die Erfindung der Geige auf die Juden zurück, die nach Italien geflohen waren, nachdem Spanien 1492 seine gesamte jüdische Bevölkerung vertrieben hatte. Seitdem hat die Geige immer eine maßgebliche Rolle gespielt, sowohl im jüdischen Berufsleben als beliebtes Wahlinstrument klassischer Musiker, als auch im Gemeinschaftsleben, wo sie aus der bis heute lebendigen Klezmertradition nicht wegzudenken ist.

Im Holocaust kamen der Geige innerhalb der jüdischen Gemeinschaft außergewöhnliche neue Rollen zu. Die in diesem

Buch vorgestellten Instrumente erzählen einige dieser ungewöhnlichen Schicksale.

Für manchen Musiker wurde die Geige zur Retterin, die ihn und seine Familie vor der Nazityrannei bewahrte. So warb 1936 Bronisław Huberman 75 jüdische Künstler an, mit denen er in Palästina ein neues Orchester gründen wollte. Er half ihnen, die nötigen rechtlichen und finanziellen Hürden zu überwinden, damit sie Europa auf sicherem Weg verlassen konnten, bevor es zu spät war (Kapitel 1).

Der jüdische Konzertmeister der Osloer Philharmoniker Ernst Glaser nutzte sein musikalisches Renommee, um 1941 während eines Konzerts in Bergen vor den Nazi-Schergen zu fliehen. Aus dem besetzten Norwegen entkam er nach Schweden, wo er bis Kriegsende auftrat und Geld für die im Grenzgebiet lagernden norwegischen Widerständler sammelte (Kapitel 4).

Vielen spendete die Geige in einer der dunkelsten Stunden der Menschheit Trost. Erich Weininger war in Dachau interniert, bevor er nach Buchenwald verlegt wurde. Nachdem die Britischen Quäker 1939 seine Freilassung organisiert hatten, erlaubten ihm die Nazis, nach Palästina auszuwandern. Auf dem Weg dorthin wurde Weininger zusammen mit 3.500 anderen illegalen Einwanderern von britischen Kriegsschiffen abgefangen, auf die Insel Mauritius deportiert und dort bis Kriegsende inhaftiert. In diesen fünf Jahren war es ein großer Trost für Weininger und seine Mitgefangenen, wenn er im Häftlingsorchester Geige spielte (Kapitel 2).

Manch einem hat die Geige im Konzentrationslager oder Ghetto das Leben gerettet. Die Mitglieder der Häftlingsorchester von Auschwitz spielten jeden Tag zum Ein- und Ausmarsch der Arbeitskolonnen. Im Gegenzug wurden ihnen häufig leichtere Arbeit und besseres Essen zugeteilt – was ihre Aussichten zu überleben deutlich verbesserte (Kapitel 3). In den rumänischen Ghettos von Transnistrien spielte Feivel Wininger auf Hochzeiten und Festen und durfte dafür Essensreste für seine Familie mit nach Hause nehmen. Sein Geigenspiel bewahrte dadurch sechzehn Freunde und Familienangehörige vor dem Hungertod (Kapitel 5).

In mindestens einem Fall wurde die Geige zur Rächerin, mit deren Hilfe Vergeltung für ermordete Familienangehörige geübt wurde. Nachdem man Eltern und Schwester exekutiert hatte, schloss Mordechai Schlein genannt »Motele« sich der jüdischen Partisanengruppe »Dyadya Misha« (Onkel Misha) an, die in den dichten Wäldern des polnisch-ukrainischen Grenzgebiets gegen die Nazis kämpfte. Im August 1943 erhielt Motele Zugang zu einem Offiziers-Club der Nazis, damit er dort mit seiner Geige zum Essen aufspielte. Jeden Abend versteckte er seine Violine im Offiziers-Club und nahm nur den leeren Geigenkasten mit hinaus. Morgens kehrte er zurück – anstelle der Geige waren ein paar Pfund Sprengstoff im Kasten deponiert. Als hochrangige SS-Offiziere dem Club einen Besuch abstatteten, sprengte er das Gebäude in die Luft (Kapitel 6).

Für Shimon Krongolds Familie ist die Geige eines der letzten verbliebenen Andenken an ihren geliebten Angehörigen. Nachdem Shimon in Zentralasien an Typhus gestorben war, brachte ein Überlebender das Instrument zu seinem Bruder nach Jerusalem. Die Geige und ein Foto, auf dem Shimon das Instrument in Händen hält, sind die einzige Hinterlassenschaft, die den Holocaust überlebt haben (Epilog).

Heute stehen Shimon Krongolds Geige und die anderen »Geigen der Hoffnung« für das Gedenken an diejenigen, die zugrunde gerichtet wurden. Damals, während des Holocaust, standen sie für Überlebenswillen und Zukunft.

Wo Geigen waren, war auch Hoffnung.

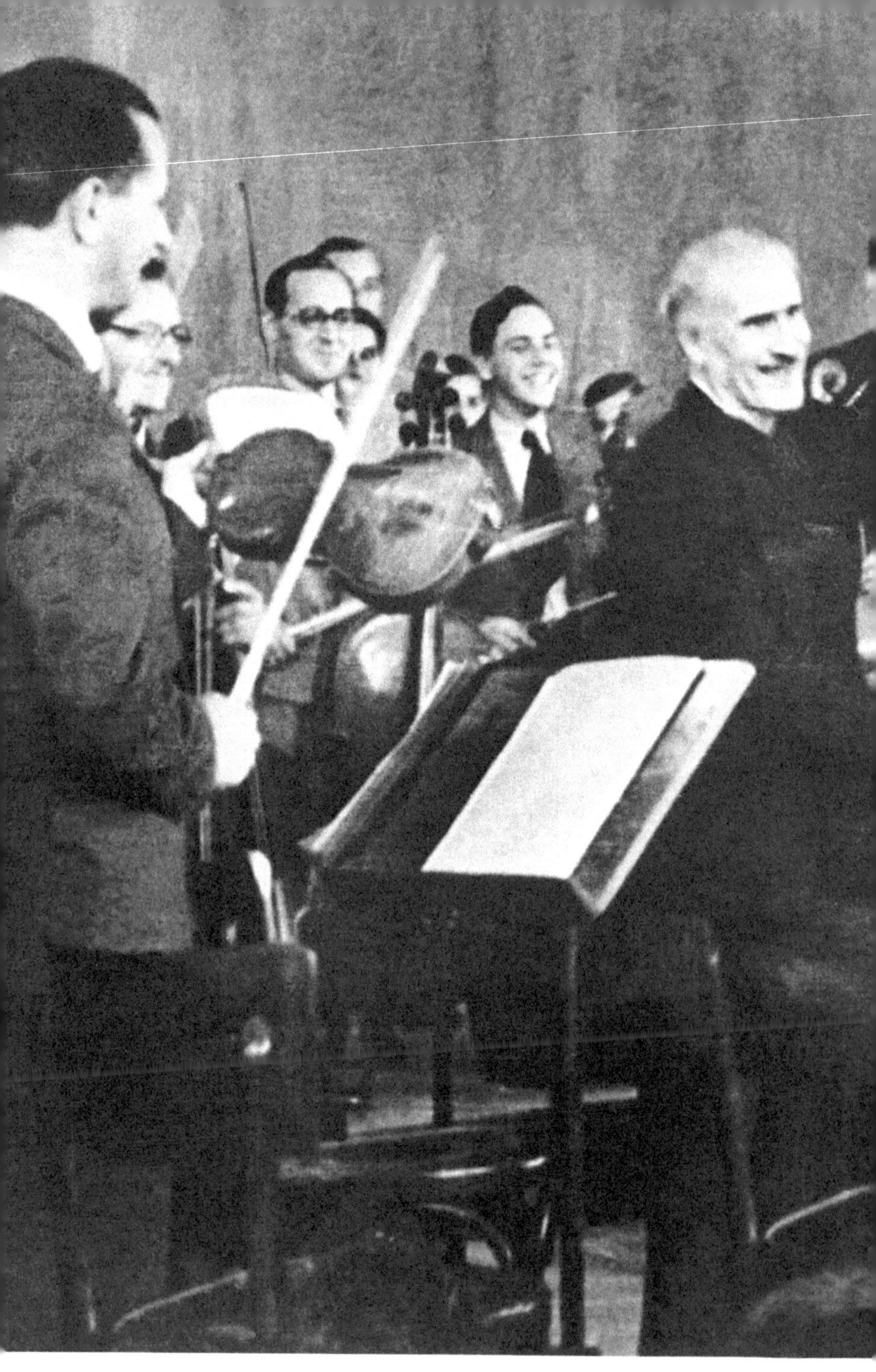

Arturo Toscanini (Mitte links) und Bronisław Huberman (Mitte rechts) bei der öffentlichen Generalprobe des Palestine Orchestra am 25. Dezember 1936 – dem Tag vor dem Eröffnungskonzert des

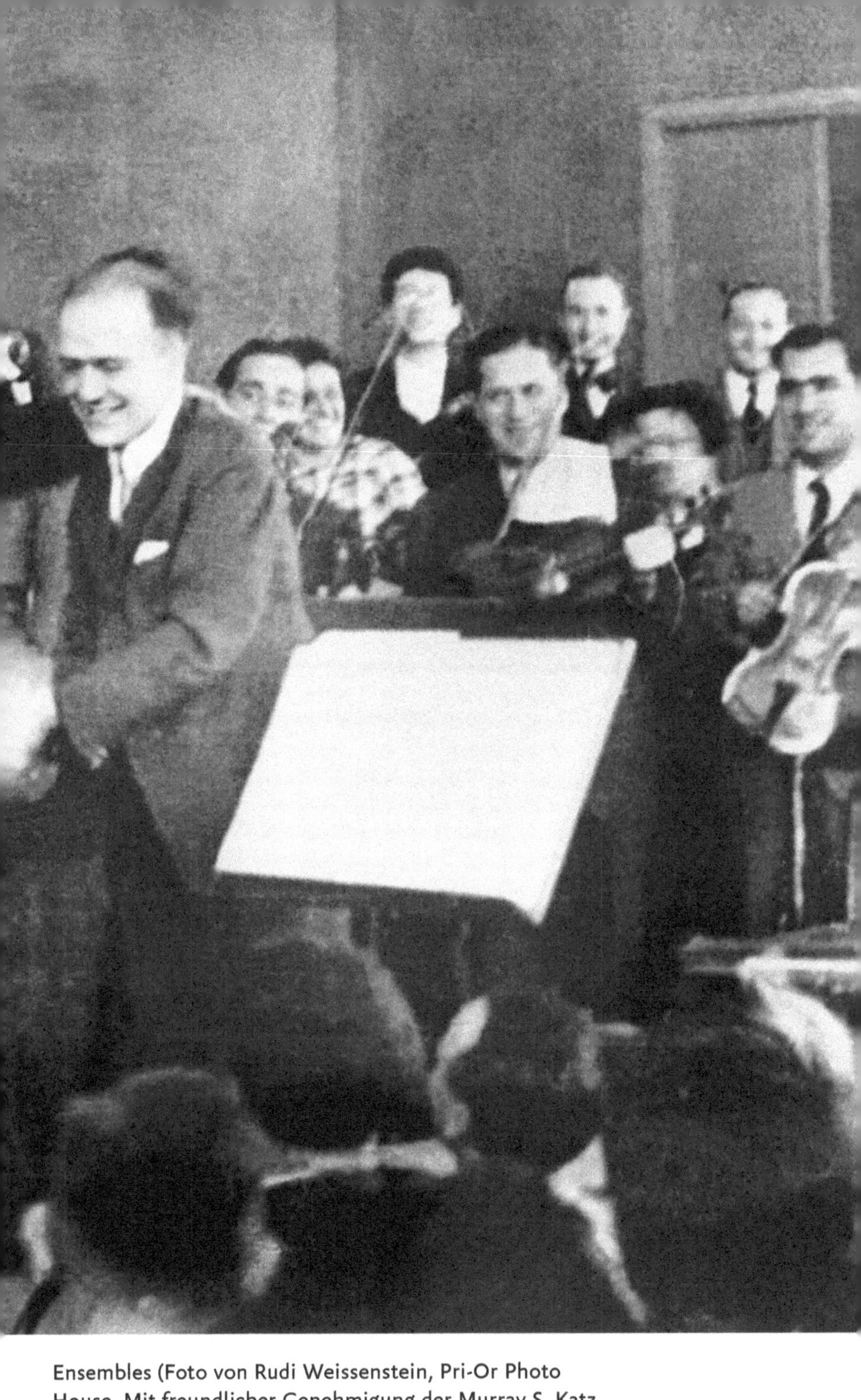

Ensembles (Foto von Rudi Weissenstein, Pri-Or Photo House. Mit freundlicher Genehmigung der Murray S. Katz Photo Archives des Israel Philharmonic Orchestra)

1
Die Wagner-Geige

Anfang des 20. Jahrhunderts waren die in Deutschland lebenden Juden auf zuvor kaum vorstellbare Weise ganz selbstverständlich in das intellektuelle und kulturelle Leben ihrer Wohnorte eingebunden. Im Jahr 1925 stellten die Juden im Freistaat Preußen 16 Prozent der Ärzte, 15 Prozent der Zahnärzte und 25 Prozent der Rechtsanwälte, obwohl ihr Gesamtanteil an der Bevölkerung weniger als ein Prozent betrug. Neben prominenten Positionen im Bankensektor und an den Universitäten waren Juden auch in der deutschen Kunstszene überproportional vertreten und stellten drei Prozent der Berufsmusiker und Theaterbeschäftigten, vier Prozent der Beschäftigten in der Filmindustrie und sieben Prozent der bildenden Künstler und Schriftsteller.

Tragischerweise ging der Erfolg der Juden im Berufsleben mit wachsendem Antisemitismus einher. Die Diskriminierung von Juden war weder auf Deutschland beschränkt, noch etwas gänzlich Neues. Seit den Anfängen des Christentums betrachteten Nichtjuden die Juden mit Misstrauen und gaben ihnen, angefangen beim Tod Jesu Christi bis hin zu Naturkatastrophen, für alles Mögliche die Schuld. Am schlimmsten mittels der zählebigen »Ritualmordlegende«, nach der die Juden das Blut christlicher Kinder in ihren religiösen Zeremonien, vor allem als Zutat für das ungesäuerte Brot beim Passah verwendeten.

In den Jahren nach dem Ersten Weltkrieg gaben rechtsnationale Deutsche ihren jüdischen Mitbürgern nicht nur die Schuld an den demoralisierenden Verlusten auf den Schlachtfeldern, sondern auch an den darauf folgenden sozialen und wirtschaftlichen Unruhen. Man warf ihnen vor, dem Land den Dolch in den Rücken gestoßen zu haben, weil sie die Kriegsanstrengungen nicht ausreichend unterstützt hätten. Die Rechten beharrten darauf, dass letztlich dieser Verrat und nicht die militärische Unterlegenheit Deutschlands Niederlage herbeigeführt hätte. Sie behaupteten, Deutschland würde nur zu alter Stärke zurückfinden, wenn man die Juden, die für den Niedergang verantwortlich wären, loswerden würde.

Die Assimilation der Juden in die deutsche Gesellschaft wurde auch für den Niedergang der deutschen Kultur verantwortlich gemacht. Von Johann Sebastian Bach im frühen 18. Jahrhundert bis zu Richard Wagner im späten 19. Jahrhundert habe Deutschland die klassische Musik dominiert. Das Ende dieser zweihundertjährigen Vorherrschaft schrieb man den jüdischen Komponisten und Kompositionslehrern zu, die traditionelle deutsche Tonalität zugunsten moderner Kompositionstechniken verdrängt hätten. Der internationale jüdische Einfluss, der Atonalität bevorzuge, so die Argumentation, habe die deutsche Kultur zersetzt. Ein bekannter konservativer Komponist zog sogar eine Parallele zwischen der »Impotenz« und dem »Verfall« des deutschen Musikgeschmacks und dem Niedergang der deutschen Gesellschaft, die zu der ansonsten unerklärlichen militärischen Niederlage Deutschlands geführt hätte.[1]

Kaum war Adolf Hitler am 30. Januar 1933 zum Reichskanzler ernannt, begannen die Nationalsozialisten unter seiner Führung, die Juden, denen sie die Schuld am Ruin des Landes in die Schuhe schoben, systematisch aus dem öffentlichen Leben in Deutschland zu beseitigen. Am 7. April wurde das »Gesetz zur Wiederherstellung des Berufsbeamtentums« erlassen, das darauf abzielte, Juden aus allen öffentlichen Ämtern zu entfernen. Es wurde jedoch bald so weit ausgelegt, dass auch eine Anstellung in privaten Institutionen ausgeschlossen war. Grundsätzlich ermächtigte das Gesetz dazu, Juden sowohl aus dem Polizei-, Feuerwehr- und Postdienst als auch aus Bibliotheken und Museen und vor allem aus dem Kunstbetrieb zu entlassen. Jüdische Musiker, die an Musikkonservatorien, in Orchestern und Opernensembles arbeiteten, fanden sich plötzlich auf der Straße wieder.

Seit sieben Jahren war Ernst Böhm beim Orchester des Westdeutschen Rundfunks in Köln als Solo-Kontrabassist angestellt, als er die Anweisung erhielt, sich bis auf weiteres vom Funkhaus fernzuhalten. Der Form nach war es eine zeitlich begrenzte Anordnung, tatsächlich aber sollte Böhm nie wieder im Orchester mitspielen. Am 19. Juni 1933 legte die Reichs-Rundfunk-Gesellschaft dem Westdeutschen Rundfunk eine Namensliste von »nichtarischen« und »politisch unzuverlässigen« Mitarbeitern vor, denen »anlässlich der Durchführung des Gesetzes zur Wiederherstellung des Berufsbeamtentums« zu kündigen war.[2] Böhms Name stand ganz oben auf der Liste. Exakt einen Monat später wurde er fristlos entlassen.

Die Entscheidung darüber, welche Musiker ihre Arbeit behalten durften, lag bei der kurz zuvor installierten Reichsmusikkammer. Sie war vom Reichsminister für Propaganda und Volksaufklärung Joseph Goebbels als eine von sieben Einzelabteilungen der Reichskulturkammer gegründet worden und hatte die Aufgabe, das gesamte Musikleben des Landes zu kontrollieren. Um die deutsche Vormachtstellung in der Musik wiederherzustellen, sorgte die Reichsmusikkammer dafür, dass nur »gute deutsche Musik« wie die Werke von Bach, Beethoven, Brahms, Haydn, Mozart und Wagner aufgeführt wurde. Streng verboten war jegliche »entartete Musik« wie Jazz, atonale Werke und alle Kompositionen jüdischer Komponisten wie Mahler, Mendelssohn und Meyerbeer. Die Kammer kontrollierte auch, wer die genehmigte Musik aufführte. Auftreten durfte nur, wer Mitglied der Reichsmusikkammer war. Juden waren von der Mitgliedschaft in der Reichsmusikkammer ausgeschlossen.

Bedenkt man die jüdische Vorliebe für Streichinstrumente – besonders für die Geige –, verwundert es nicht, dass Juden bei den Streichern in Berufsorchestern überrepräsentiert waren. Mit Beginn der Entlassungen machte sich ihre Abwesenheit in diesen Ensembles sofort bemerkbar. Der deutsche Komponist Georg Haentzschel erwähnte einmal, dass er das Verschwinden jüdischer Musiker daran bemerkte, »dass die Geigen immer dünner klangen«.[3]

Eine Minderheit international bekannter jüdischer Musiker hatte das Glück und die Mittel, Deutschland zu verlassen. Dem jüdischen Komponist Arnold Schönberg, der als Vater der atonalen Musik gilt, blieb keine andere Wahl, als zu fliehen. Er gelangte schließlich in die USA, so wie auch der frühere Konzertmeister der Berliner Philharmoniker Szymon Goldberg, der virtuose Geigensolist Fritz Kreisler und zahlreiche andere berühmte Dirigenten, Solisten und Komponisten. Insgesamt wurden die Vereinigten Staaten zum Zufluchtsort für etwa die Hälfte aller jüdischen Emigranten aus Deutschland und Österreich, darunter 465 Musiker.

Viele andere hervorragende Künstler aber blieben zurück. Sie waren zwar begabt und sehr gut ausgebildet, hatten aber noch nicht das Maß an internationalem Prestige erreicht, das ihnen Angebote von Orchestern außerhalb Deutschlands eingebracht hätte.

Andere hätten vielleicht eine Anstellung gefunden, aber es fehlte ihnen das nötige Geld, um ins Ausland zu gehen. Juden, die mit ihren Familien emigrieren wollten, mussten als Erstes genügend Mittel für die Reisekosten auftreiben. Dann eine absichtlich komplizierte Nazibürokratie durchlaufen, um die nötigen steuerlichen Unbedenklichkeitsbescheinigungen und Ausreisepapiere zu bekommen. Hatten sie das alles geschafft, durften sie dennoch nur ausreisen, wenn die Einreisequote des Ziellandes noch nicht ausgeschöpft war.

Ein Teil der jüdischen Bevölkerung wollte schlicht die Heimat nicht verlassen. Viele von ihnen waren dekorierte Veteranen des Ersten Weltkriegs und überzeugte deutsche Patrioten, die es ablehnten, auch nur einen Gedanken daran zu verschwenden, sie könnten in ihrer geliebten Heimat tatsächlich in Gefahr schweben. Sie redeten sich ein, Deutschlands Experimente mit den

Nazis wären nur von kurzer Dauer und die Unannehmlichkeiten bald wieder vorbei. Ein tragischer Irrtum, wie sich herausstellte.

Der Kulturbund Deutscher Juden

Einer der vielen hundert jüdischen Musiker, die aus den Orchestern entlassen worden waren, war der Schlagzeuger Kurt Sommerfeld. Nachdem das Städtische Orchester Berlin ihn im Zuge der »Säuberung« von jüdischen Musikern gefeuert hatte, meldete sich Sommerfeld beim Arbeitsamt, wo er auf wenig Gegenliebe stieß. »Das ist nicht weiter schlimm«, sagte der Mann beim Arbeitsamt, »gehen Sie zum jüdischen Friedhof und werden Sie jüdischer Gärtner.«[4]

Entschlossen, weiterhin als Musiker zu arbeiten, bewarb sich Sommerfeld auf die Anzeige eines Kaffeehausorchesters, das einen Schlagzeuger suchte. Das Konzert lief gut, bis ein Mann aus dem Publikum aufstand und rief: »Herr Ober, eine Lage Bier für die Kapelle, nur für den Juden dahinten keines!«[5] Sommerfeld verließ auf der Stelle die Bühne und kündigte.

Sommerfeld war wieder arbeitslos, aber nicht lange. Im September 1933 war er der erste von vielen arbeitslosen jüdischen Orchestermusikern, der im Kulturbund Deutscher Juden Zuflucht fand.

Der Kulturbund Deutscher Juden war 1933 vom 26-jährigen Regisseur Kurt Baumann gegründet worden. Baumann hatte zuvor an den bekanntesten Opernhäusern der Hauptstadt gearbeitet: der Berliner Staatsoper, der Volksbühne und der Städtischen Oper. Er erkannte, dass die 175.000 Berliner Juden – etwa ein Drittel aller Juden in Deutschland – selbst über das kulturelle Potenzial einer mittelgroßen Stadt verfügten. Er entwickelte ein Konzept für einen jüdischen Kulturbund und legte es seinem Mentor Kurt Singer vor. Der charismatische ehemalige Intendant der Städtischen Oper Berlin hatte selbst schon in eine ähnliche Richtung gedacht. Sie fassten den kühnen Plan, das jüdische

Kulturleben in Deutschland aufrechtzuerhalten und gleichzeitig arbeitslosen jüdischen Künstlern Erwerbsmöglichkeiten zu bieten.

Im Mai 1933 gelang es Baumann, die Nazi-Obrigkeit davon zu überzeugen, die Gründung eines Bundes zu genehmigen, der qualitativ hochstehende Produktionen von jüdischen Musikern, Schauspielern und Lehrbeauftragten förderte. Selbstverständlich mussten etliche Bestimmungen beachtet werden, die darauf zielten, die Aktivitäten in den jüdischen Kreisen strikt vom Geschehen im übrigen Deutschland zu trennen. Alle Mitarbeiter und Künstler waren Juden, und über ihre Aktivitäten wurde ausschließlich in der jüdischen Presse berichtet. Bei den Veranstaltungen waren nur Juden als Besucher zugelassen. Sie mussten sich im monatlichen Vorabverkauf mit Lichtbild registrieren lassen. Kartenverkauf an der Abendkasse war untersagt. Diese Subskribenten waren sehr wichtig, da der Kulturbund anders als entsprechende arische Zusammenschlüsse keinerlei Zuschüsse erhielt.

Immer weniger Werke von Autoren, Komponisten und bildenden Künstlern, die als Deutsche galten, durften aufgeführt oder ausgestellt werden, jede Veranstaltung musste mindestens einen Monat im Voraus dem Reichskulturverwalter zur Genehmigung vorgelegt werden. Neben der besseren Kontrolle über jüdische Kulturaktivitäten hielt die Nazi-Obrigkeit damit auch ein nützliches Propaganda-Werkzeug in der Hand: Gab es Anfragen von internationaler Seite zur Behandlung der Juden, konnte auf diese von den Nazis extra für die Juden gegründete Kulturorganisation verwiesen werden.

Mit seinem inspirierenden Programm erfreute sich der Kulturbund in der jüdischen Gemeinschaft wachsender Beliebtheit und kam Anfang 1934 auf 20.000 Mitglieder. Das Publikum strömte in die Veranstaltungen, um für kurze Zeit den Problemen zu entfliehen, die den Alltag immer stärker bestimmten. Aber der Kulturbund bot viel mehr als nur Zerstreuung. Er war eine Quelle des Widerstandsgeistes gegen die Unterdrückung durch die Nazis. »Und für diejenigen, die spielten, war es etwas sehr Besonderes, schließlich gab es nichts anderes«, erklärte der Geiger Henry Meyer. »Wir waren zum Konzertieren geboren, und wenn wir das taten, dann fühlten wir uns wirklich lebendig.«[6]

Der Berliner Kulturbund wurde zum Vorbild für Ableger in Frankfurt, Köln und Hamburg. Während der Berliner Kulturbund Theater, Oper und Konzerte veranstaltete, konzentrierte sich der Frankfurter Bund auf ein Orchester. Die Kulturbünde in Köln und Hamburg beschränkten sich auf Theatervorstellungen. Auch in zahlreichen anderen deutschen Städten gab es kleinere Ableger.

Einer der Musiker im Orchester des Frankfurter Kulturbundes war Günther Goldschmidt. Goldschmidt studierte Flöte am Konservatorium von Sondershausen, als er aufgrund seiner jüdischen Herkunft 1934 ausgeschlossen wurde. Er wechselte nach Karlsruhe an die Badische Hochschule für Musik, wurde aber anderthalb Jahre später auch dort aus dem gleichen Grund hinausgeworfen. Arbeitslos und ohne Ausbildungsmöglichkeit sprang Goldschmidt in zwei Konzerten des Frankfurter Kulturbundes für den erkrankten ersten Flötisten Erich Toeplitz ein. Kurz nach den Vertretungsauftritten floh Goldschmidt nach Schweden, kehrte jedoch sechs Monate später wieder nach Frankfurt zurück, um Erich Toeplitz dauerhaft zu ersetzen, der nach Palästina emigriert war. Seine Rückkehr ins Nazireich hatte einen besonderen Grund: Günther Goldschmidt hätte alles getan, um die Geigerin und Bratschistin Rosemarie Gumpert wiederzusehen. Günther und Rosemarie hatten sich bei seiner ersten Probe mit dem Frankfurter Orchester kennengelernt und sofort ineinander verliebt.

1935 wurden alle 46 unabhängigen Kulturbünde gezwungen, sich unter der Leitung von Kurt Singer im Reichsverband jüdischer Kulturbünde in Deutschland zusammenzuschließen. Der Namenswechsel von Kulturbund Deutscher Juden zu Jüdischer Kulturbund war Ausdruck des wachsenden staatlich geförderten Antisemitismus. Nach der Nazi-Ideologie konnte ein Mensch entweder Deutscher oder Jude sein. So etwas wie einen »Deutschen Juden« gab es nicht.

Nicht nur die jüdischen Musiker litten unter dem eskalierenden Antisemitismus. Die Nazis verschärften ihre diskriminierende Politik gegen Juden aus allen Gesellschaftsschichten. Im September 1935 erließen die Nationalsozialisten die »Nürnberger Gesetze« und gaben ihrer antisemitischen Ideologie damit eine juristische Grundlage. Das erste Gesetz, das »Gesetz zum Schutze des deutschen Blutes und der deutschen Ehre«, verbot die Eheschließung sowie den außerehelichen Geschlechtsverkehr zwischen Juden und Nichtjuden.

Das zweite, das »Reichsbürgergesetz«, entzog Juden die deutsche Staatsbürgerschaft, beschränkte ihre Rechte und lieferte die juristische Rechtfertigung für weitere Ausgrenzungen. Juden verloren ihre Zulassung zu staatlichen Krankenhäusern und Universitäten; es war ihnen nicht länger gestattet, öffentliche Bibliotheken, Parks und Strände zu betreten; und sie waren keine rechtmäßigen Deutschen mehr.

In den auf den Erlass der »Nürnberger Gesetze« folgenden Jahren wurde es für die Kulturbünde immer schwerer, sich über Wasser zu halten. Die Mitgliederzahlen gingen zurück, weil immer mehr Juden emigrierten. Die Zurückbleibenden waren immer weniger in der Lage, ihre monatlichen Beiträge zu zahlen, da die neuen Gesetze immer besser griffen und jede Form der Beschäftigung unmöglich machten. Anfang 1938 waren über die Hälfte aller jüdischen Arbeiter in Deutschland arbeitslos. Als Antwort auf die sinkenden Mitgliederzahlen schlossen die Nazis deutschlandweit einen Kulturbund nach dem anderen, bis am Ende nur noch der ursprüngliche Bund in Berlin übrig war.

Als der Frankfurter Kulturbund aufgelöst wurde, wechselten Günther und Rosemarie ins Orchester des Berliner Kulturbundes. So wie Günther schon in Frankfurt unterkommen konnte, weil sein Vorgänger Erich Toeplitz ausgewandert war, gab es nach den zahlreichen Abgängen am Berliner Orchester nun auch dort genügend offene Stellen.

Bis dahin hatten die Nazis sich damit zufrieden gegeben, die »Judenfrage« zu lösen, indem sie Juden aus der deutschen Gesellschaft ausschlossen. Dazu hatten sie in einem ersten Schritt die Juden aus dem öffentlichen Leben entfernt und ihnen die Bürgerrechte entzogen. Im zweiten Schritt wurden die Juden dann massiv unter Druck gesetzt, das Land zu verlassen – eine Politik, die sich zynischerweise mit der der Zionisten deckte, die davon träumten, in Palästina einen jüdischen Staat zu gründen. Erst ab 1942 widmete sich das nationalsozialistische Deutschland mit aller Gründlichkeit der »Endlösung der Judenfrage«, indem es die noch im Land verbliebenen Juden systematisch ermordete.

Wie schwierig es war, den Kulturbund aufrechtzuerhalten, während gleichzeitig so viele seiner Mitglieder emigrierten, lässt sich wohl am besten an der Abfolge der hoch qualifizierten Dirigenten ablesen, die das Berliner Orchester geleitet hatten. Der erste Dirigent war Michael Taube, der zuvor bei der Städtischen Oper Berlin unter Bruno Walter als Kapellmeister gearbeitet hatte. Nach Taube, der Ende 1934 nach Palästina emigrierte, übernahm Joseph Rosenstock die Leitung. Rosenstock, der zuvor Otto Klemperer an der Staatsoper Wiesbaden beerbt und dann als Generalmusikdirektor an das Mannheimer Nationaltheater gewechselt war, verließ Deutschland 1936 zunächst nach Japan, um schließlich in die Vereinigten Staaten zu emigrieren. Auf ihn folgte Hans Wilhelm Steinberg, der zuvor am Frankfurter Opernhaus dirigiert hatte. Inspiriert vom Erfolg des Berliner Kulturbundes hatte er 1934 das Pendant in Frankfurt gegründet, bevor er nach Berlin wechselte. Das dortige Orchester des Kulturbundes leitete Steinberg allerdings nur drei Monate, bevor er über Russland nach Palästina flüchtete. Als letzter Leiter des Ensembles amtierte Rudolf Schwarz, der ehemalige Generalmusikdirektor des Staatstheaters Karlsruhe.

Die bis dahin schlimmsten antisemitischen Ausschreitungen fanden in der Nacht vom 9. auf den 10. November 1938 statt. In dieser Pogromnacht wüteten Nazi-Braunhemden auf den Straßen und schrien »Juda verrecke!« und »Tötet die Juden!«.[7] Sie zerstörten hunderte Synagogen, verwüsteten tausende jüdische Geschäfte und prügelten auf jeden Juden ein, der ihnen über den Weg lief. In dieser Nacht wurden mindestens 91 Juden ermordet. 30.000 Juden – darunter auch Goldschmidts Vater – wurden verhaftet und in die Konzentrationslager Buchenwald, Dachau und Sachsenhausen deportiert. Angeblich waren es die unzähligen Scherben zerschlagener Fensterscheiben, in denen sich die Flammen der brennenden Gebäude spiegelten, die diesen Pogromen den verharmlosenden Namen »Kristallnacht« oder »Nacht der Scherben« eingetragen haben. Nach diesen Gewaltexzessen konnten die europäischen Juden – und der Rest der Welt – nicht mehr die Augen davor verschließen, wie schonungslos die Nationalsozialisten vorgingen.

Mit der Pogromnacht begann in Deutschland die systematische Judenverfolgung. Juden durften ab sofort keinen Geschäften mehr nachgehen. Sie wurden gezwungen, Land, Wertpapiere, Juwelen und Kunstwerke zu Schleuderpreisen zu verkaufen. Jüdische Kinder durften keine öffentlichen Schulen mehr besuchen. Juden wurden von allen öffentlichen Veranstaltungen wie Konzerten, Theater, Kino, Museen und Sportveranstaltungen ausgeschlossen. Jüdische Zeitungen und Verlage wurden geschlossen. Als Quelle von Kultur, Unterhaltung und Nachrichten blieb für die Juden in ganz Deutschland einzig der Kulturbund in Berlin.

Mitten in diesem Klima der wachsenden Unterdrückung gab das Orchester des Berliner Kulturbundes weiterhin Konzerte. Diese Konzerte gaben den Musikern sowie den zuhörenden Mitgliedern einen Anschein von Normalität. Die Konzerte waren auch eine Art des geistigen Widerstands – auch wenn sie in einem von den Nazis strikt kontrollierten Rahmen stattfanden. »Genau darum übe ich, genau darum trete ich auf«, ist Goldschmidt überzeugt. »Das ist meine Bestimmung. Und solange es irgend geht, ist es meine Pflicht, weiter wunderbare Musik zu machen. In schlimmen Zeiten ist Schönheit das beste Gegenmittel.«[8]

1941 ging es mit dem Jüdischen Kulturbund rapide bergab. Ein Großteil der Musiker, die auf dem Höhepunkt ihres Schaffens standen, hatte das Land verlassen. Zurück blieben Musiker, mit denen die hohe Qualität der Konzerte nicht zu halten war. Da jüdische Musiker eine Vorliebe für Streichinstrumente hatten, war es besonders schwer, Bläser zu ersetzen, um den Orchesterklang auszubalancieren. Auch die Publikumszahlen waren stark zurückgegangen. Emigration, Armut und Internierung hinterließen deutliche Spuren. Etliche Musiker und treue Mitglieder waren von Nazis ermordet worden. Manch einer, wie der ehemalige Geiger der Münchner Philharmoniker Josef Lengsfeld, beging Selbstmord. Voll und ganz konzentriert auf das Kriegsgeschehen verzichteten die Nazis nun sogar auf den Anschein, jüdische Kultur zu fördern, und lösten im August 1941 den Kulturbund auf.

Günther Goldschmidt und Rosemarie Gumpert hatten inzwischen geheiratet und waren in die Vereinigten Staaten emigriert. Ein amerikanischer Wohltäter hatte die erforderlichen Sicherheiten gestellt und dafür gebürgt, dass ihre Arbeitssuche erfolgreich verlaufen würde. Sogar die nötigen sechshundert Dollar für die Reise hatte er aufgebracht. Ein Freund in der amerikanischen Botschaft half ihnen bei der Beantragung der Visa. Am 1. Juni 1941 verließen sie Berlin und begannen drei Wochen später als George und Rosemary Goldsmith ihr neues Leben in Amerika. Sie gaben im ganzen Land Konzerte und ließen sich schließlich in Missouri nieder. Rosemary spielte im St. Louis Symphony Orchestra, George arbeitete als Buchhändler. 1967 zogen sie nach Ohio, wo Rosemary bis zu ihrer Pensionierung im Jahr 1981 dem ehrwürdigen Cleveland Orchestra angehörte.

Bronisław Huberman

Während Günther und Rosemarie Goldschmidt dank eines amerikanischen Gönners in die Vereinigten Staaten einwandern konnten, verdankten etliche jüdische Musiker samt Angehörigen ihre Rettung vor der Verfolgung durch die Nazis der Tatsache, dass der jüdische Violinist Bronisław Huberman das heute als

Israel Philharmonic Orchestra zu Weltruhm gelangte Palestine Orchestra gründete.

Der 1882 im polnischen Częstochowa (dt. Tschenstochau) geborene Huberman galt als musikalisches Wunderkind, das schon mit sechs Jahren am Warschauer Konservatorium Geigenunterricht bekam. Mit zehn nahm ihn der legendäre Violinist Joseph Joachim in Berlin als Schüler unter seine Obhut. Mit elf begann er seine Konzertreisen durch ganz Europa und spielte dabei 1896 unter anderem auch Brahms Violinkonzert auf eine Weise, die selbst den für seinen Zynismus bekannten Komponisten schwer beeindruckte. In den folgenden Jahrzehnten erweiterte Huberman den Radius seiner Konzertreisen auf die ganze Welt. Dabei erspielte er sich nicht nur den Ruf als einer der mitreißendsten Violinisten aller Zeiten. Große Sympathien trugen ihm auch sein Mitgefühl und seine humanistische Grundhaltung ein, die sich beispielsweise darin äußerten, dass er für Mittellose ohne Gage spielte und 1908 ein Benefizkonzert für die Opfer des verheerenden Erdbebens und Tsunamis im sizilianischen Messina organisierte.

In den 1930er Jahren verschrieb sich Huberman dem Protest gegen das Unrecht im Nationalsozialismus. Als der Dirigent Wilhelm Furtwängler ihn zu den Berliner Philharmonikern einlud, lehnte er ab. » Es geht nicht um Violinkonzerte und auch nicht bloß um Juden«, erläuterte er Furtwängler in einem offenen Brief seine Entscheidung. »Das Thema ist die Bewahrung der Dinge, die unsere Väter mit Blut und Opfern erreicht haben, der elementaren Voraussetzungen unserer europäischen Kultur, der Freiheit des Individuums und seiner bedingungslosen Eigenverantwortung, unbehindert durch Fesseln von Kaste oder Rasse.«[9] Huberman gelobte, nie wieder einen Fuß auf den Boden des nationalsozialistischen Deutschlands zu setzen.

Wenig später wandte er sich in einem offenen Brief, der in der britischen Zeitung *Manchester Guardian* abgedruckt wurde, an die deutschen Intellektuellen. Der Brief erregte weltweites Aufsehen und zirkulierte auch in Deutschland. Darin übte

Huberman nicht nur scharfe Kritik an den Nazischlägern, die direkt für die schrecklichen Verbrechen an den Juden verantwortlich waren, sondern gab unverblümt auch den deutschen Intellektuellen eine Mitschuld, die das Unrecht mitansahen, ohne sich einzumischen. Gerade die Deutschen, die untätig zusahen, trügen die größte Schuld an den Verbrechen der Nazis.

Je mehr ihn entsetzte, was in Deutschland vor sich ging, desto stärker fühlte er sich von Palästina angezogen.

Seine ersten Auftritte in Tel Aviv hatte Huberman 1929. Warum er 1931 überhaupt noch einmal nach Deutschland zurückkehrte, war ihm selbst nicht ganz klar. Viel mehr als die Hoffnung, die Verbindung zwischen Europa und der jüdischen Gemeinschaft in Palästina zu stärken, wusste er als Grund nicht zu nennen. Nach seinem dritten Palästinabesuch im Jahr 1934 mit zwölf ausverkauften Konzerten in achtzehn Tagen war er restlos begeistert von diesem Land – und das Land von ihm. Der wachsende Antisemitismus in Europa bestärkte seinen Enthusiasmus für die Juden in Palästina. Hatte er anfänglich dem Zionismus noch skeptisch gegenübergestanden, sah er nun in der jüdischen Kolonisierung von Palästina eher eine Ausweitung der europäischen Kultur als einen Bruch mit ihr.

Hubermans frisch entdeckte Begeisterung für Palästina wurde noch befeuert vom bemerkenswerten Aufblühen der dortigen Musikszene in den vorangegangenen Monaten. Dank einer Handvoll Berufsmusiker, die aus Nazi-Deutschland geflohen waren, besaß Tel Aviv nun ein bescheidenes Orchester, mit dem Huberman Werke von Bach, Mozart und Beethoven spielte. Einer der Dirigenten war Michael Taube, Gründungsdirigent des Berliner Kulturbundorchesters. Eine Bevölkerung, die in so kurzer Zeit so große Fortschritte machte, musste über ein nahezu grenzenloses Potenzial für eine große Zukunft verfügen, davon war Huberman überzeugt.

Bevor er Palästina zum dritten Mal verließ, schrieb er einen Brief an Meir Dizengoff. Dizengoff war nicht nur der erste Bürgermeister von Tel Aviv, sondern auch Präsident der Palestine

Philharmonic Symphony Union, die das Orchester finanzierte. In einem ausführlichen Schreiben schlug Huberman vor, die Qualität des Orchesters zu verbessern und Bläser aus Deutschland anzustellen. Da nicht genügend Mittel vorhanden waren, um einen renommierten Dirigenten für die gesamte Konzertsaison in Palästina zu verpflichten, regte er an, die Verantwortung für das Orchester auf drei jüdische Dirigenten aus Europa und den Vereinigten Staaten zu verteilen. Zwei davon kontaktierte er gleich selbst: Issay Dobrowen, Dirigent an der San Francisco Symphony, und Hans Wilhelm Steinberg, der damals noch das Orchester des Kulturbundes in Frankfurt leitete. Außerdem empfahl Huberman in seinem Brief an Dizengoff, über die ursprünglichen Konzerte in Tel Aviv hinaus eine Reihe weiterer gewagter Unternehmungen wie zusätzliche Konzerte in Jerusalem und Haifa oder eine Konzertreise durch Ägypten. In einem Gespräch mit Musikerkollegen regte Huberman zusätzlich die Gründung von Musikschulen an, um Talente im eigenen Land zu fördern.

Enttäuscht, dass Dizengoff und die übrigen Verantwortlichen der Symphony Union nicht alle seine Vorschläge aufgriffen, ging Huberman noch einen Schritt weiter und beschloss, sein eigenes Orchester zu gründen. Die Gunst der Stunde war einfach zu gut, um sie ungenutzt verstreichen zu lassen. Erstklassige Musiker, die in Europa entlassen worden waren, suchten verzweifelt eine neue Anstellung. Warum sollten all diese Virtuosen nicht zusammen in einem neuen Orchester in Palästina arbeiten?

Huberman Vision war ein Weltklasse-Orchester mit ausschließlich jüdischen Musikern. Ein solches Orchester, so argumentierte er, wäre die beste Waffe gegen die Nazis, die behaupteten, Juden könnten keine große Kunst hervorbringen. »Gibt es eine wirkungsvollere projüdische und prozionistische Propaganda, als dass das Palestine Orchestra ein paar Jahre lang durch die zivilisierte Welt tourt und von Juden wie Nicht-Juden als eines der besten Orchester der Welt bejubelt wird?«, fragte er. »Um dem weltweiten Feldzug des Antisemitismus entgegenzutreten, genügt es nicht, in Palästina für materiellen und ideellen

Wohlstand zu sorgen. Wir müssen einen neuen Geist erschaffen und in die ganze Welt hinaustragen. Und das Symphonieorchester, wie ich es mir vorstelle, wäre vielleicht der erste und einfachste Schritt auf dem Weg zu diesem höchsten Ziel jüdischen Menschseins.«[10]

Als Huberman im Dezember 1935 nach Palästina zurückkehrte, machte er sich voller Tatendrang an die Gründung eines Orchesters für die jüdischen Pioniere. Zu seinen zwei Konzerten in Tel Aviv kamen insgesamt 3.000 Besucher. Das erste Konzert richtete sich an eingefleischte Klassikliebhaber. Das zweite fand vor einfachen Arbeitern statt, die, wie Huberman gerne betonte, nicht weniger begeistert und respektvoll waren als jedes andere Publikum auch. Später erzählte er, dass er nie zuvor so stolz darauf gewesen sei, ein Jude zu sein, wie bei diesem Konzert für die Arbeiter. Genau dieses musikbegeisterte Umfeld machte den besonderen Reiz von Palästina aus. Huberman schätzte den Anteil der Konzertbesucher an der jüdischen Gesamtbevölkerung von Palästina auf sechs bis acht Mal höher als in europäischen Städten.

Inzwischen hatten Hubermans Pläne für das Palestine Orchestra konkretere Gestalt angenommen. In der *New York Times* vom 9. Februar 1936 veröffentlichte er einen Artikel mit dem Titel »Orchestra of Exiles«. Das erste Konzert des Ensembles sollte am 24. Oktober in Tel Aviv stattfinden. Für die anschließende achtmonatige Konzertsaison setzte er sich das ehrgeizige Ziel von sechzig Konzerten in Tel Aviv, Jerusalem und Haifa und weiteren zwanzig Konzerten in kleineren ländlichen Kommunen. Jedes Programm sollte in den größeren Städten zweimal aufgeführt werden: einmal für wohlhabende Abonnenten und einmal für einfache Arbeiter. Adolf Busch – ein nichtjüdischer Geigenvirtuose, der seine deutsche Heimat einige Jahre zuvor aus Protest gegen das Naziregime verlassen hatte – sagte als Solist für die erste Saison zu. Weitere führende Künstler sollten eingeladen werden.

Dass Huberman vor Arbeitern auftrat und darauf bestand, dass sein neues Orchester es ebenso hielt, wirft ein faszinierendes Licht auf sein Verständnis von der Rolle der Musik im öffentlichen Leben. Sein Ansatz war höchst demokratisch: er beharrte darauf, jeder sollte – unabhängig vom Einkommen – Zugang zu großartiger Musik haben. Akribisch achtet er darauf, dass die Konzerte vor einfachen Arbeitern denselben hohen Maßstäben gerecht wurden wie die vor ausgewählten Abonnenten. Der einzige erkennbare Unterschied sollte der Eintrittspreis sein. Nicht wenige seiner Zeitgenossen glaubten im Gegensatz zu Huberman, Konzerte für Arbeiter müsse man nicht so ernst nehmen. Hubermans Argument: erfahrene Musikhörer seien in der Lage, auch weniger gute Interpretationen zu genießen, weil sie die nötige Übung hätten, um sich weniger auf das Können der Interpreten und mehr auf das Handwerk des Komponisten zu konzentrieren. Gerade das unerfahrene Ohr sei am meisten auf makelloses Spiel angewiesen.

Zwei Wochen nachdem die Gründung des Palestine Orchestras bekannt gegeben worden war, vermeldete die *New York Times* Hubermans größten Coup: Arturo Toscanini, Dirigent der New Yorker Philharmoniker und einer der besten Musiker der Welt, würde das erste Konzert des Palestine Orchestras dirigieren. Toscanini hatte jeden Auftritt in seiner Heimat Italien verweigert, seitdem dort der Faschismus regierte. Darüber hinaus boykottierte er nicht nur Nazi-Deutschland, sondern prangerte auch offen die Judenverfolgung in diesem Land an. Huberman machte deutlich, Toscaninis Entscheidung, für die entstehende jüdische Gemeinschaft in Palästina zu dirigieren, während er sich gleichzeitig weigerte, einen Fuß auf den Boden der kulturell weiter entwickelten Nationen Deutschland und Italien zu setzen, markiere »einen historischen Meilenstein im Kampf gegen den Nationalsozialismus und für den Aufbau von Palästina.«[11]

Einen zweiten Coup für das Eröffnungskonzert seines neuen Orchesters landete Huberman, als er am 20. April ankündigte, Toscanini werde zwei Sätze aus Mendelssohns Ouvertüre zu *Ein Sommernachtstraum* dirigieren. Auch das war ein Protest gegen die Unterdrückung durch die Nationalsozialisten: Von Nazis vertriebene Musiker würden von Nazis verbotene Musik spielen.

Richard Strauss

In Gesprächen mit künftigen Dirigenten des Palestine Orchestras machte Huberman sein Interesse an Stücken von jüdischen Komponisten deutlich, auch wenn diese schließlich nur einen sehr kleinen Prozentsatz des Repertoires ausmachten. Allerdings war Huberman sehr daran gelegen, die Dirigenten davon abzuhalten, Stücke von Komponisten ins Programm aufzunehmen, die in Verbindung zum Naziregime standen. Schlug ein Dirigent ein Stück des umstrittenen deutschen Komponisten Richard Strauß vor, untersagte Huberman das mit den Worten: »Wir können nicht jemandem Platz einräumen, der einerseits eine jüdische Schwiegertochter und einen jüdischen Librettisten hat, andererseits aber aus materiellen Gründen den Nazis solange als Präsident der Reichsmusikkammer diente, bis sie ihn rauswarfen.«[12]

Die Begeisterung für das Orchester wuchs, und Huberman verstärkte seine Bemühungen, Geld für das Ensemble aufzutreiben. Eine Konzertreise durch die Vereinigten Staaten, die ihn nach Seattle, Los Angeles und San Francisco führte, nutzte er, um Unterstützerkomitees zu organisieren und Spenden einzusammeln.

Am 30. März 1936 nahm er an einem von Albert Einstein ausgerichteten Fundraising-Dinner teil. Einstein setzte sich auch in Briefen an Persönlichkeiten des öffentlichen Lebens dafür ein, für Hubermans Sache zu spenden. Huberman sagte daraufhin mehrere Konzerte in Europa ab, um seine Fundraisingkampagne nach Einsteins Dinner noch drei Wochen zu verlängern.

Als er am 23. April das Land verließ, hatte er 15.500 Dollar an Spenden, weitere Mittel in Höhe von 2.000 Dollar und Zusagen in Höhe von 7.000 Dollar gesammelt. Eine beträchtliche Summe also, wenn man bedenkt, dass das durchschnittliche Jahreseinkommen einer Familie in den USA damals 1.524 Dollar betrug. Huberman hatte das Gefühl, dass ihm jede weitere Woche, die er hätte länger bleiben können, weitere 10.000 Dollar eingebracht hätte.

Die Auswahl der Musiker

Nach dem erfolgreichen Fundraising änderte Huberman seine Pläne für die Auswahl der Musiker. Ursprünglich wollte er nur Streicher engagieren, die bereits in Palästina waren, und sich vor allem darum kümmern, jüdische Bläser aus Europa zu gewinnen. Aber 1935 hatte Huberman so viel Geld beisammen, dass er beschloss, auch die Streicher aus Palästina durch bessere aus Europa zu ersetzen. »Ab jetzt kommen nur noch wirklich erstklassige Musiker in Frage«, legte er fest.[13] Neben der musikalischen Motivation, die Qualität des Ensembles zu steigern, erfüllte die Rekrutierung von Streichern auch eine humanitäre Funktion, weil sie jüdischen Streichern, die in Europa ihre Arbeit verloren hatten, eine Anstellung verschaffte.

Nach Toscaninis Zusage, das Orchester zu dirigieren, musste Huberman seine Ziele noch höher stecken. Ursprünglich hatte er an ein Orchester von etwa sechzig Musikern gedacht, was für die Aufführung von Werken aus dem 18. und frühen 19. Jahrhundert vollauf genügte. Aber Toscanini war dafür bekannt, Meisterwerke aus dem späten 19. und frühen 20. Jahrhundert ins Programm zu nehmen, die ein größeres Ensemble erforderten. Toscanini zu bitten, sich mit einem kleineren Orchester zu begnügen, war ausgeschlossen. Also war Huberman gezwungen, das Ensemble von 60 auf 75 Musiker aufzustocken.

Da nichts Huberman dazu bewegen konnte, nach Deutschland zurückzukehren, übertrug er Hans Wilhelm Steinberg die Aufgabe, deutsche Musiker für das Orchester auszuwählen. Steinberg hatte die Kulturbundorchester in Frankfurt und Berlin geleitet und somit ausgezeichnete Kontakte zu zwei Ensembles, in denen bereits hervorragende jüdische Musiker versammelt waren. Der Wechsel zum Palestine Orchestra sollte denen, die gingen, das Leben retten, während viele Kulturbundmusiker, die blieben, im Holocaust getötet wurden.

Einer der Musiker, die Steinberg dem Berliner Kulturbund abwarb, war der Posaunist Heinrich Schiefer. In Berlin geboren und aufgewachsen hatte Schiefer seinen Lebensunterhalt als Unterhaltungsmusiker in Stummfilm-Kinos, im UFA-Orchester und im Kaffeehaus bestritten. Als er nach 1933 all seine Stellungen verlor, nahm er zunächst Engagements in Spanien, den Niederlanden und der Schweiz an, bevor er 1934 in das Berliner Kulturbundorchester eintrat. Als sich die Diskriminierungen im März 1936 zuspitzten, beschloss er, Deutschland endgültig zu verlassen.

Im Mai musste Schiefer bei Steinberg im vornehmen Berliner Hotel Fürstenhof zum Vorspiel antreten. Das Ganze dauerte nur fünf Minuten. Schiefer sollte Steinberg etwas aus Wagners *Tristan und Isolde* vortragen, das ihm gänzlich unbekannt war. Zunächst hörte Steinberg sich kommentarlos an, wie Schiefer sich das Stück interpretierte, dann bat er ihn, es noch einmal zu spielen. Diesmal dirigierte Steinberg ihn, um zu sehen, ob Schiefer seiner eigenen Interpretation folgen konnte. Mehr wollte Steinberg nicht hören.

Schiefer war angenommen, hatte aber noch zwei andere Anfragen auf dem Tisch. Die eine stammte von einem früheren Kollegen aus Berlin, der in Argentinien ein Jazzorchester gegründet hatte. Die andere kam vom Symphonieorchester in Baku, der Hauptstadt der Aserbaidschanischen Sozialistischen Sowjetrepublik.

Zwei Kollegen aus dem Berliner Kulturbundorchester nahmen das Angebot der Jazzkapelle in Argentinien an, Schiefer aber entschied sich für Hubermans Orchester. Zum einen hatte Steinberg ihn überzeugt, zum anderen hoffte er, seine Eltern später nach Palästina nachholen zu können. »Lass das mit dem Jazz und den Kommunisten«, unterstützte der Vater seinen Entschluss. »Bleib bei den Juden.«[14]

Auch der Berliner Hornist Horst Salomon bekam eine Einladung. Salomon hatte fünf Jahre an der Berliner Hochschule für Musik Horn im Hauptfach studiert. Als die Hochschule 1933 arisiert wurde, wurde ihm die Abschlussprüfung verweigert. Im Herbst trat er als Erster Hornist ins Berliner Kulturbundorchester ein und spielte dort später auch unter Steinberg. Da Steinberg seine Qualität also bereits kannte, wurde er ins Palestine Orchestra aufgenommen, ohne erst vorspielen zu müssen.

Neben Schiefer und Salomon gelang es Steinberg auch, den Violinisten Basia Polischuk und den Schlagzeuger Kurt Sommerfeld aus dem Berliner Kulturbundorchester abzuwerben. Wie bei Salomon verbürgte sich Steinberg für Sommerfelds Qualität und erließ ihm das Vorspielen. Vom Frankfurter Orchester kamen der Klarinettist Heinrich Zimmerman, der Violinist Rudolf Bergmann, die Violinistin Dora Loeb und der Cellist Ary Schuyer sowie der Kontrabassist Ernst Böhm, der dem Ensemble beitrat, nachdem er aus dem Orchester des Westdeutschen Rundfunks geflogen war.

Ebenfalls vom Frankfurter Kulturbundorchester stieß der Flötist Erich Toeplitz hinzu. Toeplitz hatte Klavier und Schulmusik an der Musikhochschule Köln studiert, bis 1933 alle Juden von dort verbannt wurden. Zwar ließ man ihn kurz darauf im Rahmen eines speziellen Numerus Clausus für jüdische Studenten wieder zu, er war aber nun völlig auf sich allein gestellt und wurde von den Nazikommilitonen ausgegrenzt. Er beschloss, Deutschland zu verlassen, sobald er sein Studium beendet hatte.

Um seine beruflichen Aussichten zu verbessern, nahm er zusätzlich Privatunterricht auf der Flöte, die er seit der Kindheit zum Vergnügen spielte. Im Frühjahr 1934 meldete er sich auf eine Anzeige des Frankfurter Kulturbundorchesters, absolvierte ein Vorspielen in Köln und wurde als Erster Flötist eingestellt. Im Jahr darauf kam ihm zu Ohren, dass Huberman in Palästina ein Orchester gründete und bat Steinberg um eine Empfehlung. Steinberg antwortete, er habe diese bereits ausgesprochen und Toeplitz würde ein Engagement bekommen. Als Toeplitz Frankfurt verließ, nahm Günther Goldschmidt seinen Platz im Kulturbundorchester ein.

Das Verhältnis zwischen den Kulturbundorchestern und dem Palestine Orchestra war anfänglich freundschaftlich. Es war sogar die Rede davon, das Berliner Orchester nach Palästina einzuladen und für das Palestine Orchestra eine Konzertreise durch die jüdischen Gemeinden in Deutschland zu organisieren. Eine Idee, der Huberman erwartungsgemäß eine Abfuhr erteilte. »Ich bin strikt dagegen, in Deutschland Konzerte zu geben, so wie ich es ganz allgemein ablehne, mit jüdischen Einrichtungen im deutschen Ghetto zu kollaborieren«, stellte er klar. »Außerdem widerspräche es meiner Selbstachtung, deutsche Behörden um Erlaubnis zu bitten und dann abgelehnt zu werden. Soweit es mich betrifft, kommt das überhaupt nicht in Frage.«[15]

Kurt Singer und andere Führungsfiguren des Kulturbundes gratulierten dem Palestine Orchestra per Telegramm zum Antrittskonzert, aber solche Bekundungen des Wohlwollens waren nicht von Dauer. Je mehr Instrumentalisten das Palestine Orchestra bei den Kulturbünden abwarb, desto mehr empörte sich Singer darüber, dass er seine Musiker an ein ausländisches Orchester verlor. Er machte sich zurecht ernsthafte Sorgen um die Zukunft seiner Ensembles.

»Alles hängt jetzt davon ab, unsere Orchester stabil zu erhalten«, schrieb Singer an Sommerfeld, der bereits nach Palästina emigriert war, um dem dortigen Orchester beizutreten. »Aus diesem Grunde habe ich einen dringenden Appell an Ihren Kapellmeister, meinen Freund Steinberg gerichtet und gebeten, keine Musiker mehr aus unserem Orchester für Palästina zu werben. Ein Nachwuchs ist in Deutschland für uns kaum mehr zu finden, und ich möchte nicht das Werk unseres hart arbeitenden und hoch talentierten [Dirigenten] Rudolf Schwarz unnötigerweise erschweren.«[16]

Das Vorspielen in Wien leitete Huberman selbst. Österreich war zwar noch unabhängig von Nazi-Deutschland, aber der Antisemitismus war auch dort auf dem Vormarsch. Sowohl die Wiener Philharmoniker als auch die Wiener Symphoniker behielten ihre jüdischen Musiker, stellten aber keine neuen Juden mehr ein. Als Reaktion auf den wachsenden Antisemitismus gab Huberman im Sommer 1936 seinen Wohnsitz in Schloss Hetzendorf und seine Meisterklasse an der Staatsakademie in Wien auf. Seine drei besten Meisterschüler – Heinrich Haftel, David

Grünschlag und Alfred Lunger – engagierte er für die Sektion der ersten Geige im Palestine Orchestra.

Vor Beginn der Vorspiele für Musiker aus Warschau beriet sich Huberman mit Jacob Surowicz, dem Führer der zweiten Geigen bei der Warschauer Philharmonie. Surowicz ging zunächst davon aus, Huberman wäre an den Musikern seiner Sektion interessiert, und fragte, ob nicht auch die übrigen besten Musiker des Orchesters vorspielen dürften. »Nicht auch, sondern *nur* die allerbesten Musiker sollen vorspielen«, entgegnete Huberman lächelnd.[17] Huberman war fest entschlossen, ein Ensemble zusammenzustellen, das mit den zwei bis drei besten Orchestern Europas konkurrieren konnte. Schließlich schlossen sich neben Surowicz sechs weitere Kollegen der Warschauer Philharmonie dem Palestine Orchestra an.

Statt darauf zu warten, dass Huberman zu ihnen kam, reisten viele Musiker auch nach Palästina, in der Hoffnung, ihm dort vorspielen zu dürfen. Da ihnen die Reisepläne Hubermans nicht bekannt waren, liefen ihre Touristenvisa nicht selten ab, ohne dass sie überhaupt die Gelegenheit bekamen, ihn zu treffen. Trotzdem nahmen sie dieses Risiko gern in Kauf, denn nach einem erfolgreichen Vorspielen winkte eine dauerhafte Aufenthaltsgenehmigung. Als Huberman mit großem Erfolg durch Palästina tourte, setzten die Musiker alles daran, ihn in den Hotellobbys abzupassen. Und trotz des vollen Terminkalenders nahm er sich tatsächlich die Zeit, jeden von ihnen anzuhören.

Das Palestine Orchestra bot sowohl den Musikern, die Europa auf jeden Fall verlassen wollten, als auch den wenigen, die zunächst gar nicht erwogen hatten zu emigrieren, einen sicheren Hafen. Der achtzehnjährige ungarische Violinist Lorand Fenyves beispielsweise wusste gar nicht, für was er sich bewarb, als sein Lehrer Jenő Hubay ihn drängte, Huberman vorzuspielen. Ein paar Tage später bekam Fenyves von Huberman ein Telegramm, er solle sich bereit machen, binnen einer Woche nach Palästina auszureisen. Seine Eltern drangen darauf, dass er stattdessen lieber den bereits unterschriebenen Vertrag als Konzertmeister des

Göteborger Sinfonieorchesters erfüllte, aber der Dirigent Felix Weingartner riet ihm nachdrücklich, sich die einmalige Gelegenheit nicht entgehen zu lassen, unter der Leitung von Toscanini gemeinsam mit den besten jüdischen Instrumentalisten Europas aufzutreten. Lorands Schwester Alice Fenyves wurde als Bratschistin des Orchesters angenommen und begleitete ihn nach Palästina.

Huberman bekam zwar nicht jeden Musiker, den er für sein Orchester wollte, aber das musikalische Können derjenigen, die ihm folgten, konnte sich sehen lassen. Von den 70 Musikern, die im ersten Programmheft des Orchesters aufgelistet werden, kamen 52 aus führenden Orchestern wie den Budapester Philharmonikern, dem Leipziger Gewandhausorchester, den Wiener Symphonikern und der Warschauer Philharmonie. 30 von diesen 52 Musikern hatten in ihren Orchestern eine Führungsposition bekleidet. Auf der Namensliste stehen Musiker aus Argentinien, Deutschland, Frankreich, Italien, Jugoslawien, Lettland, den Niederlanden, Österreich, Polen, Russland, der Schweiz, der Tschechoslowakei, Ungarn und den Vereinigten Staaten. Hubermans Orchester war keineswegs eine bloße Ansammlung von Vertriebenen, sondern ein internationales Starensemble.

Huberman wusste sehr gut, dass es um mehr ging als die Etablierung eines Weltklasse-Orchesters. Er rettete Leben. Als der Präsident der Hebräischen Universität von Jerusalem Zweifel an der langfristigen Überlebensfähigkeit des Orchesters anmeldete, trat Huberman dem mit einer grundsätzlichen Überlegung entgegen, warum Musiker unabhängig von der wirtschaftlichen Situation nach Palästina gebracht werden sollten. »Warum sollten wir uns vor der Zukunft fürchten, wenn die jetzige Lage von rund 50 Musikern (von insgesamt 75 im gesamten Orchester) in Deutschland und Polen zurzeit schlimmer ist, als alles, was wir uns hier in Palästina für den schlimmsten Fall vorstellen können?«[18]

Einwanderungspapiere

Nachdem die Musiker angeworben waren, mussten noch die Einwanderungspapiere für die Orchestermitglieder und ihre Familien beschafft werden. Das war komplizierter, als Huberman gehofft hatte, und wurde für ihn zur größten Herausforderung.

Die Einwanderung nach Palästina hatte einen gewaltigen Schub bekommen, nachdem die britische Regierung – die das Territorium seit 1917 kontrollierte – am 2. November 1917 die Balfour-Deklaration unterzeichnet hatte. In diesem Dokument sagte England seine Unterstützung zu, in Palästina eine nationale Heimstätte für das jüdische Volk zu errichten. In den 1920er Jahren stellten die Briten für Zionisten aus ganz Europa und für Juden, die vor der Verfolgung in Polen und Russland flohen, unbegrenzt Einwanderungsgenehmigungen aus.

Ab 1929 eskalierten die Spannungen zwischen Juden und Arabern in Palästina, als es von arabischer Seite zu Angriffen auf jüdische Einwanderer und ihre Siedlungen kam. England reagierte 1930 mit dem sogenannten »Passfield-White-Paper«, das eine Begrenzung jüdischer Einwanderung empfahl. Ab da reduzierte die britische Regierung die Zahl der Visa für die Jewish Agency for Palestine, der die Koordination der Einwanderung nach Palästina oblag. Dadurch sah sich die Jewish Agency gezwungen, ein Auswahlverfahren einzuführen, bei dem Einwanderungsgesuche sorgfältig geprüft wurden. Dem mussten sich auch die Musiker unterziehen, die Huberman für sein Orchester engagiert hatte.

Wären die Musiker wohlhabend gewesen, hätte die Einreise keine Probleme bereitet. Wer über ein Vermögen von mindestens 1.000 Palästinensischen Pfund verfügte, dem konnte die Jewish Agency unbegrenzt sogenannte »Kapitalisten-Zertifikate« ausstellen. Das entsprach einer Summe von ungefähr 20.000 Reichsmark – eine ziemlich große Summe, wenn man bedenkt, dass Mitglieder des Berliner Kulturbundes damals nur rund 200 Reichsmark im Monat verdienten. Huberman wusste natürlich, dass seine Musiker in der Regel nicht über so viel Geld verfügten. Kapitalisten-Zertifikate waren keine wirkliche Option. Also machte er sich auf die Suche nach einer Lösung, die die Orchestermitglieder nicht in finanzielle Nöte stürzte. Hubermans Bemühungen konzentrierten sich besonders auf die sogenannten Arbeiter-Zertifikate, die ihren Besitzern auch ohne Vermögen erlaubten, mit Ehefrau und minderjährigen Kindern einzureisen.

Da sich unter den Musikern niemand befand, den man als Kapitalisten bezeichnen konnte, bot die Jewish Agency ihnen nur auf ein Jahr befristete Aufenthaltsgenehmigungen an. Die Behörde hatte Zweifel, dass die Künstler wirklich lange im Land bleiben würden. Die wenigen unbefristeten Visa, die ihr zustanden, vergab sie daher lieber an Handwerker, deren Verbleib im Land ihr wahrscheinlicher schien.

Für Huberman war dieses Vorgehen inakzeptabel. Er hielt es für unvorstellbar, dass man Musikern zumutete, Arbeit und Wohnung in Europa aufzugeben und mit Familie und all ihrer Habe nach Palästina zu ziehen, ohne ihnen volles Aufenthaltsrecht zuzusichern.

Erschwerend kam hinzu, dass die Musiker bei einem zeitlich begrenzten Visum Einfuhrzölle auf ihren Hausrat zahlen mussten. Huberman drohte, dass er seine Bemühungen, ein Orchester zu gründen, umgehend einstellen würde, falls sich keine andere Lösung fand.

Im Ringen um die nötigen Einwanderungspapiere für seine Musiker behielt Huberman immer auch deren Familien im Blick. Hatten polnische Musiker Probleme, die Umzugskosten für ihre Familien zu stemmen, sorgte Hubermann dafür, dass das Orchester die Hälfte der Reisekosten für Frau und Kinder übernahm. Wer sich auch die andere Hälfte nicht leisten konnte, erhielt sie vom Orchester als Vorschuss. Wohl wissend, dass die Umzugskosten gerade zu Beginn besonders hoch waren, zog Huberman den Musikern ihren Vorschuss erst ab dem dritten Monat der Anstellung in zehn Monatsraten ab. Musiker mit Kindern erhielten zusätzlich eine Lohnerhöhung von monatlich einem halben Pfund pro Kind.

Während Huberman mit der Klärung der Visa-Frage kämpfte, drohte seinen Plänen noch von anderer Seite Gefahr: Der Konflikt zwischen Arabern und Juden in Palästina eskalierte. Die arabischen Aufstände erreichten einen neuen Höhepunkt, als sich am 21. April 1936 sechs rivalisierende Clanführer im Widerstand gegen die anhaltende jüdische Masseneinwanderung zusammenschlossen. Ein Generalstreik und ein Boykott jüdischer Geschäfte, begleitet von blutigen Anschlägen auf Juden und Briten, führten schnell zu einer schweren wirtschaftlichen und politischen Krise. Die britischen Behörden reagierten mit einer verschärften Beschränkung der Einreisevisa für den Rest des Jahres und Truppenverstärkungen aus Ägypten und Malta.

Die Bedenken, Musiker mitten im Bürgerkrieg nach Palästina zu holen, ließen Huberman keine andere Wahl, als den Beginn der Konzertsaison zu verschieben. Da die Erfahrungen mit früheren Unruhen dafür sprachen, dass die Aufstände der Araber im November gewöhnlich nachließen, weil sie auf die Einnahmen aus der beginnenden Orangenernte angewiesen waren, verschob Hubermann das erste Konzert vom 24. Oktober auf den 26. Dezember. Auch der Probenbeginn wurde um zwei Monate von Anfang September auf Anfang November verschoben.

In der Zwischenzeit unterbreitete die Jewish Agency weitere Lösungsvorschläge für die Visaproblematik. Ein Angebot ging dahin, die Gültigkeit der Visa von ein auf zwei Jahre zu verlängern, aber Huberman bestand erneut auf dauerhaftem Bleiberecht. Ein anderer Vorschlag lautete, die Musiker als »Kleinkapitalisten« einzustufen und ihre Instrumente als Sicherheit dafür anzuerkennen, dass sie über ein Vermögen von mindestens 250 Palästinensischen Pfund (5.000 Reichsmark) verfügten. Auch das lehnte Huberman ab, da einige Musiker nicht einmal ein eigenes Instrumente besaßen. Und wenn, dann hätten sie nie behaupten können, dass es auch nur annähernd so viel wert war.

Ein Scheitern der ganzen Angelegenheit kam für ihn nicht in Frage. In einem Appell an Chaim Weizmann, den Präsidenten der Zionistischen Weltorganisation und späteren ersten

Staatspräsidenten Israels, führte Huberman aus, dass die Unfähigkeit, den Musikern bei der Einreise zu helfen, nicht nur eine Schande wäre für die zionistische Gemeinschaft, sondern den Nazis auch einen unerwarteten Triumph bescheren würde.

Am 11. August sorgte der britische Hochkommissar für Palästina zugunsten von Huberman dafür, dass die Einwanderungsbehörde der Mandatsregierung der Jewish Agency vierzig zusätzliche Visa für die von Huberman ausgewählten Musiker und deren Frauen und Kinder zur Verfügung stellte. Bis Ende August genehmigten die britischen Behörden zusätzliche Zertifikate für Eltern und Geschwister der Orchestermitglieder. Im Laufe des Septembers teilte man außerdem erwachsenen Kindern der Instrumentalisten Arbeiter-Zertifikate zu. Mit der Zusage für vierzig unbefristete Visa in der Tasche ergänzte Huberman das Orchester durch Musiker mit Jahresvisa, welche im Folgejahr in unbefristete Visa umgewandelt wurden.

Dass die Visafrage gelöst werden konnte, kann gar nicht hoch genug eingeschätzt werden. Durch seinen kompromisslosen Einsatz hatte Huberman ein komplettes Orchester von Musikern und all ihre Angehörigen vor der Schreckensherrschaft der Nazis gerettet. Ohne diese Hilfe hätten diese Menschen Europa vielleicht niemals verlassen können. Die allermeisten von ihnen wären sonst sehr wahrscheinlich dem Holocaust zum Opfer gefallen.

Die Ankunft der Musiker

Die Visafrage war nun geklärt, wann die Musiker tatsächlich in Palästina eintreffen würden, hingegen noch nicht. Im Sommer 1936 kamen Gerüchte auf, dass die Briten auf die arabischen Forderungen eingehen und einen Einwanderungsstopp verhängen würden. Daraufhin drängten die Palästina-Ämter in Europa bei allen künftigen Immigranten auf eine sofortige Ausreise. Auch Huberman spielte mit dem Gedanken, die Musiker zu bitten, ihre

Ausreise auf Anfang September vorzuverlegen, aber das hätte zu Problemen in der Finanzierung geführt. Die Musiker wären nicht in der Lage gewesen, den Lebensunterhalt für sich und ihre Familien aufzubringen, wenn sie die zwei Monate bis zum Probenbeginn nicht bezahlt worden wären. Erneut konnte der Hochkommissar Huberman beruhigen, indem er versprach, dass die Musiker auf jeden Fall auch noch im Oktober einreisen konnten, unabhängig davon, ob England seine generelle Einwanderungspolitik änderte.

Solche Unwägbarkeiten sorgten für große Verwirrung und Angst unter den Musikern. Erich Toeplitz hatte eigentlich einen Vertrag ab dem 15. Juli 1936 erwartet, als er stattdessen einen Brief von Huberman erhielt, in dem er mitteilte, dass Proben und erstes Konzert um zwei Monate verschoben wären. Zwei Wochen später kam wieder ein Brief, in dem Toeplitz gefragt wurde, ob er nicht schon vor dem 1. November kommen könne. In der Woche darauf wurde er brieflich informiert, dass eine frühere Abreise doch nicht nötig sei. Der Vertrag ließ schließlich bis zum 1. September auf sich warten.

Am 2. November traf Toeplitz endlich zusammen mit zehn anderen Musikern aus Österreich und Deutschland im Hafen von Haifa ein – an Bord der SS *Tel Aviv,* die ihre letzte Fahrt von Italien nach Palästina bestritt. Den Eigentümer des Schiffes ereilte das gleiche Schicksal wie viele jüdische Unternehmer zu dieser Zeit: Die Palestine Shipping Company stellte sich als Fehlinvestition heraus. Wenigstens war die letzte Reise gut verlaufen. Unterwegs hatten die Musiker ein Wohltätigkeitskonzert zugunsten des Jüdischen Nationalfonds gegeben, der den Erwerb von Land in Palästina finanzierte.

Von Haifa nach Tel Aviv ging es für die Musiker im Reisebus weiter, was damals nicht sonderlich komfortabel war. Da es noch keine direkte Straßenverbindung zwischen Haifa und Tel Aviv gab, musste der Bus durch die arabisch kontrollierte Westbank fahren. Erst hatte sich ihre Reise durch die arabischen Aufstände um zwei Monate verschoben. Jetzt mussten sie während eines

Generalstreiks durch arabisches Territorium, mit dem die Araber zum neunzehnten Jahrestag der Unterzeichnung gegen die Balfour-Deklaration protestierten. Selbst die öde, felsige Landschaft, die sie durchfuhren, wirkte feindlich auf die Musiker, welche die kosmopolitische Atmosphäre europäischer Hauptstädte gewohnt waren.

Sobald sie Tel Aviv erreichten, war alles anders. Nachdem sie dem Leben in ständiger Furcht in Europa entkommen waren und die unwirtliche Westbank durchquert hatten, sahen sie plötzlich blühende Zitruspflanzen und junge Menschen, die auf den Straßen flanierten. Dieser Kontrast auf engstem Raum öffnete den Musikern die Augen dafür, wie weit es die jüdische Gemeinschaft in Palästina in so kurzer Zeit bereits gebracht hatte. Der gleiche Pioniergeist, mit dem Huberman in weniger als drei Jahren ein großes Symphonieorchester zusammengestellt hatte, war auch hier spürbar.

In Windeseile mussten sich die Neuankömmlinge nicht nur an die neue Umgebung mit tropischem Wetter und exotischen Früchten, sondern auch an einander gewöhnen. Jedes Orchester hat einen eigenen charakteristischen Klang, durch den es für aufmerksame Zuhörer unverwechselbar wird. Kommen neue Musiker hinzu, müssen sie sich schnell an die Gepflogenheiten des bestehenden Ensembles anpassen und in seinen spezifischen Klang einfügen. In diesem besonderen Fall setzte sich das gesamte Orchester allerdings aus Musikern zusammen, die aus ganz verschiedenen Ländern kamen, unterschiedlich ausgebildet waren, nie zuvor zusammengespielt hatten und nicht einmal die gleiche Sprache sprachen. Mit diesem Ensemble in den wenigen Wochen vor der Ankunft von Toscanini einen einheitlichen Klang zu finden, der dessen hohen Ansprüchen genügte, war keine leichte Aufgabe.

Zunächst probte das Orchester in kleineren Einheiten: Streicher, Holzbläser und Blechbläser. Das ermöglichte den jeweiligen Instrumentenfamilien ihren eigenen Klang zu entwickeln. Und die Stadt Tel Aviv hatte dadurch etwas länger Zeit, die

Konzerthalle fertigzustellen. Die Installierung eines professionellen Symphonieorchesters, das dazu noch von einem Stardirigenten wie Arturo Toscanini geleitet werden würde, machte eine Bühnengröße und Sitzplatzkapazität erforderlich, die alles bisher in Palästina Vorhandene überstieg. Um diesen Ansprüchen zu genügen, wurde der Ausstellungspavillon mit 1.500 Sitzplätzen, in dem Huberman im Dezember 1935 aufgetreten war, mit einem benachbarten Pavillon zu einer Konzerthalle zusammengelegt, die 2.500 Besuchern Platz bot. Dass eine solche Halle in so kurzer Zeit verwirklicht werden konnte, zeigte einmal mehr, mit welcher Leidenschaft und welchem Einfallsreichtum die jüdische Gemeinschaft zu Werke ging.

Am 4. Dezember bezog das Orchester die neue Halle und konnte endlich zum ersten Mal in Vollbesetzung zusammenspielen. Die gemeinsame Erfahrung des Exils gab den Musikern ein starkes Zusammengehörigkeitsgefühl, das sich auch auf einen geschlossenen Gesamtklang übertrug. Allerdings gab es Beschwerden über die Akustik der Halle. Huberman befürchtete, dass die ersten Geigen – die in einem jüdischen Orchester unbedingt die stärkste Abteilung stellen sollten – nicht angemessen hervortraten. Der Versuch, die Stühle höher zu stellen, schuf keine Abhilfe. Das Problem blieb bestehen, bis Toscanini eine Woche vor dem Eröffnungskonzert eintraf. Er schien das Problem in den Griff zu bekommen, indem er die Stühle niedriger stellte. Allerdings waren sich die Musiker nicht einig, ob der Klang sich nun aufgrund der veränderten Sitzposition verbessert hatte oder weil Toscanini so inspirierend dirigierte. Toscanini jedenfalls erarbeitete unbeirrbar in kürzester Zeit einen wunderbaren Orchesterklang und vollbrachte damit in einer Woche, wofür man sonst viele Jahre braucht.

Bis zu Toscaninis Ankunft war das Orchester von Steinberg dirigiert worden, der die Musiker auf Drängen von Huberman ordentlich drillte: mehr als sechzig Proben in weniger als zwei Monaten. Trotz dieser ausgiebigen Vorbereitung herrschte große Nervosität vor Toscaninis Eintreffen. Der Dirigent war für seine

Temperamentsausbrüche berüchtigt. Die Musiker machten sich Sorgen, wie er auf mögliche Unzulänglichkeiten reagieren würde. Nicht wenige Musiker und Gemeindemitglieder waren skeptisch und befürchteten, dass Toscanini nach den ersten Proben wieder abreisen würde, falls er überhaupt kam. Aber Toscanini hatte Geduld mit den Musikern, die sich intensiv um ein gelungenes Zusammenspiel bemühten. Einer der Musiker erinnerte sich, dass Toscanini dem Palestine Orchestra attestierte, seine Anweisungen besser umzusetzen als die etablierten Ensembles, die er sonst dirigierte.

Toscanini eröffnete die Proben damit, dass er sich den Beginn des ersten ausgewählten Stücks, Brahms 2. Symphonie, zunächst einmal kommentarlos vorspielen ließ. Nach dem ersten Satz wandte er sich in seiner Muttersprache Italienisch, manchmal vermischt mit etwas Deutsch, an die einzelnen Musiker. »Oboe: singend!« »Trompete: etwas lauter!« »Etwas leiser ... psst ... psst ... piano, piano, pianissimo.« Im zweiten Satz klang das Orchester schon ganz anders. Ab dem dritten Satz verlangte Toscanini Perfektion. Minutenlang beschäftigte er sich mit einer einzigen Note der Oboe im ersten Takt. Immer wieder rief er: »Musik wird nicht gespielt, sie wird gesungen, sie wird gesungen!« Um das zu verdeutlichen, sang er mit dem Orchester mit und legte die Hand auf seine Brust, wenn die Musiker seinen hohen Ansprüchen nicht genügten. Im vierten Satz herrschte er das Ensemble an, dass sie nicht schnell genug spielten, klopfte mit dem Stab auf das Pult und schrie: »Folgen, folgen!« Je länger die Probe ging, desto lebhafter wurde Toscanini, er stampfte mit dem Fuß, um die Violinen auf Trab zu bringen, damit sie »mit Feuer« spielten und brüllte »Makkaroniauflauf!«, wenn sie den Faden verloren.[19] Die Mätzchen wirkten. Das ganze Orchester klang besser als je zuvor.

Der Erfolg von Toscaninis erster Probe weckte große Begeisterung in der jüdischen Gemeinde Palästinas. Skeptiker, die erst keine Eintrittskarten kaufen wollten, stürmten nun den Vorverkauf und griffen nach jeder Abonnentenkarte und sonstigen verfügbaren Plätzen, deren sie habhaft werden konnten. Die Nachfrage war so stürmisch, dass die Mitarbeiter des Orchesterbüros Polizeischutz vor dem Massenansturm anfordern mussten. »Was sich in diesen letzten Tagen um die Toscanini-Konzerte abspielte, war zu einem großen Teil keine Begeisterung sondern Psychose«, schrieb einer der Büromitarbeiter, »zum Teil in Formen, die mir zumindest manchmal den Eindruck machten, als wüssten die Beteiligten schon gar nicht mehr, worum sie eigentlich baten, schrien, flehten und drohten.«[20] Bis zum Schluss wurde an der Bestuhlung der neuen Halle gearbeitet, um möglichst viele Besucher hineinzwängen zu können.

Das überbordende Publikumsinteresse und die sich schon bei den ersten Proben abzeichnende große Qualität des Orchesters bewogen Toscanini dazu, die letzten beiden Proben für Landarbeiter, Musiker, Lehrer, Schauspieler und Schriftsteller zu öffnen. Für die Kolonisten ein Erlebnis, das sie zu Tränen rührte. Nie hätten sie sich träumen lassen, dass ihr neues Heimatland es schaffen würde, ein Orchester aus so renommierten Musikern zusammenzustellen. Und dass Toscanini das Eröffnungskonzert dirigieren würde, sprengte ihre Vorstellungskraft.

Am 26. Dezember 1936 gab das Palestine Orchestra sein erstes reguläres Konzert. Die Halle war mit 2.500 Besuchern zum Bersten gefüllt, darunter die versammelte britische und jüdische Prominenz aus Tel Aviv, Jerusalem, Haifa und dem übrigen Palästina. Hunderte Musikliebhaber standen im Nieselregen draußen vor dem Auditorium, pressten die Ohren an die Wände und kletterten sogar aufs Dach, um durch die offenen Fenster etwas von dem Konzert mitzubekommen. Sie alle waren gekommen, um bei der Geburtsstunde ihres Orchesters unter dem gefeierten Dirigenten Arturo Toscanini dabei zu sein. Sie wurden nicht enttäuscht.

Als Toscanini ans Dirigentenpult trat, wurde er mit tosenden stehenden Ovationen begrüßt. Dann begann das Konzert.

Als Erstes stand Rossinis *Scala di Seta*-Ouvertüre auf dem Programm, ein Werk mit einem ungeheuer anspruchsvollen

Violinenpart, der zeigte, wie sehr Toscanini seinen ersten Geigen vertraute. Und das Orchester wuchs an seiner Aufgabe. Es folgten zwei Meisterwerke von deutschen Komponisten: Brahms 2. Sinfonie und Schuberts *Unvollendete,* die das Beste aus den Musikern herausholten. Aus Protest gegen das Aufführungsverbot der Nazis gegen jüdische Komponisten ließ Toscanini auf Brahms und Schubert Nocturne und Scherzo aus Mendelssohns *Sommernachtstraum* folgen.

Das Publikum lauschte in andächtiger Stille und quittierte jedes Werk mit anhaltendem Applaus und »Bravissimo!«-Rufen. Als das Konzert mit Webers *Oberon*-Ouvertüre endete, bekam das Orchester erneut stehende Ovationen. Für die einzige Missstimmung sorgte das Blitzlicht eines Fotografen, das Toscanini so verärgerte, dass er sich trotz stürmischen Jubels des Publikums weigerte, noch einmal auf die Bühne zu kommen.

Die größte Begeisterung hatte das Konzert vielleicht sogar bei den Musikern selbst ausgelöst. Nachdem sie aus ihren Orchesterstellen geflogen worden waren, die sie sich durch jahrelanges Üben mühsam erarbeitet hatten, nachdem sie Arbeitslosigkeit und Schikanen hatten ertragen müssen und mit ihren Familien in ein fremdes Land gezogen waren, machten sie nun nicht einfach nur wieder Musik. Sie spielten unter einem wahrhaften Meisterdirigenten. »Unter seiner Leitung lösten sich die Schwierigkeiten einfach auf. Die Musik hebt und senkt sich, singt und lacht, reißt unsere Herzen mit und rührt uns zu Tränen«, schrieb die Cellistin Thelma Yellin. »Wir spielen wie nie zuvor. Es klingt, als würden wir – das Palestine Orchestra – bereits seit Jahren zusammenspielen und nicht erst seit Wochen. Die Augen von uns allen, für die die Musik alles bedeutet, füllen sich mit Tränen. Wir haben endlich unsere Bestimmung gefunden: Wir sind zum Instrument in den Händen eines der größten Künstler unserer Zeit geworden.«[21]

Gleich mit dem ersten Konzert wurde dieses Orchester zum Kronjuwel der israelischen Kultur und ist es bis heute geblieben. Durch seine außergewöhnliche Konzertpolitik mit Auftritten vor Abonnenten wie vor Arbeitern in Tel Aviv, Haifa, Jerusalem und vielen Siedlungen überall im Land avancierte das Orchester schnell zum ganzen Stolz der jüdischen Gemeinschaft in Palästina. Als Israel 1948 seine Unabhängigkeit erklärte, spielte das Orchester »haTikwa« (Die Hoffnung), die Hymne der zionistischen Bewegung aus dem 19. Jahrhundert, die nun zur israelischen Nationalhymne geworden war. Heute zählt es als »Israel Philharmonic Orchestra« zu den besten Orchestern der Welt – so wie Huberman es sich gewünscht hatte.

Das größte Vermächtnis des Ensembles aber sind die Leben, die es im Holocaust gerettet hat. Indem Huberman den Musikern und ihren Familien die Einreise nach Palästina ermöglichte, rettete er zwischen 1935 und 1939 rund tausend Menschen das Leben.

Die Wagner-Geige

Viele Geigen des Palestine Orchestras waren exzellente Handwerksstücke aus Deutschland. Doch als ihre Besitzer nach dem Krieg von den Gräueltaten erfuhren, die von den Deutschen im Holocaust begangen worden waren, weigerten sie sich, jemals wieder auf einem deutschen Instrument zu spielen. Mit Deutschland wollten sie nie wieder etwas zu tun haben. Diese Haltung umfasste auch den seit der Kristallnacht verhängten, inoffiziellen Bannspruch gegen die Musik von Richard Wagner, dessen antisemitische Schriften und nationalistische Kompositionen dem Naziregime als wirkungsvolle Symbole der Selbstinszenierung gedient hatten.

Nicht wenige Geiger zerstörten ihre deutschen Instrumente. Andere überließen sie gegen ein geringes Entgelt Moshe Weinstein, der den Gedanken unerträglich fand, ein Musikinstrument zu zerstören – selbst dann, wenn es sich um ein deutsches Instrument handelte.

Die erste Violine, die Moshe auf diese Weise erstand, stammte aus dem 18. Jahrhundert vom deutschen Geigenbauer Benedict

Wagner. »Als ob es nicht schon schlimm genug wäre, dass sie aus Deutschland stammt, zu allem Überfluss hat sie auch noch ein Mann namens Wagner gebaut«, klagte ihr Eigentümer, obwohl zwischen den beiden Wagners keinerlei verwandtschaftliche Beziehung bestand. »Wenn Sie sie mir nicht abkaufen, werfe ich sie weg.«

Als ein in Israel unverkäufliches Einzelstück wurde die Geige in Moshes Werkstatt zum Ladenhüter und ging später in Amnons Besitz über. Als Amnon das Geschäft 1986 übernahm, stammten 52 der 110 Geigen des Werkstattbestands aus Deutschland, und für 16 von 19 Bratschen und 12 von 19 Celli galt das Gleiche. In den 1990er Jahren begann Amnon erstmals, sich ernsthaft mit der Wagner-Violine und den anderen deutschen Instrumenten zu befassen, die sein Vater Jahrzehnte zuvor erstanden und nie verkauft hatte. Er stellte fest, dass die deutschen Instrumente entgegen der gegenwärtig herrschenden Meinung den zeitgleich in Italien oder Frankreich hergestellten Geigen in puncto Qualität in nichts nachstanden. Die deutschen Violinisten aus der Gründungszeit des Palestine Orchestras hatten in ihrem früheren Leben Geigen aus Deutschland sogar anderswo hergestellten Instrumenten vorgezogen, und das lag nicht am Preis, denn darin unterschieden sie sich kaum – zumindest vor dem Holocaust.

Warum stellten Geigen aus Italien und Frankreich die deutschen Instrumente dann in Bezug auf Preis und Ansehen in der zweiten Hälfte des 20. Jahrhunderts derart in den Schatten? Die Antwort ist einfach. Auch der Markt für Instrumente wird von der Nachfrage geregelt, und die Nachfrage orientiert sich an dem Instrumententyp, den die führenden Solisten bevorzugen. Da die größten Violinisten meist Juden waren, die nur Instrumente aus Italien oder Frankreich spielten, hielt es die übrige Musikwelt ebenso, erzeugte damit einen Ansturm auf Instrumente derselben Herkunft und ließ ihre deutschen Pendants in Vergessenheit geraten. Noch heute erzielen deutsche Instrumente nur einen Bruchteil des Preises der Instrumente, die in Italien oder Frankreich gebaut worden sind.

Ein deutscher Bogenbaumeister, der eine Weile in Weinsteins Werkstatt hospitiert und dabei die Sammlung deutscher Geigen entdeckt hatte, lud Amnon 1999 zu einer Konferenz in Dresden ein, um dort vor dem Verband Deutscher Geigenbauer und Bogenmacher einen Vortrag über seine deutschen Instrumente zu halten. Amnons Ausführungen wurden begeistert aufgenommen, was ihn neben seiner unstillbaren Neugier darin bestärkte, sich intensiver mit diesem Thema zu beschäftigen und sich verstärkt auf die Suche nach weiteren Geigen mit Verbindung zum Holocaust zu machen.

Das war der Ausgangspunkt für das Projekt »Die Geigen der Hoffnung«.

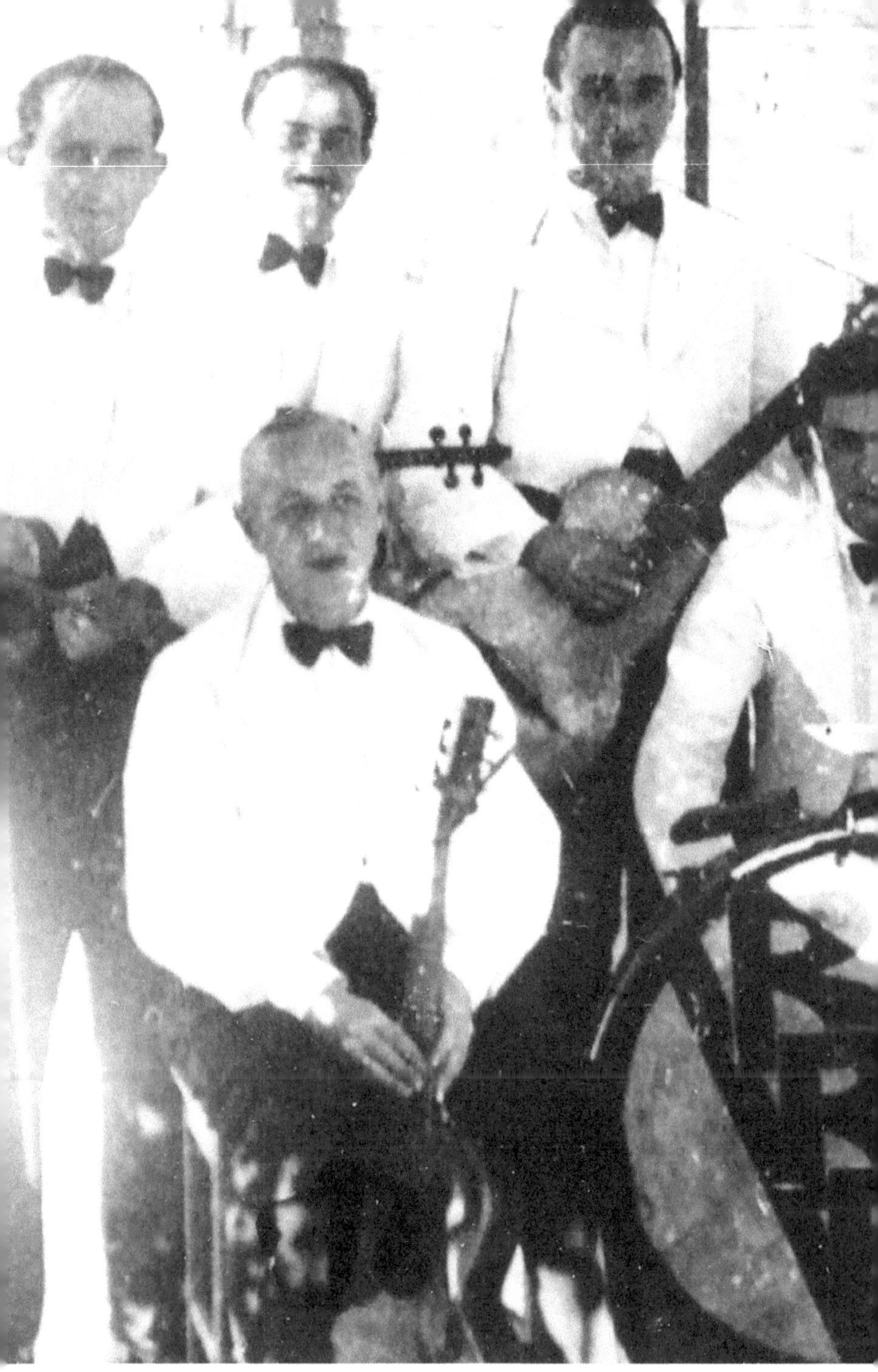

Die Beau Bassin Boys, ca. 1941-1945.
Erich Weininger ist der Violinist ganz

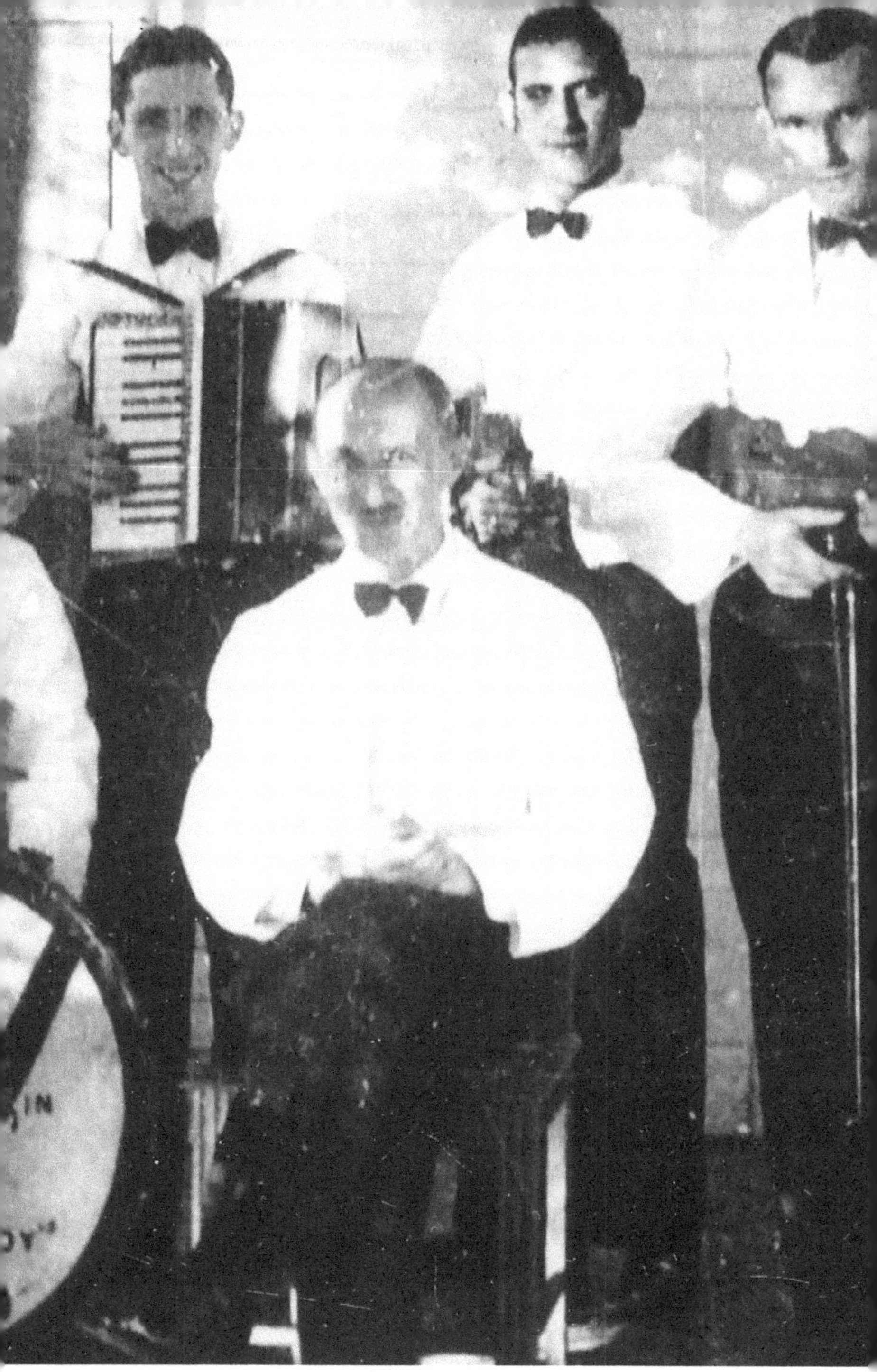

links. (Mit freundlicher Genehmigung des Ghetto Fighters' House Museum, Israel)

2
Erich Weiningers Geige

Der Metzger und Hobbygeiger Erich Weininger aus Wien war 25 Jahre alt, als er am 11. März 1938 die erschütternde Rundfunkrede des österreichischen Bundeskanzlers Kurt Schuschnigg am Radio verfolgte. Mit zitternder Stimme kündigte Schuschnigg an, dass er zurücktreten und die Macht an die Nationalsozialisten übergeben werde. Sein Versuch, den Aufstieg des Nationalsozialismus in seinem Land zu verhindern, war genauso gescheitert, wie der Versuch, mit Hitler Frieden zu schließen. Da für Österreich keine Hilfe aus dem Ausland zu erwarten war, blieb Schuschnigg keine andere Wahl, als widerstandslos vor den Nazis zu kapitulieren, um Blutvergießen beim Einmarsch der Deutschen zu vermeiden. Mit den Worten »Gott schütze Österreich!« verabschiedete er sich von seinen Bürgern.[22]

Im Anschluss an Schuschniggs Rede spielte der Sender das Thema aus dem langsamen Satz von Haydns Streichquartett in C-Dur, op. 76 Nr. 3. Zu dieser Melodie, die Haydn 1797 zu Ehren Franz II., des letzten Kaisers des Heiligen Römischen Reiches Deutscher Nation komponiert hatte, wurde 1938 sowohl in Deutschland als auch in Österreich die Nationalhymne gesungen. Die Österreicher, die noch hofften, dass die Annexion durch Deutschland vermieden werden könnte, waren sich der Ironie durchaus bewusst, dass da ein Lied gesendet wurde, das in der österreichischen Version mit den Worten »Sei gesegnet ohne Ende, Heimaterde wunderhold!« begann, während deutschlandfreundliche Nazis sich über ein Lied freuten, das sie als »Deutschland, Deutschland über alles« kannten.

Noch in derselben Nacht marschierte die deutsche Wehrmacht in Österreich ein, wo die österreichischen Nazis bereits die Macht übernommen hatten. Kaum waren die Schlussakkorde von Haydns Hymne verklungen, schwenkten österreichische Nazis auf den Straßen Hakenkreuzflaggen und riefen »Ein Volk, ein Reich, ein Führer« und »Juda verrecke!«.[23]

Die marodierenden Nazis beschlagnahmten jüdische Fahrzeuge und Betriebe, zerstörten jüdische Häuser und Geschäfte, überfielen jüdische Passanten auf offener Straße und zwangen sie, auf Knien rutschend nur ein paar Tage alte Parolen für die Unabhängigkeit Österreichs von den Bürgersteigen wegzuschrubben. »Endlich arbeiten die Juden mal was!«, spottete der Mob. »Wir danken unserem Führer, dass er den Juden Arbeit verschafft hat!«[24]

Die antijüdischen Gesetze und Verordnungen, die vom Naziregime in den vorangegangenen fünf Jahren systematisch erlassen worden waren, wurde buchstäblich über Nacht auf Österreich ausgeweitet. Juden durften mit sofortiger Wirkung keine Schulen und Universitäten mehr besuchen und keinen Beruf ausüben. Sie wurden gezwungen, ihre Betriebe und Besitzungen gegen eine bestenfalls geringfügige Entschädigung zu veräußern. Es wurde ihnen verboten, in Restaurants essen zu gehen, öffentliche Bäder zu besuchen, Parkanlagen zu betreten und ins Theater zu gehen. Bei jeder sich bietenden Gelegenheit wurden sie bloßgestellt und lächerlich gemacht. Innerhalb von nur drei Monaten wurden 70.000 österreichische Juden verhaftet, hauptsächlich in Wien. Die meisten ließ man wieder laufen, nachdem sie etliche Stunden, manchmal auch zwei, drei Tage lang schikaniert und gequält worden waren.

Kurze Zeit später verlegte man sich darauf, die Juden nicht nur zu demütigen und zu terrorisieren, sondern sie ganz aus Österreich zu vertreiben. Am 1. April wurden alle führenden Persönlichkeiten der jüdischen Gemeinde Wiens ins Konzentrationslager Dachau geschickt. Im Mai und Juni wurden weitere 2.000 jüdische Intellektuelle, denen die Nazis besonders eifrig nachgestellt hatten, inhaftiert, verprügelt und in drei Zügen nach Dachau abtransportiert. Unter ihnen befand sich auch Erich Weininger, der am 3. Juni 1938 in Dachau eintraf.

Dachau

Im März 1933, kurz nach Hitlers Machtergreifung, bauten die Nazis in Dachau eines ihrer ersten Konzentrationslager. Es wurde ungefähr zwanzig Kilometer nordwestlich von München auf dem Gelände einer ehemaligen Munitionsfabrik aus dem Ersten Weltkrieg errichtet. Ursprünglich sollte es 5.000 Gefangene aus dem Inland aufnehmen und diente anfangs der Inhaftierung politisch Andersdenkender wie Kommunisten und Sozialdemokraten. Der Häftlingsbereich wurde aber schnell erweitert, um auch andere Gruppierungen aufzunehmen, die von den Nazis als unerwünscht eingestuft wurden, darunter Homosexuelle, Roma (»Zigeuner«) und Zeugen Jehovas. Als Erich in Dachau eintraf, war er einer der ersten KZ-Häftlinge, der nicht aus Deutschland stammte. Und er gehörte zur ersten Gruppe von Menschen, die nur deshalb interniert wurden, weil sie Juden waren.

Die österreichische Polizei hatte Erich Weininger Ende Mai zusammen mit einigen hundert anderen Juden verhaftet, unter denen sich auch der bekannte Psychoanalytiker Bruno Bettelheim und der Komponist und Dirigent Herbert Zipper befanden. Zuerst schaffte man sie in eine zur Haftanstalt umgebaute Schule in der Karajanstraße – benannt nach dem Leibarzt von Kaiser Franz Joseph I. und Vater des damals schon berühmten Dirigenten Herbert von Karajan. Es war nicht das erste Mal, dass sie verhaftet wurden, und sie hofften, wie bei den vorigen Gelegenheiten auch nach ein paar Stunden oder Tagen wieder frei zu kommen. Diesmal wurde ihnen jedoch nicht gestattet, nach Hause zurückzukehren.

Nachdem man sie einige Tage festgehalten hatte, wurden die Juden auf Polizeilaster geladen und zum Wiener Westbahnhof gebracht. Als die Lastwagentüren sich öffneten, nahm sie ein Spalier von SS-Wachmännern in Empfang, die ihnen befahlen loszulaufen. Unter brutalen Schlägen mit Fäusten, Schlagstöcken, Peitschen, Gewehrkolben und Bajonetten trieben die SS-Schergen sie durch den Bahnhof zum Zug. Wer stolperte, wurde an den Haaren hinterhergeschleift. Wer Widerstand leistete, wurde erschossen. Es gab kaum jemanden, der diese Behandlung ohne schwere Verletzungen überstand. Bettelheim hatte man brutal auf den Kopf geschlagen und mit dem Bajonett traktiert. Zipper trug schwere Verletzungen im Gesicht und zwei gebrochene Rippen davon.

Der Zug brauchte für die 450 Kilometer nach München dreizehn Stunden. Immer wieder wurde die Reise unterbrochen, um die Verschleppten qualvollen Torturen auszusetzen und sie zusammenzuschlagen. Während der Fahrt mussten die Passagiere aufrecht, mit den Händen auf den Oberschenkeln dasitzen und unverwandt in ein von der Decke hängendes, blendend helles Licht schauen. Wer schwächelte, wurde totgeprügelt oder erschossen. Als der Zug am nächsten Morgen München erreichte, wurden die Juden für die letzte Etappe nach Dachau auf Viehwaggons umgeladen, immer je 150 Menschen pro Waggon.

Nach der Ankunft im Konzentrationslager wurden die Gefangenen ihrer restlichen Habe beraubt, kahl geschoren und in schlechtsitzende gestreifte Häftlingskleidung gesteckt. Das Gefangenenleben war äußerst streng reguliert. Jeder Verstoß wurde schwer bestraft. »Alles ist in Dachau verboten«, dekretierte der Lagerkommandant. »Sogar das Leben selbst.«[25] Auch wenn Dachau offiziell nicht als Todes- sondern als Internierungslager galt, ließ man die Inhaftierten verhungern, prügelte auf sie ein, folterte sie und zwang sie, unter mörderischen Bedingungen zu arbeiten. Während des Holocaust starben mindestens 31.591 der 206.206 Gefangenen durch Unterernährung, Erschöpfung, Krankheit, Selbstmord oder die Hand von SS-Wächtern.

Die meiste Zeit wurden die Häftlinge streng bewacht, nur sonntags ließen die Wachen sie gelegentlich unbeaufsichtigt.

Manche nutzten die unbewachte Zeit, um sich mit anderen Gefangenen auszutauschen oder in der Zeitung über die neuesten Entwicklungen zu informieren. Andere schrieben an ihre Familien. Zwei kurze Briefe im Monat waren erlaubt. Herbert Zipper tat etwas Ungewöhnliches: Er stellte heimlich ein Orchester zusammen.

Kurz nach seiner Ankunft in Dachau hatte Zipper einige hervorragende Musiker kennengelernt, darunter ausgezeichnete Geigenvirtuosen. Außerdem kam ihm zu Ohren, dass irgendwie auch einige Geigen und ein, zwei Gitarren ins Lager gelangt waren. Diese Entdeckung motivierte Zipper, ein kleines Behelfsorchester zu gründen. Eingedenk der geringen Zahl der in Dachau verfügbaren Instrumente ist es sehr wahrscheinlich, dass auch Erich Weininger Zippers Orchester angehörte, denn auch Erich war es gelungen, seine Geige aus Wien mitzunehmen. Um das Ensemble zu erweitern, überredete Zipper zwei Instrumentenmacher, in der Tischlerei des Lagers heimlich Instrumente aus gestohlenem Holz zu bauen. Er brachte einen SS-Wächter sogar dazu, Geigensaiten hineinzuschmuggeln.

Zippers vierzehnköpfiges Orchester trat in einem noch im Bau befindlichen Latrinengebäude auf. Das Repertoire bestand nicht nur aus bekannten Klassikern, sondern auch aus Musik, die Zipper Woche für Woche während der Zwangsarbeit im Kopf komponierte. Spät nachts schrieb er, statt wie aufgetragen die Latrinen zu säubern, die Stücke nieder, die mit Rücksicht auf das seltsame Sortiment an zur Verfügung stehenden Instrumenten und die sehr unterschiedlichen Fähigkeiten der beteiligten Musiker konzipiert waren. Die Noten schrieb Zipper auf Papier, das aus den unbedruckten Randstreifen der nationalsozialistischen Zeitungen bestand, die Mithäftlinge abgerissen und sorgfältig zusammengeklebt hatten.

Der Latrinenrohbau hatte nur Platz für höchstens zwanzig, dreißig Personen, weshalb das Orchester in 15-Minuten-Wechselschichten spielte, um so vielen Zuhörern wie möglich die Gelegenheit zu geben, in das Konzert hineinzurotieren. Leise nahmen die Gefangenen ihre Plätze ein und lauschten den Kurzkonzerten in stiller, andächtiger Atmosphäre und dem Bewusstsein, Teil einer gemeinsamen Verschwörung zu sein. Im streng kontrollierten Konzentrationslager Dachau waren derartige Aktivitäten nämlich strikt verboten. Musiker wie Publikum riskierten Folter, wenn nicht gar ihr Leben, falls herauskam, dass sie an einem nicht genehmigten Konzert teilnahmen.

Aber die Musik gab den Häftlingen Zuversicht und erinnerte sie daran, dass es trotz allem noch so etwas wie menschliche Würde gab, die der Alltag in Dachau ihnen geraubt zu haben schien. Solange sie der Musik lauschten, fühlten sie sich nicht länger schwach, mutlos und erniedrigt. Das gemeinsame Hören war ein Akt des geistigen Widerstands gegen die Naziverfolgung, das ihnen ein Gefühl von Würde und Stärke verlieh. Inmitten der Abscheulichkeit des Konzentrationslagers waren sie, wenn auch nur für fünfzehn Minuten in der Woche, umgeben von der Schönheit der Musik.

1938 lag das Hauptaugenmerk der Nazis noch darauf, Juden loszuwerden und noch nicht unbedingt darauf, sie zu ermorden. Ihre Lösung der »Judenfrage« bestand weiterhin vor allem darin, sie in die Emigration zu zwingen. Selbst Insassen von Konzentrationslagern durften gehen, wenn sie einwilligten, das Land zu verlassen.

So kamen die meisten der in Dachau Inhaftierten nach einigen Monaten frei, nachdem sie eingewilligt hatten, ihren Besitz aufzugeben und zu emigrieren. Um Platz für Juden aus dem annektierten Sudetenland zu machen, wurden von den verbliebenen Häftlingen über 1.200, darunter auch Weininger, Bettelheim und Zipper, auf vier Viehwaggons verteilt am 23. September 1938 ins Konzentrationslager Buchenwald verfrachtet. Am Tag darauf folgte ein weiterer Transport mit 1.100 Häftlingen.

Buchenwald

Das wenige Kilometer nördlich von Weimar errichtete Buchenwald war eines der größten Konzentrationslager auf deutschem Boden. Wie Dachau war Buchenwald ursprünglich ein Internierungslager und kein Vernichtungslager wie später Auschwitz. Dennoch sorgten die unmenschlichen Arbeits- und Lebensbedingungen in Buchenwald, die wesentlich schlimmer als in Dachau waren, dafür, dass 43.045 der 238.980 Inhaftierten den Holocaust nicht überlebten. Viele verhungerten, andere arbeiteten sich gemäß der perfiden Nazistrategie »Vernichtung durch Arbeit« buchstäblich zu Tode. Die übrigen starben durch Krankheiten oder mörderische SS-Leute.

Erich Weininger konnte seine Geige auch nach Buchenwald mitnehmen, aber eine Möglichkeit, damit aufzutreten, gab es dort nicht, nicht einmal heimlich. Gleich bei der Ankunft wurden die Ankömmlinge instruiert, dass jede Art von Zusammenkunft strikt verboten war. Wer bemerkte, dass jemand gegen diese Regel verstieß, war angehalten, diesen Verstoß umgehend zu melden, andernfalls riskierte er, selbst bestraft zu werden. Zur Bestrafung wurde man gewöhnlich an einen Pfahl gebunden und bekam 25 Peitschen- oder Stockhiebe auf den Rücken.

Als Erich in Buchenwald ankam, waren dort rund 10.000 Inhaftierte unter unmenschlichen Bedingungen zusammengepfercht. War Dachau zumindest sauber und ordentlich gewesen, herrschten in Buchenwald katastrophale Zustände. Bis Januar 1939 gab es kein fließendes Wasser. Die Häftlinge konnten sich oft monatelang weder waschen noch die Zähne putzen. Die haarsträubenden hygienischen Bedingungen wurden durch Dauerregen noch verschlimmert, der die unbefestigten Wege aufweichte, sodass alles im Schlamm versank. Als Toiletten dienten vier Gräben, acht Meter lang, vier Meter breit und vier Meter tief. Da es dort keinerlei Vorrichtungen zum Festhalten gab, kippten die erschöpften Häftlinge oft in die fauligen Gräben oder wurden von den SS-Wächtern hineingestoßen. Viele blieben einfach liegen und starben.

Die Bedingungen in Buchenwald verschärften sich noch, als ab dem 10. November 1938 zehntausend Juden, die in der Kristallnacht ergriffen worden waren, eintrafen und die Zahl der Insassen auf das Doppelte ansteigen ließen. In den Wochen davor waren zwar fünf neue Baracken fertig geworden, aber die reichten bei weitem nicht aus. Nachts wurden 800 Menschen in Baracken gepfercht, die für 400 ausgelegt waren. Viele erstickten in diesen Nächten. Andere verhungerten, weil die ohnehin kargen Rationen noch einmal halbiert wurden. Auch die unter den katastrophalen hygienischen Bedingungen im beengten Lager wütenden Typhusepidemien forderten etliche Todesopfer.

Während der gesamten Zeit ihrer Internierung in Buchenwald setzte man die Häftlinge verschiedenen Foltermethoden aus. Eine davon war der sogenannte »Sport«, bei dem SS-Männer ausgewählte Häftlinge zwangen, solange zu exerzieren, bis sie vor Erschöpfung tot umfielen. Manchmal wurden alle Lagerinsassen gleichzeitig gequält, indem man sie nötigte, stundenlang bei beißender Kälte in Habachtstellung auszuharren. Vom 14. auf den 15. Dezember 1938 mussten die Gefangenen zur Strafe für die Flucht zweier Häftlinge von fünf Uhr nachmittags bis zum Mittag des folgenden Tages strammstehen. Dutzende der dürftig bekleideten Inhaftierten waren dieser Belastung nicht gewachsen und starben. Unzählige andere, darunter auch Bettelheim, trugen Erfrierungen davon, als die Temperatur über Nacht auf Minus fünfzehn Grad sank.

Noch immer setzten die Nazis vor allem auf Massenemigration als Mittel der Wahl, um in Deutschland und Österreich den jüdischen Anteil der Bevölkerung loszuwerden. Im August 1938 baute Adolf Eichmann die Zentralstelle für jüdische Auswanderung in Wien auf, um die erzwungene Ausreise zu beschleunigen. Juden, die in der Lage waren, die saftige Reichsfluchtsteuer und andere Gebühren aufzubringen, durften unter der Bedingung auswandern, dass sie ihre Besitztümer und Vermögenswerte an die Nazis überschrieben und das Land umgehend verließen. Selbst wer im Konzentrationslager saß, wurde in die Emigration entlassen, sobald jemand für ihn die Gebühren entrichtete und den nötigen Papierkram erledigte. Zu den 9.370 Juden, die im Winter 1938/1939 aus Buchenwald entlassen wurden, gehörte auch Zipper, der am 20. Februar 1939 nach Wien zurückkehren durfte, weil seine Familie die notwendigen Auswanderungspapiere für Uruguay besorgt hatte. Bettelheim wurde am 14. April entlassen, nachdem er Pass, Visum und Ticket für die Vereinigten Staaten erhalten hatte.

Zipper und Bettelheim hatten das Glück, ihre Ausreise bereits Anfang 1939 anzutreten. Ab August stellten die Nazis für männliche Juden zwischen 18 und 45 Jahren keine Ausreisegenehmigungen mehr aus. In den folgenden zwei Jahren unterbanden sie die Ausreise von Juden vollständig. Die allerletzte Gruppe Wiener Juden, der eine Ausreise genehmigt wurde, machte sich im Oktober 1941 auf den Weg nach Portugal. Zu diesem Zeitpunkt waren die Nazis zu dem Entschluss gekommen, dass die »Endlösung der Judenfrage« nicht mehr in der Vertreibung, sondern in der Vernichtung der Millionen von Juden im von Deutschland besetzten Europa bestehen sollte. Im Jahr darauf ließen die Nazis alle jüdischen Gefangenen in Buchenwald nach Auschwitz transportieren.

Juden, denen es gelang, vor 1940 zu emigrieren, konnten auf die Unterstützung zahlreicher internationaler Hilfsorganisationen zählen. Das American Jewish Joint Distribution Committee und der britische Council for German Jewry stellten Mittel für die Ausreise von über 100.000 Juden aus Deutschland, Österreich und der Tschechoslowakei zur Verfügung. Das von Quäkern in London gegründete German Emergency Committee rettete weitere 6.000 Juden.

Seine Rettung aus dem KZ durch das German Emergency Committee verdankt Erich Weininger seiner Schwägerin, die als Quäkerin im Jahr zuvor von Wien nach London emigriert war. Es gelang ihr, den Nazis gegenüber genügend Druck aufzubauen, um zunächst ihren Mann – Erichs Bruder Otto – und schließlich auch Erich freizubekommen. Mit Hilfe der Quäker konnte Erich

Buchenwald verlassen und in sein Wiener Zuhause zurückkehren. Von dort gelang es ihm, das von Nazi-Deutschland besetzte Europa zu verlassen, womit er einer der letzten Juden war, die dem Holocaust von dort entkamen.

Erichs Vater Karl dagegen hatte beschlossen, nicht zu gehen. Es widerstrebte ihm, den mühsamen Prozess der Emigration auf sich zu nehmen, zumal er zu den vielen deutschen und österreichischen Juden gehörte, die überzeugt davon waren, dass der Nazispuk bald vorbei sein würde. Eine Einschätzung, die sich als fatal herausstellte. Eines Tages trug Karl einen Mantel über der Jacke mit dem obligatorischen Davidsstern. Der Winter in Wien war kalt, und er hatte einfach nicht daran gedacht, dass Juden den gelben Aufnäher jederzeit gut sichtbar tragen mussten. Ein enger Freund der Familie, der oft bei den Weiningers zu Gast gewesen war, denunzierte den alten Weininger bei den Nazis. Karl wurde verhaftet, auf die Wache gebracht und mit einer Pistole erschlagen.

Bratislava

Bis Ende 1939 hatte die Hälfte der 525.000 Juden, die vor Hitlers Machtübernahme in Deutschland lebten, das Land verlassen. Auch die Hälfte der 200.000 österreichischen Juden war geflohen. Viele gingen nach Nord- und Südamerika, Osteuropa oder Asien. Manche wählten, wie die Musiker des Palestine Orchestra, das Heilige Land als Einwanderungsziel. Mit der Zeit wurden die Alternativen immer geringer. Länder, die seit 1933 bereitwillig Juden aufnahmen, begannen unter dem Eindruck der vielen Neuankömmlinge strikte Einwanderungsquoten einzuführen. Andere machten die Grenzen ganz dicht. Selbst Palästina wurde für die meisten Juden immer unerreichbarer, als Großbritannien in Reaktion auf die arabischen Aufstände mit dem Weißbuch von 1939 reagierte, das den Zuzug von Juden erheblich beschränkte. Diese einschneidenden Beschränkungen traten gerade zu der

Zeit in Kraft, als die europäischen Juden die Gewährung von Asyl am dringendsten benötigten.

Wohl kaum eine Geschichte illustriert die entmutigende Verunmöglichung des Auswanderungsprozesses besser als das Schicksal der MS *St. Louis*. Der Transatlantikliner verließ Hamburg am 13. Mai 1939 mit 937 Immigranten Richtung Kuba, wo die meisten vorerst bleiben wollten, bis ihre Visa für die Vereinigten Staaten genehmigt waren. Die Passagiere waren fast ausnahmslos deutsche Juden, darunter der Vater von Günther Goldschmidt, Alex, und Günthers Onkel Helmut. Viele von ihnen waren wie Erich Weininger in Dachau und Buchenwald inhaftiert gewesen. Als die *St. Louis* Havanna erreichte, erfuhren die Passagiere, dass ihre Einreisegenehmigungen, für die sie Unsummen bezahlt hatten, nicht mehr anerkannt wurden. Kuba nahm keine Immigranten mehr auf. Als ein Reisender an Herzversagen starb, waren noch 936 Passagiere an Bord. Davon bekamen 28 die Erlaubnis, von Bord zu gehen, nachdem sie Schuldverschreibungen über 500 Dollar ausgestellt hatten. Den übrigen 908 Reisenden wurde die Einreise verweigert.

In der Hoffnung, die Sache für seine Passagiere doch noch zum Guten zu wenden, ließ der Kapitän das Schiff vor der Küste Floridas kreuzen, wurde aber von der amerikanischen Küstenwache abgewiesen. Die Vereinigten Staaten verwiesen darauf, dass die Quote für deutsche Emigranten bereits ausgeschöpft war, und weigerten sich zusätzlich Personen aufzunehmen. Widerwillig setzte der Kapitän Kurs auf Europa, aber statt nach Nazi-Deutschland zurückzukehren, ging die *St. Louis* in Belgien vor Anker. Großbritannien erklärte sich bereit, 287 Flüchtlinge aufzunehmen. Ein ungarischer Geschäftsmann kehrte in seine Heimat zurück. Die übrigen 620 Passagiere fanden Aufnahme in Frankreich, Belgien und den Niederlanden. Auch wenn sie sich damit außerhalb Deutschlands befanden, verschaffte das den Flüchtlingen nur eine kurze Atempause. Deutschland eroberte immer größere Teile von Europa, und die 620 Kontinentalflüchtlinge befanden sich erneut in Gefahr. Von diesen Menschen haben

254 den Holocaust nicht überlebt, darunter auch Alex und Helmut Goldschmidt.

Erich Weininger war sich wie alle österreichischen und deutschen Juden der Schwierigkeiten einer Emigration sehr wohl bewusst. Eine Abwägung der wenigen verbleibenden Möglichkeiten brachte Tausende dazu, illegal nach Palästina einzuwandern. Die meisten hatten sich zuvor ganz selbstverständlich der europäischen Kultur zugehörig gefühlt und wären freiwillig nie auf die Idee gekommen, sich in Palästina anzusiedeln. Selbst vollkommen überzeugte Zionisten scheuten sich, in so unsicheren Zeiten gegen Gesetze zu verstoßen und damit möglicherweise die Beziehung zwischen den Juden und Großbritannien zu gefährden. Aber eine Alternative gab es nicht. Sie konnten nirgendwo anders hin.

Viele Juden wandten sich an den zionistischen Verband Hechaluz (Der Pionier), der junge Juden auf die Einreise nach Palästina vorbereitete, indem er ihnen auf Bauernhöfen Grundlagen in Landwirtschaft und Landeskunde vermittelte, die notwendig waren, um sich erfolgreich in das jüdische Leben in Palästina integrieren zu können. Auch Erich schloss sich den Auswanderungswilligen an, die ihre Hoffnung auf die von Hechaluz finanzierten Lehreinrichtungen setzten.

Als das Hechaluz-Büro in Wien keine Einreise nach Palästina mehr gewährleisten konnte, wandte sich Erich wie viele andere an den jüdischen Bankier Berthold Storfer, der von Adolf Eichmann persönlich zum Leiter des Ausschusses für jüdische Überseetransporte ernannt worden war. Die illegale Einreise nach Palästina auf diese Weise zu unterstützen, schlug für die Nazis zwei Fliegen mit einer Klappe: Die Juden verschwanden aus Europa, und die britische Regierung, die schon genug damit zu tun hatte, den Frieden zwischen Arabern und den bereits in Palästina befindlichen Juden aufrecht zu erhalten, geriet noch mehr unter Druck. Schon vor Mitternacht standen die Wiener Juden vor Storfers Büro Schlange, in der Hoffnung, am nächsten Morgen die nötigen Papiere zu ergattern, die eine Ausreise ermöglichten.

Da bestimmte Einreise-Zertifikate nur begrenzt gültig waren, mussten die Auswanderungswilligen sie jeden zweiten Monat erneuern, bis schließlich der tatsächliche Transport auch wirklich arrangiert war.

Während die Juden darauf warteten, dass Storfer ihre Ausreise in die Wege leitete, wuchs der Hass, der ihnen entgegenschlug. Nazi-Schlägertrupps attackierten sie auf offener Straße – manchmal während sie vor Storfers Büro Schlange standen –, zwangen sie unter dem johlenden Applaus der Bevölkerung, ihnen die Autos zu waschen, die Stiefel zu polieren oder den Bürgersteig zu schrubben. Jederzeit konnte die Gestapo vor der Tür stehen. »Sie kamen mitten in der Nacht, jagten uns aus den Betten, schlugen mich, meine Frau und die Kinder, zerschlugen die Möbel und warfen die Trümmer aus dem Fenster«, erinnert sich ein Opfer.[26] Andere wurden in »Schutzhaft« genommen, ein anderes Wort für Folter und nicht selten Mord.

Nach einigen Monaten bangen Wartens konnte die erste Gruppe deutscher und österreichischer Juden mit Hilfe von Storfers Ausschuss am 15. Dezember 1939 Wien verlassen. Der Plan sah vor, mit dem Zug nach Bratislava, der Hauptstadt der neu gegründeten Slowakischen Republik, zu reisen. Nach ein paar Tagen Aufenthalt würden die Juden dann gegen Zahlung einer beträchtlichen Summe durch die von den Nazis kontrollierte Donau-Dampfschifffahrts-Gesellschaft flussabwärts transportiert werden. Am Schwarzen Meer sollten sie schließlich vom griechischen Dampfer *Astrea* aufgenommen werden, den Storfer für die Überfahrt nach Palästina gechartert hatte.

Nichts lief nach Plan.

Die Emigranten erreichten Bratislava um Mitternacht. Dort wurden sie von der Hlinka-Garde in Empfang genommen, einer paramilitärischen Wehrorganisation, mit deren Hilfe das slowakische Regime seine nazifreundliche Politik umsetzte. Die brachte sie in ein billiges Hotel in Bahnhofsnähe namens Slobodárni, das bereits mit tschechischen Juden überbelegt war, die ein paar Tage früher eingetroffen waren. Die Ankömmlinge quetschten sich schon auf den Fußböden der überfüllten Flure und Salons, als die letzten verbliebenen Juden aus Wien eintrafen. Wer dort keinen Platz fand, wurde an den Stadtrand auf das Gelände der ehemaligen Munitionsfabrik Patrónka gebracht, ein Sammelsurium aus baufälligen Hütten und Baracken, das bereits 190 Tschechen beherbergte.

Von den Tschechen erfuhren die deutschen und österreichischen Juden im Slobodárni und in Patrónka, dass die Donau zugefroren und eine Weiterreise zum Schwarzen Meer nicht möglich war. Die Hoffnung, auf andere Weise die Reise fortsetzen zu können, erhielt ein paar Tage später den nächsten Dämpfer: Die altersschwache *Astrea* war in einem Sturm gesunken. Auf absehbare Zeit blieb den Juden nichts anderes übrig, als unter alles andere als idealen Bedingungen in Bratislava auszuharren. Die begrenzte Gültigkeit ihrer slowakischen Transitvisa zwang sie, wieder und wieder korrupte Beamte zu bestechen, die sie ihnen verlängerten. Bis eine Ausreisemöglichkeit gefunden war, erlaubte ihnen die Hlinka-Garde nicht, ihre Unterkünfte zu verlassen. Wie zum Hohn mussten die Juden für ihre bescheidene Zwangsunterbringung auch noch kräftig zahlen.

Das Slobodárni war ein schäbiges, fünfstöckiges Haus, das die Stadt als Pension für alleinstehende Männer gebaut hatte. Aber es war nicht dafür ausgelegt, Hunderte von Flüchtlingen zu beherbergen. In einem überfüllten Salon teilten sich 120 Menschen sechzig schmutzige, durchgelegene Matratzen. Es gab nur zwei Toiletten und ein Waschbecken und nirgends Platz, um Wäsche zu waschen oder Geschirr zu spülen. Zweimal täglich durften die mehreren hundert Bewohner des Slobodárni hinaus auf einen kleinen Hof und sich dort eine Viertelstunde die Beine vertreten.

In der Patrónka herrschten sogar noch schlimmere Bedingungen. Die hier internierten 190 Tschechen, 200 Österreicher und 400 Deutschen hausten in mit Stroh ausgelegten Holzkojen. Die Dächer der ehemaligen Fabrikgebäude waren undicht, die Strohbetten entsprechend durchnässt. Die Fensterscheiben waren eingeschlagen oder fehlten ganz, sodass die kleinen Bolleröfen den

Räumen kaum Schutz vor dem frostigen Winterwetter boten. Auch die sanitären Bedingungen waren katastrophal: Es gab nur einen Wasserhahn, die Toiletten waren im Freien.

Im Frühling verbesserten sich die Zustände leicht. Die Hlinka-Garde lockerte die Bewachung etwas und erlaubte den Juden, nach Bratislava zu gehen, um dort einzukaufen, die neuesten Nachrichten zu lesen, Freunde zu treffen und sich sogar Arbeit zu suchen. Die einen nutzten den Freiraum, um die umliegenden Hügel und Wälder zu durchstreifen und Blumen zu pflücken. Andere blieben am Ort, spielten Karten und Schach, organisierten Unterricht, Diskussionsgruppen und Debattierclubs. Einer der Flüchtlinge erinnerte sich später an Aufführungen, bei denen Dr. Hans Neumann Klavier und jemand anderer Geige spielte. Gut möglich, dass der unbekannte Geiger Erich Weininger war.

Im Sommer verschlimmerte sich die Lage wieder. Je schärfer die Nationalsozialisten die Zügel in der Slowakei anzogen, desto strenger wurden die Sicherheitsmaßnahmen der Hlinka-Garde. Die slowakischen Behörden waren immer weniger bereit zu dulden, dass Juden, die nur ein Transitvisum besaßen, im Land blieben, und drohten sie zurückzuschicken. Am 17. Juni 1940 – dem Tag, an dem Frankreich kapitulierte – mussten die Juden ihre Koffer packen. Sie sollten nach Deutschland deportiert werden, wo sie aller Wahrscheinlichkeit nach im Konzentrationslager gelandet wären. Die Ausweisung konnte durch Bestechung aufgeschoben werden, aber der Druck, Bratislava zu verlassen, nahm zu.

Über die Donau zum Schwarzen Meer

In Wien arbeitete Storfer unterdessen unermüdlich daran, die Juden aus Europa hinauszuschaffen. Das American Jewish Joint Distribution Committee hatte ihm eine größere Summe für die Transportkosten bereitgestellt. Außerdem hatte der Reeder der *Astrea* Storfer größere Schiffe vertraglich zugesichert, um die steigende Zahl jüdischer Flüchtlinge befördern zu können, die sich nicht nur in Bratislava, sondern auch in Berlin, Wien, Danzig, Prag und Brünn sammelten. Die griechische Schifffahrtsgesellschaft bemühte sich um neue Fahrzeuge und eine neutrale Flagge, unter der sie fahren sollten. Aber die Auszahlung verzögerte sich, und es traten weitere organisatorische Komplikationen ein, sodass die Reise erneut zu scheitern drohte.

Am 28. August 1940 konnten endlich die ersten Juden an Bord der Schiffe gehen, die sie zum Schwarzen Meer bringen sollten. Ein Grund dafür war, dass die Donau-Dampfschifffahrts-Gesellschaft von den Nationalsozialisten unter Druck gesetzt worden war, Volksdeutsche, die aus dem von Russland besetzten Bessarabien kamen, am Unterlauf der Donau für den Rücktransport aufzunehmen und ins Vaterland heimzuholen. Warum auf der Hinfahrt also nicht noch ein bisschen Geld mit den Juden verdienen? Eine Gruppe von rund 200 Flüchtlingen aus der Patrónka und 500 Flüchtlingen aus Danzig quetschten sich an Bord der *Helios,* eines für 300 Passagiere konzipierten Ausflugsdampfers. Später kamen sogar noch weitere 300 Flüchtlinge aus dem Slobodárni hinzu. Ihr Schwesterschiff *Uranus,* ebenfalls für 300 Passagiere ausgelegt, wurde mit 400 Flüchtlingen aus Berlin und 600 aus dem Slobodárni und der Patrónka genauso vollgepackt. Zu *Helios* und *Uranus* gesellten sich eine Woche später noch zwei Boote aus Wien mit einer ursprünglichen Kapazität von 100 bis 150 Passagieren: die *Melk,* die 220 Juden aus Brünn und 600 aus Prag transportierte, und die *Schönbrunn,* die mit 600 Flüchtlingen aus Wien beladen war.

Am Morgen des 4. September liefen die vier Schiffe der Donau-Dampfschifffahrts-Gesellschaft aus Bratislava aus: unter wehenden Hakenkreuzfahnen und mit über 3.600 Juden hoffnungslos überladen. Als sich der Konvoi in Bewegung setzte, sangen die Juden »haTikwa«, die Hymne der zionistischen Bewegung.

Auf der gemächlichen, beengten Fahrt die Donau hinab war den Passagieren ihre prekäre Lage ständig präsent. Am 6. September passierten sie mehrere hundert Flüchtlinge aus Danzig und Österreich, die in Jugoslawien auf eine Sandbank aufgelaufen waren. Sie aufzunehmen war unmöglich. Für sie war die Reise zum Schwarzen Meer beendet. Sie wurden inhaftiert und ermordet, als die Deutschen in Jugoslawien einmarschierten. Tags darauf begegneten *Helios, Melk, Schönbrunn* und *Uranus* der *Pentcho,* einem Schaufelraddampfer, der Bratislava vier Monate zuvor mit sechshundert Juden an Bord verlassen hatte. Nachdem die *Pentcho* für nicht seetüchtig erklärt und sieben Wochen in Jugoslawien festgehalten worden war, stand sie nun in neutralem Gewässer zwischen Rumänien und Bulgarien unter Quarantäne, weil ihre Papiere nicht in Ordnung waren. Nach etlichen weiteren Verzögerungen sollte die *Pentcho* es dann doch noch zum Schwarzen Meer schaffen, bevor sie vor den griechischen Inseln Schiffbruch erlitt. Die abgemagerten und ausgezehrten Passagiere wurden in Italien interniert, erreichten Palästina aber letztlich doch, nachdem sie von den Alliierten befreit worden waren. Die *Helios, Melk, Schönbrunn* und *Uranus* erreichten Bulgarien mit drei Tagen Verspätung. Damit die Schiffe rechtzeitig für den Rücktransport der Volksdeutschen zur Verfügung standen, ließ man sie trotzdem weiterfahren.

Am 12. September erreichte der Transport den rumänischen Hafen Tulcea. Dort wurden gerade Reparaturen an drei altersschwachen Hochseedampfern vorgenommen. Am nächsten Morgen erfuhren die Flüchtlinge, dass es ausgerechnet diese maroden Frachter waren, die sie nach Palästina bringen sollten. Die schon mehrfach umbenannten Schiffe trugen nun die frisch aufgemalten Namen *Atlantic, Pacific* und *Milos* und fuhren unter panamaischer Flagge. »Als ob man einen Pekinesen ›Nero‹ oder einen Chihuahua ›Caesar‹ nennen würde«, verdeutlichte einer der Flüchtlinge später. »Nur dass man bei diesen Schiffen nicht mal sagen konnte, was sie eigentlich waren.«[27]

Am 14. September stiegen die 820 Passagiere der *Melk* auf die *Milos* und die tausend Passagiere der *Uranus* auf die *Pacific* um. Das größte und älteste der Schiffe, die *Atlantic,* war für die Unterbringung von 1.200 Passagieren umgerüstet worden, was aber nicht genügte, da sie die übrigen 1.800 Flüchtlinge von der *Helios* und der *Schönbrunn* aufnehmen musste. Auf diesem überfüllten Koloss musste Weininger seine Odyssee fortsetzen.

Wie seine Mitreisenden war er entsetzt darüber, dass es auf der *Atlantic* noch beengter war als zuvor auf der *Helios* und der *Schönbrunn*. Den 1.800 Reisenden standen ganze fünf Toiletten ohne Spülung zur Verfügung. Um zu spülen, musste man Meerwasser mit dem Eimer schöpfen. Unter diesen Bedingungen zogen die meisten die in aller Schnelle errichteten Örtlichkeiten an Deck vor, die allerdings kaum mehr als ein über die Reling ragendes Provisorium waren. Da man auf die Dächer dieser Latrinen die Flagge von Panama gemalt hatte, bürgerte sich für den Besuch dort die Redensart »ein Abstecher nach Panama« ein.[28]

Die unter Deck eingezogenen winzigen Kabinen und engen Kojen waren dermaßen überbelegt, dass die Passagiere überall lagen, auf den Fluren, den Aufgängen, an Deck und in den zu wenigen Rettungsbooten. Selbst auf diesen Plätzen mussten sich die Reisenden mit dem Liegen abwechseln, damit jeder einmal zum Schlafen kam. Um zu kochen, richtete man sich irgendwo auf dem Schiff ein Eckchen selbst her. Kam es zu Streitigkeiten, unter diesen Umständen unvermeidlich, wurden sie von einer Flüchtlingsgruppe aus Prag geschlichtet, die sich selbst Haganah (Die Verteidigung) nannte, in Anlehnung an die paramilitärische Untergrundorganisation zum Schutz der Juden in Palästina.

Es dauerte noch einmal drei Wochen, bis weitere bürokratische Hürden mit noch mehr Schmiergeld überwunden werden konnten und die *Atlantic* am 7. Oktober vormittags um 10.45 Uhr endlich die Anker lichtete und der *Pacific* Richtung Schwarzes Meer folgte. Die Reise stand nicht gerade unter einem glücklichen Stern. Ohne Funk und Navigationsinstrumente lief die *Atlantic* bereits nach zweihundert Metern im schlammigen Ufer auf Grund. Der Kapitän schickte sämtliche Passagiere in den hinteren Teil des Schiffes, um es mit leichterem Bug wieder flott zu bekommen. Nachdem die Motoren eine Stunde lang unter Volllast gequält wurden, kam die *Atlantic* zwar aus dem Schlamm frei, aber die Maschinen gaben den Geist auf. Der Besatzung gelang es zwar, die Motoren wieder in Gang zu bringen, nur um die *Atlantic* erneut auf Sand zu setzen und dabei das Ruder zu beschädigen. Also wurde das Schiff langsam zum Schwarzmeerhafen Sulina geschleppt und dort repariert, was die Abreise um weitere zwei Tage hinausschob. Die *Pacific* und die *Milos* waren schon vorausgefahren.

Am 9. Oktober konnte auch die *Atlantic* endlich auslaufen. Doch so wie die Reise begonnen hatte, ging sie auch weiter. Aus Angst, bei der Durchquerung des Mittelmeers von Deutschen oder Italienern attackiert zu werden, beschloss der griechische Kapitän, tagsüber in Inselbuchten vor Anker zu gehen und nur nachts zu fahren. Auf hoher See ließ der Kapitän das Schiff unter Volllast laufen, um möglichst viel Kohle zu verbrauchen. Je öfter er Brennstoff nachladen musste, desto öfter konnte er seine Gewinnspanne erhöhen, indem er die verzweifelten Flüchtlinge dafür jedes Mal doppelt und dreifach zur Kasse bat.

Am 16. Oktober ankerte die *Atlantic* vor Kreta, um wieder einmal nachzuladen, und schon kündigte sich die nächste Krise an: Der Kapitän weigerte sich, die Reise fortzusetzen.

Von Beginn an hatten die jüdischen Flüchtlinge Probleme mit Kapitän und Besatzung. Abgesehen davon, dass er das Schiff auf Grund gesetzt hatte, knöpfte der Kapitän seinen Passagieren bei jeder Gelegenheit zusätzliches Geld für Lebensmittel, Wasser und Kohle ab, obwohl sie dafür bereits vor Fahrtbeginn eine unverschämt hohe Summe bezahlt hatten. Auf der Reise war sein Verhalten unberechenbar und schon mehrfach hatte er versucht, das Schiff zu verlassen. Nach Ausbruch des griechisch-italienischen Krieges am 28. Oktober weigerte sich der griechische Schiffsführer nun vollends, italienische Gewässer zu befahren.

Eine weitere Verzögerung wollten die Flüchtlinge dem Kapitän aber nicht durchgehen lassen. Nach drei vor Kreta verlorenen Wochen übernahmen sie selbst Steuer und Maschinenraum und machten sich am 8. November auf den Weg. Doch sofort ereilte sie der nächste Rückschlag: der Kapitän und seine Crew hatten einen Großteil der Kohle, die auf Kreta hinzugekauft worden war, über Nacht ins Meer geworfen. Ohne ausreichend Treibstoff für die Fahrt nach Palästina blieb den Reisenden keine andere Wahl, als mit der *Atlantic* das östlich gelegene, von Briten besetzte Zypern anzusteuern, obwohl das Risiko bestand, dass man sie dort als illegale Flüchtlinge verhaftete.

Als sich herausstellte, dass die Kohle an Bord der *Atlantic* nicht mal ausreichte, um Zypern zu erreichen, sammelten die Passagiere alles Holz, was sich an Bord auftreiben und ersatzweise verfeuern ließ. Planken, Geländer, Trennwände, Bodendielen, Türen und Holzvertäfelungen wurden herausgerissen. Sie fällten bis auf einen alle Masten und sägten sie in Stücke, hackten Tische und sogar ein altes Klavier klein. Am Ende war nicht ein Stück Holz auf dem Schiff übrig.

Zu diesem Zeitpunkt waren die Passagiere so am Ende wie ihr Schiff. Die gesamten zwei Monate, die sie sich schon an Bord befanden, war das Essen für die Flüchtlinge auf eine wässrige Suppe am Nachmittag und zweimal täglich Tee rationiert gewesen. Ergänzt wurde dieser Speiseplan gelegentlich durch eine kleine Ration Gemüse, Käse und Brot am Abend, aber meistens mussten sie sich mit schimmligen Keksen begnügen. Viele litten an Mangelerscheinungen und waren von den Reisestrapazen so geschwächt, dass sie jeglichen Lebensmut verloren. Verschärft durch die beengten Verhältnisse und die erbärmliche sanitäre Versorgung wüteten Diarrhö, Ruhr und Typhus. Der Tod wurde zum ständigen Begleiter an Bord der *Atlantic*.

Am 12. November trieb die ausgeschlachtete, antriebslose *Atlantic* in die Gewässern vor Zypern. Das manövrierunfähige Schiff wurde von einer britischen Motorbarkasse aufgebracht und zum Hafen von Limassol geschleppt, wo es festlag, bis geklärt war, was mit den Passagieren geschehen sollte. Die Briten befanden sich in einer Zwickmühle. Sie waren einerseits besorgt über den schlechten gesundheitlichen Zustand der Flüchtlinge, die an Unterkühlung, Erschöpfung und Unterernährung litten, konnten ihnen aber nicht gestatten, von Bord zu gehen, weil auf Zypern die nötige Infrastruktur fehlte, um sie zu versorgen. Andererseits konnten die Briten sie auch nicht deportieren, da die Flüchtlinge bisher gegen keine Gesetze verstoßen hatten. Schließlich beschlossen die Briten, die *Atlantic* nach Haifa zu eskortieren. Den Flüchtlingen war nicht bewusst, dass man sie nur nach Palästina geleitete, um sie dort als illegale Einwanderer inhaftieren zu können.

Nachdem die *Atlantic* zehn Tage in zyprischen Gewässern vor Anker gelegen hatte, stiegen ein britischer Kapitän und bewaffnetes Wachpersonal an Bord, um das Schiff nach Palästina zu navigieren. Die Briten waren schockiert von den Zuständen auf dem überfüllten Schiff, das derart Schlagseite hatte, dass auf einer Seite vierzig Bullaugen unter Wasser lagen. Zu allem Überfluss gab es nur Rettungsboote für einhundert Menschen, und für etwa ein Drittel der Passagiere waren keine Rettungswesten vorhanden.

Die Briten beluden die *Atlantic* mit Lebensmitteln, Kohle und anderen Vorräten – allerdings zu derartig hohen Preisen, dass viele Flüchtlinge sich auch vom letzten bis dahin geretteten Familienschmuck trennen mussten. Um fünf Uhr am nächsten Morgen machte sich die *Atlantic* auf den Weg, eskortiert von einem Verband britischer Kriegsschiffe und Minenräumboote.

Am Morgen des 24. November 1940 erblickten die jüdischen Flüchtlinge endlich das Heilige Land. Fast ein Jahr war vergangen, seit die erste Gruppe von Juden mit Hilfe von Storfers Ausschuss Wien verlassen hatte. Im Morgengrauen erhoben sich hinter Haifa die geschichtsträchtigen Gipfel des Karmelgebirges.

»Vom gespenstischen Deck der *Atlantic* aus war das grüne Karmelgebirge wie ein Blick in den Himmel«, erinnerte sich ein Passagier später.[29]

Die Flüchtlinge jubelten vor Freude. Wie schon drei Monate zuvor, als sie Bratislava verließen, stimmten sie zu Tränen gerührt gemeinsam die Hymne »haTikwa« an. Diesmal wurde ihr Freudengesang von Mundharmoniken und Geigen begleitet, und vermutlich war auch Erich Weininger einer der Geiger.

Die Briten ließen die *Atlantic* direkt vor dem Hafen von Haifa ankern. Damit waren die drei Flüchtlingsschiffe wieder vereint, denn die *Pacific* und die *Milos* hatten ihr Ziel bereits am Monatsanfang erreicht. In der Nähe der bereits geräumten Schiffe lag das große Linienschiff *Patria*. Gegen Mittag kamen zwei britische Offiziere an Bord der *Atlantic* und kündigten an, dass alle Passagiere auf die *Patria* umsteigen müssten, wo die Reisenden der *Pacific* und der *Milos* sich bereits befanden. Kurz darauf stiegen Regierungsbeamte zu, um die Passagiere zu befragen. Sie mussten Formulare ausfüllen, ihre Habe wurde durchsucht und beschlagnahmt. Die Flüchtlinge fragten natürlich nach, warum sie nicht an Land durften. Standen sie unter Quarantäne? War die Absonderung lediglich eine zeitlich begrenzte Maßnahme, bis an Land Unterkünfte für sie bereitstanden? Aus den unverbindlichen Antworten, die sie bekamen, begannen die Flüchtlinge schließlich zu argwöhnen, dass man ihnen nicht gestatten würde, in Haifa von Bord zu gehen.

Palästina

Die Anwesenheit der *Pacific*, der *Milos* und nun auch noch der *Atlantic* in palästinensischen Gewässern stellte Großbritannien vor große Probleme. Der wachsende Antisemitismus in Deutschland und Österreich hatte zu einem dramatischen Anstieg der Einwanderungszahlen in Palästina geführt, die wiederum dazu beitrugen, dass seit drei Jahren ein gewalttätiger arabischer Aufstand tobte. Um die palästinensischen Araber und ihre Verbündeten in der Region zu besänftigen, hatte Großbritannien im Weißbuch von 1939 die jüdische Einwanderung nach Palästina drastisch beschränkt. Aber die gesenkten Quoten hatten nicht den gewünschten Abschreckungseffekt. Immer noch landeten jeden Monat Hunderte von Juden in Palästina.

Daraufhin hatte Großbritannien beschlossen, der illegalen Einwanderung ein für alle mal einen Riegel vorzuschieben. Ab

Anfang Januar 1940 beschlagnahmte der Contraband Control Service der Marine sämtliche Schiffe mit illegalen Flüchtlingen, noch bevor sie Palästina erreichten. Kapitän, Besatzung und Passagiere dieser Schiffe wurden an Land in Internierungslager gebracht, aber in der Regel nach einigen Monaten letztlich doch freigelassen. Diese aggressive Taktik schien zu wirken: Bis August 1940 war das Mittelmeer frei von Flüchtlingsschiffen.

Entsprechend alarmiert waren die britischen Behörden, als sie am 17. September 1940 von ihrer Botschaft in Bukarest informiert wurden, dass sich an Bord der *Atlantic, Pacific* und *Milos* mehrere tausend illegale Immigranten vom Hafen in Tulcea aus auf den Weg machten. Den Briten war auch klar, dass eine reine Beschlagnahme der Schiffe wenig abschreckende Wirkung haben würde. Denn Seelenverkäufer wie die *Atlantic, Pacific* und *Milos*, auf denen die Flüchtlinge ankommen würden, waren praktisch wertlos. Die Drohung, die Flüchtlinge zu internieren, war auch fruchtlos. Das Risiko, ein paar Monate interniert zu werden, gingen die Juden gern ein, denn sie wussten, dass sie letztendlich doch auf palästinensischem Boden freigelassen würden. Großbritannien beschloss also, ein Exempel zu statuieren, ließ alle illegalen Einwanderer direkt an irgendeinen anderen Ort deportieren und machte unmissverständlich klar, dass eine Rückkehr nach Palästina kategorisch ausgeschlossen war.

Um zu verhindern, dass die neu eingetroffenen Flüchtlinge überhaupt einen Fuß auf palästinensischen Boden setzten, wurden sie umgehend auf die *Patria* transferiert. Das 12.000-Tonnen-Transportschiff konnte ursprünglich 805 Personen inklusive der 130-köpfigen Besatzung aufnehmen. Jetzt war es zum Truppentransporter umdeklariert worden, weshalb es 1.800 Personen an Bord nehmen durfte, ohne die Zahl der Rettungsboote erhöhen zu müssen.

Als die *Pacific* am 1. November palästinensisches Gewässer erreichte, wurde sie von einem Patrouillenboot der Marine abgefangen und nach Haifa eskortiert, wo die 962 Flüchtlinge, die die Reise überlebt hatten, auf die *Patria* umsteigen mussten. Die gleiche Behandlung erfuhr die *Milos,* als sie zwei Tage später mit 709 Flüchtlingen an Bord eintraf. Für die Passagiere der *Atlantic* wurde bestimmt, dass 800 ihrer Passagiere ebenfalls auf die *Patria* umsteigen mussten, die mit den dann insgesamt 2.500 Menschen an Bord ihr Limit deutlich überschritt. Die verbleibenden 1.000 Juden von der *Atlantic* sollten auf ein weiteres Schiff, die *Verbena,* verfrachtet werden.

Aber wohin mit den Flüchtlingen? Jamaika, Afrika, Zypern, Australien und sogar Großbritannien wurden als mögliche Zielorte für die Internierung der illegalen Immigranten erwogen – und aus logistischen oder politischen Gründen wieder verworfen. Schließlich beschlossen die Briten, die 1.700 Juden von der *Pacific* und *Milos* auf ihrer Kronkolonie Mauritius zu internieren, einer Insel im Indischen Ozean, knapp 900 Kilometer östlich von Madagaskar. Die 1.800 Flüchtlinge von der *Atlantic* sollten nach Trinidad.

Am Morgen des 25. November 1940, nur wenige Stunden nach Ankunft der *Atlantic,* fingen die britischen Behörden an, die Passagiere auf die *Patria* zu transportieren, Frauen und Kinder zuerst. Um neun Uhr morgens waren bereits 134 Flüchtlinge transferiert und der nächste Transport hatte gerade abgelegt. An Bord des Beiboots auf dem Weg zur *Patria* war auch Erich Weininger.

Plötzlich gab es eine gewaltige Explosion. Entsetzt schaute Erich auf die Stichflammen, die aus einer Seite der *Patria* schossen. Das riesige Schiff kenterte augenblicklich und sank innerhalb von fünfzehn Minuten.

Die Bombe war von Agenten der zionistischen Untergrundorganisation Haganah gezündet worden, die sich heimlich an Bord geschlichen hatten, als sie erfuhren, dass die Briten planten, jüdische Flüchtlinge zu deportieren. Ihnen war bewusst, dass die erzwungene Verschickung von 3.500 Immigranten andere Juden davon abhalten würde, das von den Nazis besetzte Europa zu verlassen, obwohl sie sich dort in Lebensgefahr befanden. Das wollten sie um jeden Preis verhindern. Die Haganah versteckte eine Bombe im Maschinenraum, um die *Patria* manövrierunfähig zu machen. Ohne funktionsfähiges Schiff, so die Überlegung, wären die Briten gezwungen gewesen, den Passagieren doch noch die Einreise nach Palästina zu gewähren.

Aber die Haganah unterschätzte die Explosionskraft der Bombe und überschätzte die Rumpfstabilität der *Patria*. Statt nur die Motoren zu beschädigen, riss die Bombe ein großes Loch in die Schiffswand. Die meisten Passagiere konnten sich retten, indem sie sich an das Wrack klammerten, bis Hilfe kam, oder indem sie zu einem langen Wellenbrecher schwammen, der den Hafen von Haifa schützte. Aber mehr als 200 Flüchtlinge, 50 Besatzungsmitglieder und Polizisten kamen ums Leben. Beim Versuch, durch die engen Bullaugen zu entkommen, waren einige stecken geblieben. Andere waren von Deck gerutscht und wurden von dem schnell sinkenden Schiff mit unter Wasser gezogen. Die Überlebenden der Katastrophe auf der *Patria* wurden ins Internierungslager Atlit überführt, das Großbritannien einige Jahre zuvor für illegale Immigranten errichtet hatte. Das etwa zwanzig Kilometer südlich von Haifa gelegene Lager war mit Stacheldraht und Wachtürmen gesichert. Das Lagerinnere wurde mit Stacheldraht in verschiedene Sektionen aufgeteilt, um die Überlebenden der *Patria* von den Passagieren der *Atlantic* zu separieren. Jeder Flüchtling erhielt eine Decke und eine beengte Unterkunft in einer der hundert Wellblechhütten.

Die Probleme der Briten waren dadurch noch größer geworden: Was sollte mit den 3.300 Flüchtlingen geschehen, die sich nun doch an Land befanden? Nach tagelangen internen Diskussionen verkündete Großbritannien auf Druck jüdischer Gruppen in Palästina und den Vereinigten Staaten einen Kompromiss: Allen, die an Bord waren, als die *Patria* sank, wurde eine Amnestie garantiert. Sie durften Atlit verlassen und in Palästina bleiben. Die Passagiere, die von der *Atlantik* kamen, sollten hingegen schnellstmöglich nach Mauritius gebracht werden.

Am 8. Dezember befahlen die Briten den Flüchtlingen der *Atlantic*, ihre Sachen bis Mitternacht zu packen und sich am nächsten

Morgen um fünf Uhr für den Abtransport bereit zu halten. Man teilte ihnen zwar nicht mit, wohin die Reise ging, aber den Flüchtlingen war klar, dass sie Palästina verlassen mussten. Die zur Wachunterstützung von Atlit eingeteilte Jewish Supernumerary Police ermutigte die Internierten, sich zu widersetzen, und sicherte ihnen die Unterstützung der gesamten jüdischen Gemeinschaft in Palästina zu. Die Flüchtlinge beschlossen daraufhin, gewaltlosen Widerstand zu leisten, indem sie ihre Taschen nicht packten, sich in ihren Baracken einschlossen, unbekleidet schliefen und sich morgens weigerten, das Bett zu verlassen.

Mitternacht verstrich, ohne dass irgendein Gepäckstück an der Sammelstelle abgegeben wurde. Der Kommandant teilte mit, dass fehlendes Gepäck zurückgelassen werden würde. Die Lagerinsassen ließen sich davon nicht beeindrucken.

Die Stille im Lager und die Arbeitsniederlegungen der Juden in ganz Palästina aus Protest gegen die drohende Abschiebung überzeugten die britischen Behörden, dass die Flüchtlinge Atlit nicht freiwillig verlassen würden. Über Nacht rollten Polizeitransporter und Panzerwagen ins Lager. Bewaffnete britische Soldaten umstellten die Stacheldrahtumzäunung und positionierten in den Ecken Maschinengewehre. Die Hilfskräfte der Jewish Supernumerary Police ersetzten sie durch eine für ihre Brutalität berüchtigte Spezialeinheit der Palestine Police. Dann betraten sie mit Knüppeln und Stahlhelmen das Lager.

Um fünf Uhr früh wurde das Signal zur Abreise gegeben. Niemand rührte sich. Die Polizei wartete fünfzehn Minuten und ging dann von Hütte zu Hütte. Sie brachen die Türen auf, warfen die Pritschen um und zogen den nackten Flüchtlingen die Decken vom Leib. Doch kaum waren sie zur nächsten Hütte weitergezogen, legten sich diese wieder ins Bett.

Eine Stunde später machte die Polizei eine zweite Runde. Diesmal knüppelten sie jeden nieder, der sich weigerte aufzustehen. Diejenigen, die sich beim Widerstand besonders hervortaten, wurden nach draußen gezerrt und bewusstlos geschlagen. Dann wickelte man sie in Decken, schleifte sie über den Boden und warf sie auf die Ladefläche der Laster, die in der Nacht herbeigeschafft worden waren. Andere wurden mit blutenden Wunden und gebrochenen Knochen auf Bahren in Autos und Busse getragen. Das allgemeine Chaos war perfekt, als die unbewaffneten Flüchtlinge anfingen, sich zu wehren und ihrem Protest mit Schreien, Fluchen und Heulen lautstark Luft machten. Einige mutige junge Männer rannten weiter aus Protest nackt durch das Lager. Sie wurden zu Boden geworfen und zusammengeschlagen, bis sie im eigenen Blut liegen blieben. »Schau dir das blutende Judenpack an«, spotteten die Polizisten.[30] Selbst in Palästina wurden die Juden plötzlich auf eine Weise misshandelt, die sich nicht sehr von der grausamen Behandlung unterschied, die sie glaubten, in Europa hinter sich gelassen zu haben.

Von allem Unrecht, dass die jüdischen Flüchtlinge erlitten hatten, war dies das schlimmste. Für Menschen wie Erich, die in Dachau und Buchenwald gelitten hatten, in Bratislava eingesperrt waren und eine beschwerliche Reise ins Gelobte Land hinter sich hatten, war der Gedanke, nun deportiert zu werden, einfach zu viel. Es herrschte allgemeine Verzweiflung. »Lasst mich hier wenigstens sterben«, baten einige der älteren Flüchtlinge.[31]

Während Erich Weininger zum Militärtransporter getrieben wurde, versuchten britische Soldaten mehrfach, ihm die Geige zu entwenden. Sobald sich ein Soldat näherte, warf Erich die Geige über den Trennzaun den Gefangenen im benachbarten Hof zu. Versuchte dort dann ein britischer Soldat, die Geige zu konfiszieren, wurde sie zu Erich zurückgeworfen. Tatsächlich bekamen die Briten das Instrument nicht in die Hand. Als Erich schließlich in einem Lastwagen verschwand, hielt er noch immer die Geige im Arm, die ihn von Wien über Dachau, Buchenwald und Bratislava bis nach Atlit begleitet hatte.

Die Juden wurden nach Haifa zurückgebracht, wo sie auf zwei von den Briten beschlagnahmte holländische Dampfer verteilt wurden, die sie nach Mauritius bringen sollten.

Die *Johan de Witt* und die *Nieuw Zeeland* verließen Haifa am 9. Dezember 1940 mit Erich und 1.600 anderen jüdischen Flüchtlingen an Bord. Eskortiert von zwei britischen Kriegsschiffen, die sie im Zickzackkurs begleiteten, um gleichzeitig Minen zu räumen, liefen sie Port Said in Ägypten an. Noch immer hatte man den Juden nicht gesagt, wohin man sie bringen würde, und sie hatten auch keine Gelegenheit, es selbst herauszufinden. Die Bullaugen waren abgedeckt. Die Schiffsluken waren zwar entfernt worden, um trotz der geschlossenen Fenster für Frischluft zu sorgen, aber an Deck zu gehen war den Flüchtlingen verboten. Nur das Dröhnen der Motoren verriet ihnen, dass sie überhaupt unterwegs waren.

Bei den holländischen Schiffen handelte es sich um ehemalige Luxusdampfer, die zu Truppentransportern umgebaut worden waren. Beide hatten mehrere hundert Kabinen. In einigen waren ältere Flüchtlinge, Frauen mit Kindern und palästinensische Polizisten untergebracht, die Mehrzahl der Kabinen blieb jedoch ungenutzt. Der Großteil der Juden war in offenen Schlafsälen untergebracht, die alles andere als luxuriös waren, aber immerhin eine deutliche Verbesserung gegenüber den Verhältnissen an Bord der *Atlantic* darstellten. Die Flüchtlinge hatten Hängematten zum Schlafen, Regale für die persönliche Habe und sogar Tische und Bänke, an denen sie sitzen und essen konnten.

Am dritten Tag der Reise fuhren die *Johan de Witt* und die *Nieuw Zeeland* durch den Suezkanal ins Rote Meer. Danach durften die Flüchtlinge zu bestimmten Zeiten an Deck. Als die Luft in Schlafsälen unerträglich wurde, erlaubte man den Juden schließlich, sowohl an Deck zu schlafen als auch die Swimmingpools zu nutzen. Bullaugen und Luken blieben tagsüber geöffnet, mussten nachts aber zur Verdunklung geschlossen werden.

Am 26. Dezember 1940 erreichten die Schiffe nach zweieinhalbwöchiger Reise Port Louis auf Mauritius. Die Flüchtlinge bestaunten die tropische Schönheit der Insel. »In der Ferne erhob sich Mauritius aus dem unruhigen Indischen Ozean, und je näher wir kamen, desto bezaubernder sah es aus«, erinnerte sich ein Flüchtling später. »Die Insel war umgeben von Lagunen in einem schier unglaublichen Blau, gesäumt von einer dichten grünen Vegetation und großen, exotischen Kokospalmen, hinter denen sich schemenhaft purpurne Hügel erhoben. Es war unglaublich. So etwas hatte ich noch nie zuvor gesehen. Ich war so aufgeregt, dass ich meinen Puls rasen fühlte und mir die Tränen in die Augen stiegen.«[32]

Mit dem Bus wurden die Juden in die Stadt Beau Bassin gebracht. Die ganze Fahrt über bewunderten sie die Schönheit der Insel und die freundliche Begrüßung durch ihre Bewohner, die, wo immer sie vorbeifuhren, Blumen in die Höhe warfen. Man empfing sie eher wie Kriegshelden, die aus der Schlacht heimkehrten, denn als mittellose Flüchtlinge.

Umso größer war der Schock, als die Busse den Bestimmungsort erreichten. »Dort erwartete uns die größte Überraschung unserer in den vergangenen vier Monaten nicht gerade überraschungsarmen Reise«, notierte ein Flüchtling in seinem Tagebuch. »Der Bus hielt vor einem kleinen, einstöckigen Gebäude. Wir durchquerten einen Vorbau und gelangten in einen großen Hof, der von zwei riesigen, etwa 90 bis 100 Meter langen Zellenblöcken mit vergitterten Fenstern beherrscht wurde – EIN GEFÄNGNIS!«[33] Dieses Gefängnis sollte für die nächsten viereinhalb Jahre ihr Zuhause sein.

Mauritius

Die Insel Mauritius war arabischen Seefahrern zwar schon im 10. Jahrhundert bekannt, geriet aber in Vergessenheit und wurde 1507 von Portugiesen auf dem Weg nach Indien wiederentdeckt. Aber erst die Holländer besiedelten die Insel, nannten sie nach Prinz Moritz von Oranien »Prins Maurits van Nassaueiland« und nutzten sie als Flottenstützpunkt. Es waren auch die Holländer, die dort den bald darauf ausgerotteten Dodo entdeckten. Im frühen 18. Jahrhundert übernahm Frankreich die Macht über die Insel, verlor sie aber in den Napoleonischen Kriegen an England. Seitdem herrschte Großbritannien über Mauritius und seine profitablen Zuckerrohrplantagen.

Ein paar Kilometer südlich von Port Louis, der Hauptstadt von Mauritius, befindet sich das Gefängnis von Beau Bassin. Im 19. Jahrhundert war es als Hochsicherheitstrakt für Diebe und Mörder gebaut worden. Während des Zweiten Weltkriegs wollten die Briten dort zunächst faschistische politische Gefangene inhaftieren. Stattdessen wurde das Gefängnisgelände nun zur Heimat für 1.600 jüdische Flüchtlinge.

Nach ihrem jahrelangen Martyrium befanden sich viele Juden bei der Ankunft im Gefängnis von Beau Bassin in einem miserablen körperlichen und geistigen Zustand. Sie litten an Unterernährung, Ruhr und Diarrhö, aber auch an psychischer Erschöpfung und Depressionen. Anfangs stellte Typhus die größte Gefahr dar, die sie auf der gesamten Flucht aus Europa begleitet hatte, ohne jemals behandelt worden zu sein. Kaum war die Typhusepidemie unter Kontrolle, brach Malaria aus. Unzureichende medizinische Versorgung und fehlende Medikamente kosteten in den ersten fünf Wochen 28 Flüchtlingen das Leben.

Die männlichen Inhaftierten bezogen die Gefängnisbauten von Beau Bassin. Die Männer aus Prag und Danzig kamen in Block A, Erich und die übrigen Männer aus Wien in Block B. Die Blöcke beherbergten lange Flure mit endlosen Reihen schwerer Gefängnistüren, hinter denen ungastliche Zellen warteten: dreieinhalb Meter lang und knapp drei Meter breit, ausgestattet mit Hängematte, Regal und vergittertem Fenster. Strom gab es nicht. Allerdings war es den Männern gestattet, sich im Zellenblock frei zu bewegen. Die Türschlösser waren entfernt worden. Auch ein großer Gefängnishof mit Bäumen, Rasen und Blumenbeeten stand zur Verfügung.

Auf der anderen Seite der viereinhalb Meter hohen Gefängnismauer war in aller Eile ein mit Stacheldraht umzäuntes Lager für Frauen und Kinder errichtet worden. Bei der Ankunft der Flüchtlinge waren die Aufbauten noch im Gange. Nach der Fertigstellung bestand das Lager aus dreizehn Holzhütten mit Wellblechdächern, wobei jede Hütte Platz für 25 bis 30 Frauen und Kinder hatte.

Der Tagesablauf war immer der gleiche. Die Flüchtlinge standen um sieben Uhr morgens auf, tranken Tee und erhielten ihre Tagesration an Brot, Margarine und Zucker. Das Mittagessen gab es zwischen zwölf Uhr dreißig und dreizehn Uhr und bestand meistens aus frischem Fleisch, Pökelfleisch oder Dosenlachs. Dazu gab es Beilagen aus ungewohnten lokalen Zutaten wie Süßkartoffeln, getrockneten Bohnen und Brotfrüchten. Um neunzehn Uhr dann zum Abendessen Suppe und Konfitüre. Zwischen den Mahlzeiten übernahmen alle, die unter 35 Jahre alt waren, Tätigkeiten wie Kochen, Putzen, Gärtnern und Instandhaltungsarbeiten. Innerhalb kürzester Zeit entstanden Werkstätten, die Mithäftlinge mit Kleidung, Schuhen, maßgefertigten Möbeln für die Hütten und sonstigen Notwendigkeiten versorgten. Bald ließ sich mit den Arbeiten und den Waren, die nicht nur auf der Insel, sondern auch darüber hinaus verkauft wurden, sogar ein bisschen Geld verdienen.

In der Freizeit bauten die Flüchtlinge ein möglichst breites Angebot an Bildung und kulturellen und sozialen Aktivitäten auf. Sie gründeten eine Schule, an der die Kinder in Englisch, Deutsch, Hebräisch, Religion, Geographie, Geschichte, Mathematik, Naturwissenschaften, Musik und Kunst unterrichtet wurden. Die Erwachsenen organisierten für sich selbst ähnliche Angebote und beschäftigten sich mit jüdischer Geschichte und Zionismus. Sie lasen die lokale Zeitung und Bücher und Magazine, die sie von der mauritischen Polizeibehörde und den jüdischen Gemeinden in Palästina und Südafrika bekamen. Sie veranstalteten Literatur- und Lyrikwettbewerbe oder Turniere für Kartenspiele oder Schach. Eine Zeit lang erschien sogar das tägliche Mitteilungsblatt *Camp News*. Künstler organisierten Ausstellungen; Bühnenautoren und Schauspieler führten Stücke, Puppenspiele,

Kindertheater und Musikrevuen auf. Es fanden Tanzveranstaltungen, Kleinkunstabende und Chanukkafeiern statt. All diese Aktivitäten sorgten für etwas Behaglichkeit und gute Laune während der sich hinziehenden Internierung der Flüchtlinge.

Selbstverständlich spielte auch die Musik eine große Rolle in diesem aktiven Kulturleben. Im Februar 1941 spendeten die Einheimischen den Flüchtlingen Klaviere, Geigen, Akkordeons und andere Instrumente. Erich besaß natürlich noch seine eigene Geige, die er aus Wien mitgebracht hatte. Für sich und ihre Mithäftlinge transkribierten die Musiker im Lager Beethovens Klaviersonaten und führten sie als Streichquartette auf. Den mauritischen Wohltätern dankten sie ihre Großzügigkeit, indem sie ein Orchester gründeten und im Juli bei einer Laienaufführung von Puccinis Oper *La Bohème* im nahegelegenen Rose Hill die musikalische Begleitung übernahmen. Einer der Vorführungen durften zwölfhundert Häftlinge beiwohnen. Für viele war es das erste Mal, dass sie die Gefängnismauern von Beau Bassin verließen.

Gewöhnlich spielte Erich Weininger in der Flüchtlingskapelle »Beau Bassin Boys«, eine von Pianist und Mithäftling Fritz »Papa« Haas gegründete Jazzband. In ihrem ersten Jahr auf Mauritius stellten die Beau Bassin Boys Musik für eine englischsprachige Revue zusammen, die aus Liedern, Volkstänzen und Spottgedichten über das Lagerleben bestand. Diese Revue erfreute sich auch bei den örtlichen Organen, zu denen der Lagerkommandant mit seiner Frau und die Vertreter der Presse gehörten, großer Beliebtheit. Im Gefängnislager waren die Beau Bassin Boys derart populär, dass Papa Haas bis heute der erste Name ist, der überlebenden Lagerinsassen einfällt, wenn sie über ihr Leben auf Mauritius sprechen.

Der Ruf der Beau Bassin Boys machte nicht an den Gefängnismauern halt. Ihre Konzerte wurden im Radio übertragen, und sie durften auch mehrmals außerhalb des Lagers auftreten. Einheitlich gekleidet mit weißen Hemden, schwarzen Hosen, schwarzen Fliegen, roten Kummerbünden und weißen Smoking Jacketts spielten die Beau Bassin Boys auf Tanzabenden, Hochzeiten und zu anderen offiziellen und festlichen Gelegenheiten auf ganz Mauritius, sogar auf den Festen, die der Inselgouverneur veranstaltete. Die Musiker genossen diese Konzerte als wertvolle Momente der Freiheit. Die häufigen Einladungen, irgendwo auf der Insel zu spielen, waren eine willkommene Gelegenheit, dem Gefängnistrott eine Weile zu entrinnen.

In der ersten Zeit nach ihrer Ankunft war es den Männern nicht erlaubt, das schwer bewachte Eisentor zu passieren, das sie von den Frauen und Kindern trennte. Dieses Verbot wurde nach und nach gelockert. Im ersten Jahr durften verheiratete Männer ihre Kinder für eine begrenzte Anzahl von Stunden sehen. Später wurde allen Flüchtlingen erlaubt, sich vier Stunden am Tag gemeinsam auf dem Freizeitgelände um das Gefängnis herum aufzuhalten. Erst kurz bevor ihre Internierung auf Mauritius im Jahr 1945 endete, wurde uneingeschränkte Bewegungsfreiheit zwischen dem Männergefängnis und dem Lager der Frauen gewährt.

Nachdem die Geschlechtertrennung aufgehoben war, lebten alte Beziehungen wieder auf und neue entwickelten sich. Die *Camp News*-Ausgabe vom 13. September 1942 berichtete leicht ironisch, Erich sei »den Reizen des Familienlebens erlegen« und habe Ruth Rosenthal geheiratet[34], die dank der finanziellen Unterstützung von Verwandten in den Vereinigten Staaten mit ihrer Familie aus Danzig entkommen war. Die Beau Bassin Boys spielten nicht nur zu Erichs Hochzeit auf, sondern auch bei den dreißig anderen Hochzeiten, die bis Ende 1942 im Gefängnishof gefeiert wurden. 1943 kam Erichs Sohn Ze'ev zur Welt und war damit eins von sechzig jüdischen Kindern, die auf Mauritius geboren wurden.

Beau Bassin war nicht mit einem Konzentrationslager der Nazis zu vergleichen, aber trostlos war der Gefängnisalltag trotzdem. Je länger ihre Internierung dauerte, desto mehr sehnten sich die Häftlinge nach Freiheit. Sie verabscheuten es, hinter Gefängnismauern weggesperrt zu sein und ständig unter der Beobachtung eines – inklusive Gefängnisleitung, Personal und

Aufsehern – etwa hundertköpfigen Apparats zu stehen. Es quälte sie, dass sie das Lager nur selten verlassen durften. Am schlimmsten war die Enttäuschung darüber, dass sie auf unbestimmte Zeit eingesperrt und ihrer Bürgerrechte beraubt wurden, ohne dass man ihnen Gelegenheit gab, ihr Anliegen vorzutragen oder juristisch gegen ihre Inhaftierung vorzugehen.

Auch die Malaria machte den Gefangenen zu schaffen. Es gab Zeiten während ihrer Internierung, in denen vierzig bis fünfzig Prozent der Insassen davon betroffen waren. Zwar war Malaria nicht die häufigste direkte Todesursache, aber das begleitende hohe Fieber führte gerade bei älteren Menschen und Herzkranken zu einer entscheidenden Schwächung. Fehlende Medikamente gegen Malaria und mangelhafte medizinische Versorgung bei Unterernährung, Dysenterie oder Herz-Kreislauf-Erkrankungen kostete 127 Juden auf Mauritius das Leben. Zu diesen Toten gehörte auch Erichs Schwiegervater, der im Alter von 55 Jahren an einem Herzinfarkt starb.

Vier Jahre mussten sich die Internierten gedulden, bis die britische Obrigkeit im Januar 1945 ihre Meinung über eine möglichen Einwanderung nach Palästina änderte. Da endlich beugte sich Großbritannien dem internationalen Druck und gewährte den Gefangenen von Mauritius als Teil der aktuell genehmigten Jahresquote von 10.300 Einwanderern die Einreise nach Palästina.

Das Reisen in Kriegszeiten war nicht einfach, und da in der Nähe von Mauritius etliche Schiffe torpediert worden waren, konnten die Briten nicht versprechen, dass die Umsiedlung schnell über die Bühne gehen würde. Tatsächlich zog es sich noch acht Monate hin, bis die Briten ihre Zusage in die Tat umsetzen und die Flüchtlinge zurücknach Palästina schicken konnten. Zunächst war geplant, die Juden auf einen Kriegsschiffsverband zu verteilen, der im Mai Mauritius passieren sollte. Doch dann brach auf der Insel eine Polio-Epidemie aus. Die Flüchtlinge kamen in Quarantäne. Die Überfahrt wurde abgesagt.

Erst am 11. August 1945 war es so weit. Der Zweite Weltkrieg war beendet, und die Flüchtlinge hatten inzwischen von dem unvorstellbaren Genozid erfahren, der zahllose Verwandte und Freunde, die in Europa zurückgeblieben waren, das Leben gekostet hatte. Von den 1.581 jüdischen Flüchtlingen, die mit der *Atlantic* die Insel erreicht hatten, lebten 1945 noch 1.307 auf Mauritius. Neben denen, die gestorben waren, hatten sich auch ein paar Dutzend für den Kriegseinsatz gemeldet. Die verbliebenen Flüchtlinge gingen an Bord der RMS *Franconia*, die in Indien bereits mehrere hundert heimkehrende britische Soldaten aufgenommen hatte.

Israel

Am 26. August 1945 kehrten die Flüchtlinge nach Haifa zurück. Fast sechs Jahre waren vergangen, seitdem sie von Wien nach Palästina aufgebrochen waren. Diesmal konnten sie ohne Umweg über Atlit direkt die Unterkünfte ihrer Wahl aufsuchen. Manche kamen bei Verwandten unter, die bereits in Palästina waren, andere schlossen sich einer der kollektiven Landwirtschaftskommunen an. Etwa vierhundert Flüchtlinge bezogen Häuser, die für sie in Haifa, Tel Aviv und Naharija, einer Küstenstadt nördlich von Haifa, bereit standen. Einige Dutzend, die nach Europa zurückkehren wollten, wurden in ein Durchgangslager südlich von Gaza gebracht.

Erich Weininger entschied sich für Naharija. Dort arbeitete er wieder als Metzger, spielte aber auch weiter auf der Geige, die ihn auf seiner erstaunlichen Odyssee von Wien nach Dachau und Buchenwald über Bratislava nach Palästina und Mauritius schließlich wieder nach Palästina begleitet hatte. In Naharija lernte er einen Pianisten und einen Schlagzeuger kennen, die er oft zu kleinen Hauskonzerten mit traditioneller österreichischer Volksmusik und Walzern einlud.

Einige Male kehrte er für kurze Besuche nach Österreich zurück. Er spielte ernsthaft mit dem Gedanken, den ehemaligen Freund, der seinen Vater verraten hatte, eigenhändig zu ermorden, ließ sich aber eines Besseren belehren. »Tu es nicht«, überredeten ihn seine Freunde. »Sie würden dich für den Rest deines Lebens hinter Gitter bringen. Du hast schon genug Zeit im Gefängnis verbracht.«[35]

Erich starb 1988 im Alter von 76 Jahren. Seine Violine ging an seinen Sohn Ze'ev in Deutschland und später an dessen Tochter Tova, die in Israel lebt. Tova überlegte, die Geige zu verkaufen und schickte ihren Sohn 2012 mit dem Instrument nach Tel Aviv, um den Wert schätzen zu lassen. In Tel Aviv sagte man ihm, dass es nur einen Mann gebe, der den wahren Wert dieses Instruments zu würdigen wisse: Amnon Weinstein. Das Spiel in der tropischen Hitze von Mauritius hatte der Geige ziemlich zugesetzt, sodass sie nur noch von geringem materiellen Wert war, aber Amnon erkannte sofort, welche historische Bedeutung dieses Instrument besaß. Er bot an, die Geige kostenlos zu reparieren. Im Gegenzug bat er lediglich um die Erlaubnis, Erich Weiningers Geige in die Sammlung »Violinen der Hoffnung« aufnehmen zu dürfen.

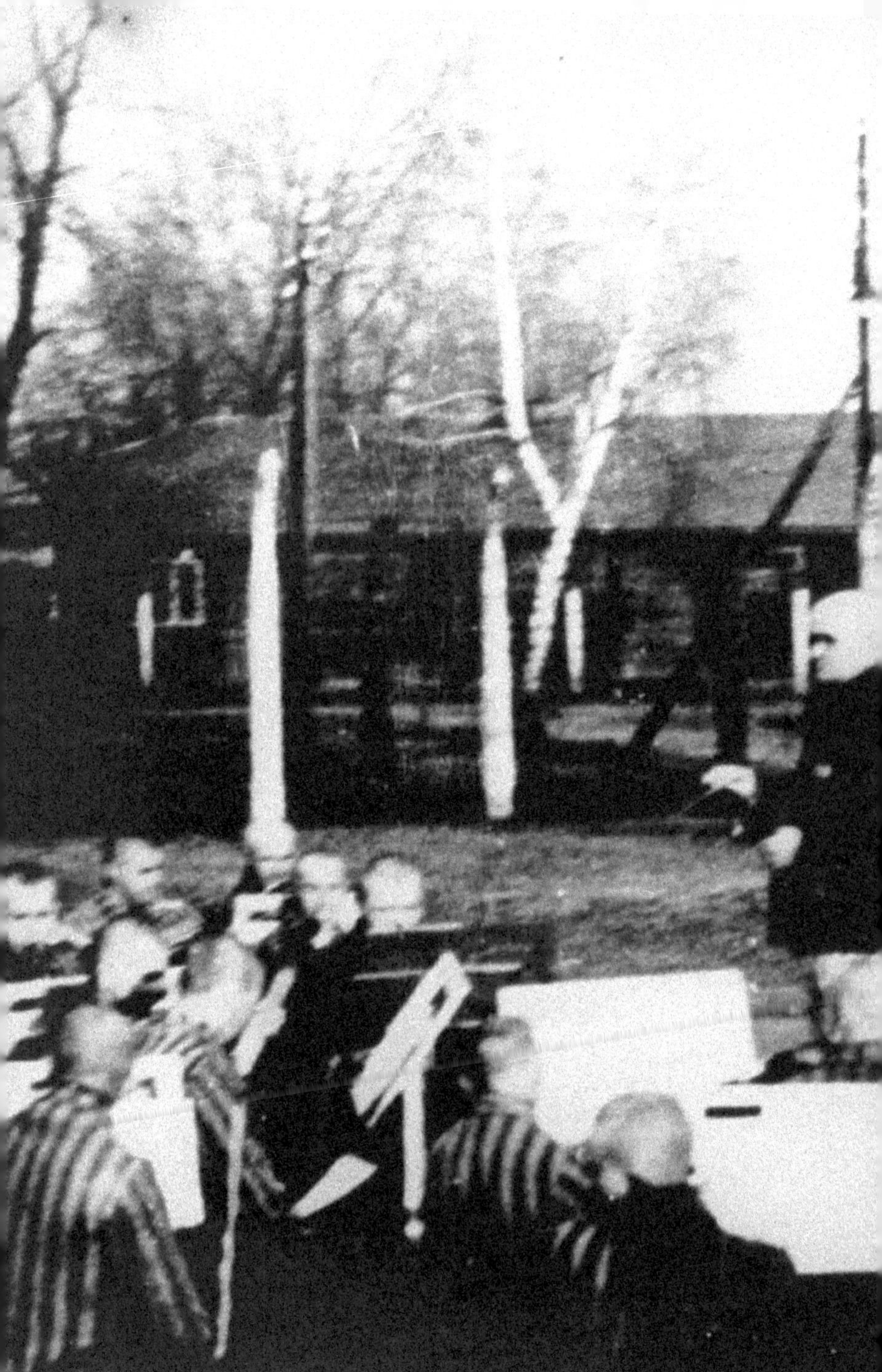

SS-Foto des Orchesters im Stammlager Auschwitz
aus dem Frühjahr 1941. (Aus dem United States

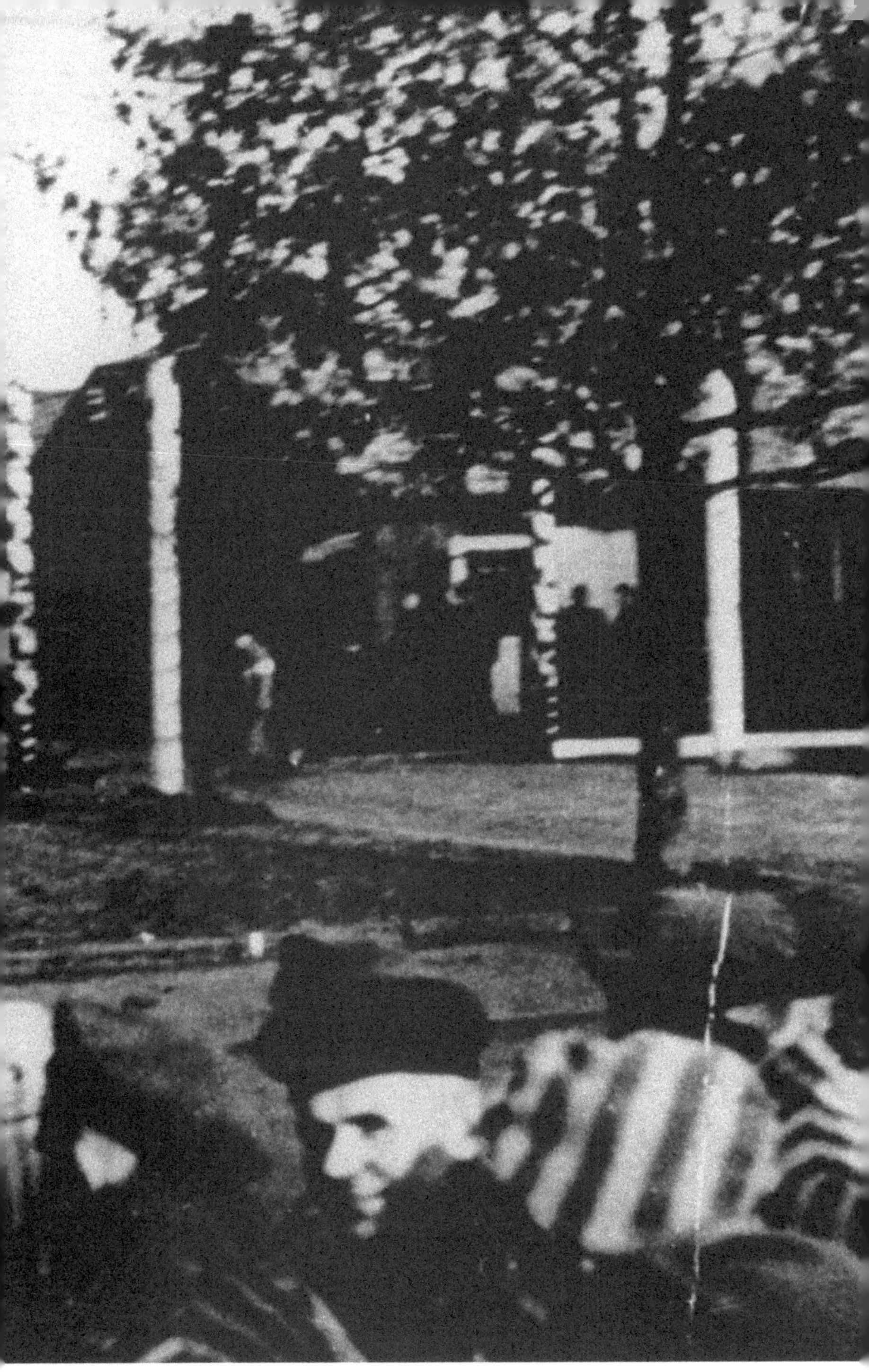

Holocaust Memorial Museum, mit freundlicher Geneh-
migung des Instituts für Nationales Gedenken, Polen)

3
Die Geige von Auschwitz

Die Musiker, die das Palestine Orchestra gründeten, waren mit Günther und Rosemarie Goldschmidt sowie Erich Weininger unter den letzten Juden, die Nazi-Deutschland verließen. Am 23. Oktober 1941 schloss das Land seine Grenzen und hinderte die verbliebenen Juden an der Emigration. Kurz danach begannen die Nazis mit dem Abtransport der Juden in Lager, die nicht nur dafür konzipiert waren, Juden zu inhaftieren und zu foltern, sondern sie zu Tausenden zu töten.

Ein Musiker, der sich dieser Verfolgung ausgesetzt sah, war Henry Meyer. Henry wurde 1923 in Dresden, einer Stadt mit reichem Kulturleben, in eine wohlhabende und musikalische Familie jüdischer Kaufleute hineingeboren. Mit fünf Jahren erhielt er die erste Violine und bekam Unterricht bei einem der besten Geigenlehrer der Stadt. Durch gemeinsame Kammermusik mit professionellen Musikern und seinen Eltern, die selbst ausgezeichnet spielten, wurde er schnell zu einer Art Wunderkind.

Als Hitler 1933 an die Macht kam, war Henrys idyllische Kindheit zu Ende. Mit zehn wurde er von seiner Schule verwiesen und aus öffentlichen Vereinen ausgeschlossen, man nahm ihm sogar sein Fahrrad und seinen Hund weg. Es war ihm außerdem verboten, Unterricht am Konservatorium oder an der Orchesterschule der Staatsoper zu nehmen. Henry bekam einige Privatstunden beim ersten Geiger der Oper, bis die Gestapo seinen neuen Lehrer zwang, den Unterricht mit ihm abzubrechen.

Henrys Eltern baten Familienmitglieder in den Vereinigten Staaten, bei der Einwanderung nach Amerika zu helfen, doch die Verwandten verfügten nicht über die finanziellen Mittel, um für eine vierköpfige Familie zu bürgen. Dazu wurden die amerikanischen Einwanderungsbestimmungen zum Problem. Henry, sein jüngerer Bruder und ihre Mutter gehörten zum deutschen Kontingent, während sein Vater dem polnischen zugeschlagen wurde, da dessen Heimatstadt bei der Geburt noch zu Polen gehörte. Schon für Deutsche war es schwer genug, eine Einwanderungserlaubnis für die Vereinigten Staaten zu bekommen – für Polen fast unmöglich.

Als Henry fünfzehn war, erhielt er eine Einladung, als Solist mit dem kleinen Orchester des Jüdischen Kulturbunds in Dresden aufzutreten. Wieder einmal schlug das Schicksal zu. Das Konzert war für den 9. November 1938 angesetzt – die Reichskristallnacht. Aus dem Auftritt wurde nichts, denn Henry wurde in dieser Nacht festgenommen und nach Buchenwald gebracht, wo man ihn zusammen mit Erich Weininger gefangen hielt. Einige Wochen später ließ man ihn wieder frei, und er erhielt die Möglichkeit, das Land zu verlassen. Aber wie schon 1933, als seine Familie versucht hatte zu emigrieren, wurden diese Pläne nie umgesetzt.

Im Jahre 1939 zog Henry nach Berlin und wurde in das Orchester des Kulturbunds aufgenommen. Er erwies sich schnell als außergewöhnlicher Musiker und war darüber hinaus mit seinen sechzehn Jahren der selbsternannte »Benjamin des Orchesters«. Schnell freundete er sich mit den Orchesterkollegen Günther und Rosemarie Goldschmidt an und spielte oft Kammermusik mit dem jungen Paar.

Als der Jüdische Kulturbund im August 1941 aufgelöst wurde, musste sich Henry beim Arbeitsamt zum Reichsarbeitsdienst melden. Da er sich um seine Zukunft als Geiger sorgte, bat er um Arbeit, die seine Hände nicht allzu sehr beanspruchen würde.

»Ich habe etwas für dich«, antwortete der Beamte. »Eine Firma, die Artikel im Gesundheitswesen herstellt.«[36]

Sehr zu Henrys Verlegenheit handelte es sich bei diesen »Artikeln im Gesundheitswesen« um Kondome für die deutsche

Armee. Henry wurde zur Arbeit in den Fromms Act-Gummiwerken zugeteilt, wo der jüdische Unternehmer Julius Fromm das Gummikondom erfunden hatte, bevor er gezwungen wurde, sein lukratives Geschäft an Hermann Görings Patentante zu verkaufen. Henrys Aufgabe bestand darin, Gummi mit Hilfe einer gefährlichen Mischung industrieller Chemikalien zu verflüssigen. Er arbeitete täglich zwölf Stunden, ohne schützende Gasmaske und zusätzliche Milchrationen, wie sie die arischen Arbeiter erhielten, um die Auswirkungen der giftigen Dämpfe zu bekämpfen. Zu allem Übel erwies sich der vorvulkanisierte Gummi als nicht gerade schonend für seine Hände.

Anfang 1942 kehrte Henry nach Dresden zurück, um während der drohenden Deportationen bei seiner Familie zu sein. Man zwang ihn und seinen Bruder, in der Zeiss Ikon Fabrik zu arbeiten, wo sie Bauteile herstellten, die später als Zünder für Zeitbomben verwendet wurden. Da sie als nützliche Arbeitskraft galten, mussten die Brüder ihre Eltern nicht begleiten, als die Alten aus der Familie im März desselben Jahres ins Ghetto von Riga abtransportiert wurden. Die Mutter starb in Riga. Der Vater überlebte das Ghetto und einen Todesmarsch nach Dachau. 1945, zwei Monate vor der Befreiung, sollte er dort sterben.

Im März 1943 brachte man Henry und seinen Bruder aus dem Dresdner Ghetto Hellerberg zum Bahnhof Neustadt, wo man sie in Viehtransporter steckte. Mehrere Tage lang hungerten und froren sie in einem überfüllten und übelriechenden Waggon. Als der Zug anhielt, hatten sie keine Ahnung, wo sie sich befanden. Stimmen von draußen befahlen ihnen, alles zurückzulassen und aus dem Zug zu steigen. Durch eine Luke konnte Henry den Dampf einer anderen Lokomotive sehen. Weiter hinten stand auf einem Schild der Name eines Ortes, von dem Henry noch nie gehört hatte: Auschwitz.

Auschwitz

Das größte und berüchtigtste Konzentrationslager der Nazis war ein großer Komplex in Polen, der genau genommen aus mehreren Lagern bestand. Das älteste war das Stammlager Auschwitz, welches nach dem Sieg Nazi-Deutschlands über Polen 1939 gebaut worden war – von jüdischen Sklavenarbeitern aus der gleichnamigen Stadt Oświęcim (dt. Auschwitz). Das Stammlager Auschwitz war ein brutaler Strafkomplex, in dem Tausende von überwiegend polnischen politischen Gefangenen regelmäßig gefoltert und hingerichtet wurden. 1941 errichteten die Nazis ein größeres und noch tödlicheres Lager, knapp drei Kilometer vom Stammlager Auschwitz entfernt. Sie nannten diesen zweiten Standort Birkenau – der deutsche Name für eines der polnischen Dörfer, die zur Errichtung des 40 Quadratkilometer großen Lagers ausgelöscht worden waren. Als das Vernichtungslager Birkenau wuchs, entstanden eigene Unterlager für Männer, Frauen, Roma und Tschechen. Gaskammern wurden errichtet, um die massenhafte Ermordung von Häftlingen voranzutreiben. Um ihre Überreste zu beseitigen, baute man Krematorien. Das Konzentrationslager Auschwitz III wurde 1942 zur Bereitstellung von Zwangsarbeitern für das Chemieunternehmen Buna-Werke im nahegelegenen Monowitz errichtet. Im Laufe der Zeit bauten die Nazis 45 weitere Außenlager, vor allem für Zwangsarbeiter.

Das alltägliche Leben in Auschwitz war so brutal, dass die meisten Gefangenen innerhalb von Wochen an Hunger oder Erschöpfung starben. Nachdem sie sich zu einem morgendlichen Appell versammelt hatten, marschierten die Häftlinge aus dem Lager, einen ganzen Tag qualvoller Arbeit vor sich, bevor sie ihre müden Körper zum abendlichen Appell zurück ins Lager schleppten. Je nach Laune der SS-Aufseher konnten mitten in der Nacht zusätzliche Appelle abgehalten werden, bei denen die Insassen gezwungen wurden, stundenlang bei Regen und Schnee stillzustehen. Jeder, der sich bewegte oder zu krank und schwach schien, um weiter zu arbeiten, wurde in die Gaskammer geschickt. Zählt man jene, die unmittelbar nach der Ankunft getötet wurden, zu denen hinzu, die im Lager verendeten, so starben geschätzt 1,6 Millionen Menschen in Auschwitz, die meisten von ihnen Juden.

Der Hobbygeiger Jacques Stroumsa wurde am 30. April 1943 als Teil eines Transports von 2.500 Juden aus dem griechischen Thessaloniki nach Auschwitz deportiert. Man trieb die jüdischen Männer, Frauen und Kinder in deutsche Viehwaggons, bis sie vollständig überfüllt waren. Die meisten Deportierten waren gezwungen zu stehen, bekamen nichts zu essen und nur einen Eimer Trinkwasser für den ganzen Waggon. Dazu gab es einen Kübel als gemeinschaftliche Toilette. Von Zeit zu Zeit wurden die verschlossenen Türen von außen geöffnet, gerade lang genug, um den Kübel zu leeren und den Eimer wieder aufzufüllen. Während eines Halts in der Nähe von Wien mussten Stroumsa und ein anderer junger Mann einem SS-Offizier beim Entladen von Gold- und Schmuckstücken helfen, welche die Deutschen in Griechenland geraubt hatten. Abgesehen von dieser kurzen Pause blieben alle Häftlinge auf dem Weg nach Auschwitz volle acht Tage lang in diesen überfüllten Waggons, in denen sie kaum atmen konnten.

Der Transport erreichte Birkenau am frühen Morgen des 8. Mai. Die Türen wurden aufgerissen, die Juden aus dem Zug kommandiert. Sobald die Deportierten hektisch hinabkletterten, wurden sie von einem grellen Scheinwerfer geblendet, ein ohrenbetäubender Lärm von Schreien und knallenden Peitschen ging auf sie nieder. Orientierungslos hielt Stroumsa mit der einen Hand seine Frau, mit der anderen seine Violine fest, bis Schläge ihn zwangen, beide loszulassen. Man stellte die Juden in einer Reihe auf und dirigierte sie zur »Selektion«, bei der ein SS-Offizier sie entweder nach rechts oder links dirigierte. Der Offizier schickte 815 gesunde Männer und Frauen zwischen fünfzehn und fünfzig Jahren nach links. Auch wenn sie es zu dem Zeitpunkt noch nicht wussten, links bedeutete, dass sie zu Arbeitskommandos eingeteilt worden waren. Die verbliebenen 1.685 alten und kranken

Juden wurden zur rechten Seite geschickt, noch am selben Tag in die Gaskammer gebracht und getötet.

Frau und Eltern wies man nach rechts, Stroumsa und seinen Bruder nach links. Sie wurden zu einem SS-Offizier geführt, der sie fragte, wie alt sie seien, wie sie ihren Lebensunterhalt verdienten und welche Sprachen sie beherrschten. Der Offizier schätze ab, wie nützlich jeder neue Ankömmling für die Arbeitsabläufe im Lager sein würde.

Als man Stroumsa und seinen Bruder nach Birkenau marschieren ließ, begegneten sie einem Arzt wieder, den sie schon aus Thessaloniki kannten. Der Mediziner, der nur einige Tage zuvor angekommen war, zog Jacques zur Seite, um ihm die Wahrheit darüber zu sagen, was mit denen geschah, die bei der Selektion nach rechts gehen mussten. »Zu dieser Stunde sind deine Frau, deine und ihre Eltern bereits vergast, und bald werden sie in den Öfen des Krematoriums verbrannt«, flüsterte er. »Die Jungen, die ins Lager kommen, haben eine Chance, eine kleine Chance herauszukommen, aber nur unter der Bedingung, dass sie niemals krank werden.«[37] Krank zu werden hieß, nicht länger nützlich zu sein. Nutzlos zu sein hieß, dass man in die Gaskammer geschickt wurde.

Der erste Halt in Birkenau war die »Zentralsauna«, wo man den Häftlingen ihre Gefangenennummer eintätowierte. Stroumsa bekam die Nummer 121097. Kopf- und Körperhaar wurden abrasiert. Man schickte sie unter eine Dusche, deren Temperatur zwischen eiskalt und kochend heiß schwankte. Dann gab man ihnen blau-weiß-gestreifte Gefangenenuniformen mit gelben und roten Davidssternen über ihrer linken Brust, um sie als Juden zu kennzeichnen.

Form und Farbe eines Häftlingsabzeichens gaben darüber Auskunft, warum diese Person inhaftiert war, und definierten ihre Stellung in der Auschwitz-Hierarchie. Juden, die einen Davidsstern trugen, befanden sich am unteren Ende der Rangordnung, neben den Roma, die braune Dreiecke trugen. Über ihnen standen Polen und Russen, die als politische Gefangene rote Dreiecke trugen. An der Spitze standen deutsche Kriminelle mit ihren grünen Dreiecken. Je höher ein Häftling auf der sozialen Skala rangierte, desto wahrscheinlicher war es, dass er für eine bestimmte Funktion im administrativen System des Lagers ausgewählt wurde. Zu diesen Funktionen gehörten die Blockältesten, die die Gefangenenblocks überwachten, und die Kapos, welche die Arbeitskommandos beaufsichtigten. Diese Funktionäre sorgten für die Aufrechterhaltung der Ordnung, indem sie ihre Mithäftlinge terrorisierten, um im Gegenzug dafür besseres Essen, bessere Lebensbedingungen und damit bessere Überlebenschancen zu bekommen.

Stroumsa und die Überlebenden seines Transports hatten gerade ihre neuen Baracken betreten und die Schlafkojen zugewiesen bekommen, als der Blockälteste ihnen befahl, sich am Eingang zu versammeln.

»Gibt es hier Häftlinge, die ein Musikinstrument spielen?«, fragte die bedrohliche Gestalt.

Stroumsa war fassungslos, was sollte diese Frage? Schon der Gedanke, an einem Ort wie diesem ein Instrument zu spielen, schien unmöglich. Niemand sagte ein Wort, aber alle sahen ihn an. Sie alle kamen aus Thessaloniki und wussten, was er konnte.

»Ich spiele Geige, aber das ist nicht mein Beruf«, antwortete Stroumsa schließlich auf Deutsch. »Bei der Aufnahme ins Lager habe ich angegeben, dass ich Elektroingenieur bin!«

»Die Tatsache, dass du nicht sofort auf meine Frage geantwortet hast, obwohl du doch Geiger bist, ist reinste Sabotage, und du hättest 25 Stockschläge auf den Hintern verdient!«, bellte der Blockälteste. »Weil du aber sagst, dass du nur Amateur bist, genügen fünf Schläge! Aber vorher möchte ich dich spielen hören!«

»Man hat mir mein Instrument weggenommen, als wir heute früh aus dem Waggon stiegen!«

»Daran soll's nicht liegen, ich werde gleich eine Geige für dich finden!«

Innerhalb weniger Minuten hielt Jacques Geige und Bogen in den Händen. Er stimmte das Instrument und spielte zwanzig

Minuten lang, ohne Unterbrechung. Seine Mitgefangenen lauschten überglücklich, während sie gedanklich zurück nach Thessaloniki versetzt wurden, zurück in die Freiheit.

»Du spielst sehr gut«, lobte der Blockälteste und gab ihm ein Zeichen, dass er zu spielen aufhören sollte. »Und ich weiß, was ich sage, ich bin Pianist. Außerdem bist du Ingenieur und kannst gut Deutsch! Ich hoffe, du wirst uns hier nicht sterben!« Bei diesem grausamen Scherz legte er Stroumsa die Hand auf die Schulter. »Wir werden die Bestrafung streichen. Du kommst gleich mit zum Vorspielen ins ›Konservatorium‹.«[38]

Stroumsa wurde ins »Konservatorium« gebracht, eine Baracke, die den Musikern des Lagers vorbehalten war. Dort gab er in einer Befragung zu, dass er Geige studiert hatte, sechs Jahre in Thessaloniki, dann ein Jahr am Lycée Musical in Marseilles, drei Jahre in Paris und ein Jahr an der Musikhochschule Bordeaux. Diese Auflistung hinterließ einen solchen Eindruck, dass man auf ein Vorspiel verzichtete und Stroumsa sogleich aufforderte, im Lagerorchester die Position des Ersten Geigers zu übernehmen.

Das Orchester des Stammlagers Auschwitz

Neben geheimen Ensembles wie jenem, das Herbert Zipper 1938 in Dachau gründete, spielten seit 1933 auch offizielle Orchester in deutschen Konzentrationslagern. Auschwitz hatte eine ganze Reihe von Ensembles, unter anderem ein großes Orchester im Stammlager Auschwitz, Orchester in den Männer- und Frauenlagern in Birkenau und einige weitere Ensembles im gesamten Auschwitz-Komplex. Diese Orchester setzten sich aus Musikern zusammen, die unter den Gefangenen rekrutiert wurden.

Das erste Orchester war ein kleines geheimes Ensemble, das erstmals am 6. Januar 1941 gemeinsam im Stammlager Auschwitz spielte. Es bestand aus einer Handvoll Gefangener, denen man erlaubt hatte, dass sie sich ihre Instrumente von Zuhause schicken ließen. Nachdem Franciszek Nierychło, von Beruf Kapellmeister, die Genehmigung der Lagerleitung für die Gründung eines offiziellen Ensembles erhalten hatte, begann das Orchester durch die Aufnahme bereits hier stationierter und neu ankommender Gefangener zu wachsen. Für Musiker wie den Posaunisten Tadeusz Jawor war der Besitz eines eigenen Instruments Bedingung, um beim Orchester mitmachen zu dürfen. Weitere Instrumente wurden von SS-Offizieren in den Gebieten rund um Auschwitz konfisziert.

Alle Häftlinge, die als Musiker anerkannt wurden und das Vorspiel bestanden, wurden dem Orchester am Eingangstor zugeteilt. Im Mai 1942 umfasste das Ensemble mehr als hundert Musiker. Die meisten waren Polen, dazu kamen noch ein paar Tschechen und Russen. Juden waren nicht erlaubt. Einige Musiker waren ehemalige Mitglieder von Militärkapellen und professionellen Orchestern, die anderen versierte Amateure. Die Hauptaufgabe des Orchesters bestand darin, am Eingang des Lagers Märsche zu spielen, um so beim täglichen Aus- und Einmarsch der Arbeitskommandos für eine heitere Fassade und rhythmische Ordnung zu sorgen. Außerdem spielte das Orchester bei Hinrichtungen, Zählappellen und offiziellen Besuchen von Berühmtheiten, die vom SS-Kommandanten Heinrich Himmler bis zu einer Delegation des Roten Kreuzes reichten.

Das Repertoire des Eingangsorchesters bestand vor allem aus deutschen Märschen, wie dem beliebten Militärmarsch »Alte Kameraden«. Zu besonderen Anlässen spielte das Ensemble Fanfaren und beliebte Ouvertüren wie die zur Operette *Leichte Kavallerie*. Manchmal spielten die Musiker Märsche des amerikanischen Komponisten John Philip Sousa, um die Gerüchte von Siegen der Alliierten zu feiern – eine Form der Auflehnung, die offenbar unbemerkt blieb. Da das Orchester zunächst keine Notenblätter besaß, nahmen die Musiker Zettel aus dem Verwaltungsbüro, zeichneten Notenlinien und fügten Noten hinzu. Einige schrieben Melodien auf, an die sie sich erinnerten, während andere Harmonien notierten. Später versorgten Orchestermitglieder einen Nachfahren eines berühmten polnischen Buchhändlers mit

Brot, der ihnen dafür Zugang zu seinem persönlichen Bankkonto ermöglichte, sodass eine ganze Musikbibliothek gekauft werden konnte.

Die achtzig besten Musiker des Eingangsorchesters spielten außerdem in einem Symphonieorchester, das an Sonntagnachmittagen und Feiertagen Konzerte für SS-Offiziere, Wächter und Mitgefangene gab. Neben Tanzmusik und einer Auswahl von beliebten Opern und Operetten führte das Symphonieorchester klassische Meisterwerke wie Mozarts *Kleine Nachtmusik* und Beethovens Klavierkonzerte auf. Für den Lagerkommandanten Rudolf Höss boten diese Aufführungen die Möglichkeit, sich vor Besuchern und Familienmitgliedern immer wieder als kultivierter Kunstliebhaber zu präsentieren. Für seine SS-Untergebenen verliehen die Konzerte der Arbeit im Lager ein Gefühl von Normalität, Anstand und sogar ein wenig Noblesse. Den Mitgliedern des Orchesters eröffneten sie die Chance, Nahrungsmittel und Zigaretten von ihren Wärtern zu bekommen. Und für Häftlinge, die als Zuhörer an den Aufführungen des Symphonieorchesters teilnahmen, war die Musik eine geistige Flucht aus der harten Realität des Lebens in Auschwitz. »Die Deutschen haben Stacheldraht rund um das Lager gelegt, damit niemand entkommt, aber ich schließe einfach meine Augen und bin auf der anderen Seite des Zauns«, sagte ein Gefangener. »Sie haben keine Ahnung, dass wir alle auf der Flucht sind.«[39]

Neben dem offiziellen Eingangs- und Symphonieorchester spielten oft Improvisationsensembles auf privaten Feiern. Einige Musiker spielten sogar bei einer SS-Hochzeit außerhalb des Lagers. Jazz und Swing waren zwar wegen ihrer »entarteten« afroamerikanischen und jüdischen Einflüsse vom Dritten Reich verboten worden, die vom holländischen Trompeter Lex van Weren geleitete Jazz-Combo war dennoch eine der beliebtesten Gruppen in Auschwitz.

Als Belohnung für ihren Beitrag zum Lagerleben erhielten die Orchestermusiker von Zeit zu Zeit Begünstigungen. Dazu gehörten besondere Uniformen und einfachere Arbeiten wie das

Kopieren von Musik und Reparieren von Musikinstrumenten. Viele Künstler wurden zur Arbeit in der Küche eingeteilt: So kamen sie an zusätzliche Nahrung und mussten außerdem nicht im Freien arbeiten.

Aber auch als Musiker im Orchester blieb man in keiner Weise von Versetzung, Deportation oder Tod verschont. Ein Geiger wurde während einer Probe zur Hinrichtung abgeholt. Er durfte das Stück zu Ende spielen, bevor er weggebracht und getötet wurde. Die Zusammensetzung der Mitglieder veränderte sich so rasant, dass in den vier Jahren, in denen das Orchester existierte, insgesamt 800 Musiker mitspielten, obwohl das Ensemble nie mehr als 120 Musiker umfasste.

Am 27. Oktober 1944 verlegte man die polnischen Musiker zusammen mit den meisten anderen polnischen Gefangenen aus Auschwitz nach Deutschland in andere Konzentrationslager. Das einzige polnische Orchestermitglied, das zurückblieb, war Adam Kopyciński, der die Leitung des Orchesters übernommen hatte, nachdem Nierychło sich der Deutschen Armee angeschlossen hatte.

Das Symphonieorchester wurde aufgelöst und Kopyciński musste ein neues Eingangsorchester zusammenstellen. Weil man die Polen ersetzen musste, die die Mehrheit des alten Ensembles gebildet hatten, durften zum ersten Mal Juden im Orchester des Stammlagers Auschwitz mitspielen. Ende November waren bereits 67 der 77 Musiker des Orchesters Juden.

Als Auschwitz am 18. Januar 1945 evakuiert wurde, löste sich das Orchester des Stammlagers auf. Zu diesem Zeitpunkt war es zum Vorbild für Orchester in anderen Lagern geworden, so auch für Ensembles in anderen Teilen des Auschwitzkomplexes.

Das Orchester des Männerlagers Birkenau

Im August 1942 beschloss Johann Schwarzhuber, Lagerkommandant von Birkenau, sein eigenes Ensemble zu bilden. Anders als beim Orchester des Stammlagers Auschwitz waren Juden im Orchester des Männerlagers Birkenau von Anfang an zugelassen.

Einer der einflussreichsten jüdischen Musiker war der polnische Geiger und Komponist Szymon (Simon) Laks, den man 1941 in Paris gefangen genommen hatte. Im Sommer 1942 wurde Laks nach Auschwitz deportiert, wo er die Gefangenennummer 49543 erhielt. Zuerst wurde er einem mörderischen Arbeitskommando zugewiesen. Nach zwanzig Tagen, in denen er zusehends abmagerte und depressiver wurde, zeigte sich das Schicksal gnädig: So wie Jacques Stroumsa wurde auch Laks von seinem Blockältesten gerettet.

»Ist hier jemand, der Polnisch spricht und Bridge spielen kann?«, fragte der polnische Blockälteste eines Abends. Er und zwei andere Blockälteste brauchten einen Vierten für ihr nächtliches Spiel. Da alle anderen Gefangenen in diesen Baracken aus Frankreich hierher verschleppt worden waren, war Laks der einzige, der in Frage kam.

Während er mit den dreien Bridge spielte, erwähnte Laks zufällig, dass er Geiger und Komponist sei. »Wieso hast du mir das nicht früher gesagt?«, fragte der Blockälteste. »Morgen bleibst du im Block, ich bringe dich zur Kapelle.«

»Und wenn du genommen wirst, kannst du vielleicht ein bisschen länger leben«, fügte einer der anderen lachend hinzu.[40]

Am nächsten Morgen, noch in der Dämmerung, wurde Laks vom Blockältesten zu den Musikbaracken geführt, wo ihm der Dirigent Jan Zaborski eine Geige zum Vorspielen hinstreckte. Seine Finger waren nach drei Wochen Zwangsarbeit steif und mit Schrammen übersät. Die Arme taten so weh, dass er kaum den Bogen halten konnte. Aber irgendwie fand Laks die Kraft, in Mendelssohns schwieriges Violinkonzert einzusteigen – ohne einen Gedanken daran, dass der jüdische Komponist von den Nazis verboten worden war.

Zaborski stoppte ihn nach ein paar Takten. »Gut. Die Technik ist gar nicht übel«, sagte der Dirigent. »Sag deinem Blockführer, dass du angenommen bist und er die Verlegung auf diesen

Block veranlassen soll. Er soll mit dir auch zur Kleiderkammer gehen und deine Lumpen gegen eine anständige Uniform austauschen.«[41] Und schon war Laks ins Orchester aufgenommen.

Wie Laks wurde auch Henry Meyer nicht unmittelbar nach der Ankunft in Auschwitz Mitglied des Orchesters. Stattdessen steckte man ihn und seinen Bruder nach Auschwitz III, um am Bau einer Fabrik für die Buna-Werke mitzuarbeiten. Henrys Aufgabe bestand darin, bei Nietarbeiten in der kalten Luft auf hohen Gerüsten zu sitzen und einen Setzhammer zu halten. Eine extrem gefährliche Arbeit, die nur wenige längere Zeit überlebten.

Henrys Bruder starb im ersten Monat nach seiner Ankunft in Auschwitz III. Eines Morgens plagte ihn heftiger Durchfall und er konnte nicht raus zur Arbeit. Als Henry am Abend zurückkehrte, war sein Bruder einfach weg. Meyer erfuhr nie, ob sein Bruder an einer Krankheit gestorben war oder ob man ihn, weil er nicht mehr in der Lage war zu arbeiten, in die Gaskammer geschickt hatte.

Kurz nach dem Tod seines Bruders wurde Henry selbst krank. Man brachte ihn zur Krankenstation, wo man ihn zur Selektion am nächsten Tag einteilte. Sein musikalischer Hintergrund rettete ihm letztendlich das Leben, als ihm ein jüdischer Arzt einen Besuch abstattete. »Was haben Sie früher gemacht?«, fragte er.

»Ich habe noch nicht so viel gemacht, ich bin noch sehr jung«, antwortete Meyer. »Aber ich war ein Wunderkind auf der Geige und hatte Auftritte in verschiedenen Großstädten. Und wo kommen Sie her?«, fragte Meyer.

»Breslau.«

»Ah, Breslau, das kenne ich. Ich habe dort gespielt. Mit dem Orchester des Kulturbunds.«

»Das Tartini-Konzert?«, fragte der Arzt. Ein höllisch schweres Werk für Solovioline und Orchester von Giuseppe Tartini.

»Ja.«

»Ich war bei dem Konzert.« Der Arzt kam ins Schwärmen. Die Aufführung hatte solch einen Eindruck bei ihm hinterlassen, dass er sich an jede Einzelheit erinnerte.

»Ich bin gleich wieder da«, versprach er. Ein paar Minuten später kam er mit einer Leiche über der Schulter zurück. Er ließ den Körper neben Meyer auf die Matratze fallen. Dann hob er Henry hoch und trug ihn zu dem Bett, in dem der Tote gelegen hatte. »Alles muss seine Ordnung haben«, erklärte er, während er Meyers Krankenkarte und Gefangenennummer gegen die der Leiche austauschte.[42]

Er behandelte ihn mit speziellen Medikamenten und pflegte ihn wieder gesund. Dann sorgte er dafür, dass Meyer eine weniger anstrengende Arbeit bekam. Meyer putzte und machte die Betten der SS-Ärzte im Stammlager Auschwitz, unter anderem von Josef Mengele, dem berüchtigten »Todesengel«.

Meyers privilegierte Stellung wurde eines Tages abrupt beendet. »Du! Nummer 104944!«, schrie eine SS-Wache auf ihn ein. »Bei der Befehlsstelle melden!«[43] Meyer wurde nach Birkenau überstellt, wo er dem Orchester beitreten sollte.

Wie schon beim Orchester des Stammlagers Auschwitz bestand die Hauptaufgabe für das Orchester des Männerlagers Birkenau darin, Märsche für die Arbeitskommandos zu spielen, die jeden Morgen das Lager verließen und nachts wieder zurückkehrten. In der Morgendämmerung stellten sich die Musiker vor den Musikbaracken wie jedes andere Arbeitskommando in Fünferreihen auf. Die Trompeter standen in der ersten Reihe, gefolgt von den Hörnern, Akkordeons, Klarinetten und Saxophonen. Das Schlusslicht bildeten Tuba, kleine und große Trommel und die Becken. An der Spitze des Ensembles stand, stolz seinen Taktstock haltend, Franz Kopka – ein Trommler, der es über seine Stellung als Kapo des Orchesters hinaus geschafft hatte, sich zu dessen Dirigenten zu ernennen, nachdem Jan Zaborski im November 1942 gestorben war.

»Vorwärts! Marsch!«, schrie Kopka.[44] Den Titel des Stückes, den die Kapelle spielen sollte, gleich hinterher. Die kleine Trommel gab mit einer kurzen Kadenz das Tempo vor, begleitet vom Dröhnen der großen Trommel und dem Scheppern der Becken. Die Kapelle setzte mit ein, als das Ensemble auf die Bühne zumarschierte, die neben dem Eingangstor des Lagers errichtet worden war. Auf ihrem Weg kamen sie an den Kapos vorbei, die geschäftig ihre Arbeitskommandos für einen geordneten Ausmarsch aus dem Lager aufreihten.

Sobald die Kapelle die Bühne erreichte, stoppte Kopka die Musik und brachte die Formation zum Stehen. Die Musiker nahmen hastig ihre Plätze auf der Bühne ein, legten die Noten auf die Notenständer und warteten auf den nächsten Befehl. Anstatt sofort mit dem nächsten Marsch anzufangen, gönnte sich Kopka oft noch einen Tango. Um sich so aufzuführen, wie er es von einem großen Dirigenten erwartete: Er fuchtelte mit zwei Fingern an beiden Händen durch die Luft, während er den Körper in lächerlichen Gebärden verdrehte. Die Musiker spielten einfach weiter und ignorierten die Mätzchen ihres großspurigen Dirigenten. Manchmal unterbrachen die SS-Wachen Kopkas Musikzusammenstellung für eigene Vorschläge, die Kopka bereitwillig aufnahm.

»Los! Musik!«, schrien die Wachen, sobald ihre Musikwünsche abgespielt und die Abteilungen in Formation angetreten waren.[45] Während das Orchester »Alte Kameraden« spielte, öffneten sich beide Flügel des Eingangstores. Die Abteilungen marschierten aus dem Lager zu ihren Arbeitseinsätzen, wobei ein Beamter die Fünferreihen durchzählte, damit auch jeder Gefangene erfasst wurde. Bis alle Häftlinge aus dem Lager marschiert waren, konnten zwei und mehr Stunden vergehen, in denen das Orchester ohne Unterbrechung durchspielte.

Wenn die letzte Gruppe das Tor passiert hatte, versammelte sich das Orchester wieder in seiner Marschordnung und ging zurück in die Musikbaracken. Die Musiker verstauten ihre Instrumente und machten sich an ihre Arbeit. Privilegierte Musiker wie Szymon Laks konnten einfach dort bleiben, um die Musik, die gespielt werden sollte, zusammenzustellen und zu kopieren. Alle anderen stellten sich noch einmal in Reih und Glied auf, um dann aus dem Lager zu marschieren. Sie mussten zwar auch Zwangsarbeit verrichten, hatten aber den Vorteil, dass sie etwas weniger zu arbeiten hatten, da sie das Lager jeden Morgen als Letzte verließen. Und auch als Erste am Abend wieder zurückkamen, um dann Märsche für die erschöpften Arbeiter zu spielen, wenn die ins Lager zurückhumpelten.

Während die Holzblasinstrumente, Blechbläser und Schlaginstrumente auf dem Weg zur und von der Bühne eine Marschkapelle bildeten, trugen die Geiger hinter ihnen die Instrumente noch in den Geigenkästen. Es dauerte nicht lange, bis den SS-Wachen auffiel, dass Henry Meyer und die anderen Violinisten bei diesem kurzen Marsch gar nichts zu tun hatten. »Warum spielt ihr nicht?«, fragten sie. »Wozu seid ihr überhaupt da?«[46]

Meyer wusste, sobald man als »nutzlos« galt, wurde man zu einer schwereren Arbeit eingeteilt oder in die Gaskammer geschickt, also beschloss er, sich selbst eine Aufgabe zu suchen. Als der Beckenschläger krank wurde und verschwand, überzeugte er Kopka davon, dass er ein virtuoser Beckenspieler wäre, obwohl er noch nie in seinem Leben welche in der Hand gehabt hatte. Als er zum ersten Mal die Becken schlug, knallte er sie mit solcher Wucht zusammen, dass er sich fast das Handgelenk brach. Trotzdem eignete er sich schnell die geeignete Technik an und wurde zum ständigen Beckenspieler der Marschkapelle. Von da an war Meyer für die SS-Wachen nicht mehr Gegenstand des Spotts, sondern eine Quelle der Unterhaltung. Sie machten sich ein Spiel daraus, Kieselsteine in Richtung Henry zu werfen – der sie dann mit seinen Becken wegbugsierte, oft im Rhythmus der Musik.

Im Oktober 1942 wurde Szymon Laks Chefarrangeur des Orchesters im Männerlager Birkenau. Da Lagerkommandant Schwarzhuber darauf bestand, dass sein Orchester das Repertoire kontinuierlich ausweitete, schrieb Laks bereits existierende Märsche aus dem Gedächtnis heraus um und komponierte neue nach deutscher Manier. Manchmal gaben Schwarzhuber und seine Untergeordneten dafür auch Melodien populärer Märsche an ihn weiter, wie »Heimat, deine Sterne«, Leitmotiv eines beliebten Propagandafilms. Laks glich die Songs an und orchestrierte sie für das Ensemble.

Schwarzhuber und seine Untergebenen bestellten immer mehr und mehr Musik, und die Mitglieder des Orchesters hatten große Mühe, so viele Stücke zu lernen. Auf Vorschlag von Laks bat Kopka bei Kommandant Schwarzhuber um die Genehmigung, das ganze Orchester für zwei Proben pro Woche von Arbeitsverpflichtungen zu entbinden. Was allen Musikern kurze Atempausen von ihren aufreibenden Arbeitskommandos verschaffte, wenn auch nur für je drei Stunden zwei Mal die Woche.

Eines Tages erhielt das Orchester von Schwarzhuber den Befehl, den beliebten Marsch »Berliner Luft« so schnell wie möglich einzustudieren. Laks stellte das Arrangement und die Ausarbeitung der einzelnen Stimmen in wenigen Tagen zusammen. Als das Orchester das Arrangement zum ersten Mal spielte, marschierte zufällig das Sonderkommando vorbei. Da das Sonderkommando den Auftrag hatte, verwesende Leichen zum Krematorium zu tragen, verbreitete die Einheit einen schrecklichen Gestank, der sich erst nach einigen Minuten verzog. Die Orchestermitglieder waren an den Gestank gewöhnt und dachten nicht länger darüber nach. Die SS-Wachen allerdings bemerkten sofort, dass der Geruch des Todes auf das Lied von der »Berliner Luft« traf. Ein ohrenzerreißendes Pfeifen und ein Schrei vom Wachturm beendeten das Spiel abrupt. Kopka wurde in das Wachhäuschen bestellt, wo er 25 Hiebe auf seinen Rücken kassierte – wegen Verhöhnung der deutschen Hauptstadt.

Die Arrangeur-Tätigkeit von Laks wurde dadurch erschwert, dass sich das Ensemble dauernd veränderte. Die Musiker fielen entweder einer Krankheit zum Opfer oder wurden aus Erschöpfung und Hunger so schwach, dass man sie in die Gaskammern brachte. Andere begingen Selbstmord.

Unter denen, die sich dazu entschieden, ihrem Leben selbst ein Ende zu setzen, war Leon Bloorman, ein ehemaliger Violinprofessor am Jüdischen Musikkonservatorium in Rotterdam. Nur einige Tage nach seiner Ankunft in Birkenau ging Bloorman auf seinen alten Violinstudenten Louis Bannet zu, der inzwischen zu einem virtuosen Trompeter geworden war.

»Louis, weißt du, was sie heute mit mir gemacht haben?«, fragte er. »Sie haben mich Geige spielen lassen, während sie einen Mann erhängten. Er war Franzose. Soweit ich weiß, bestand sein einziges Verbrechen darin, Jude zu sein. Sie zogen ihn auf einem Karren zum Galgen. Ich musste hinter ihm stehen und die *Marseillaise* spielen«, fuhr Bloorman fort. Er war gezwungen worden, die französische Nationalhymne zu spielen, um den erhängten Franzosen zu verhöhnen. »Kannst du mir das erklären?«

»Ich habe keine Antwort«, sagte Louis ruhig. »Hier gibt es keine Antworten.«

»Louis, du bist stärker als ich«, gestand der schon etwas ältere Geiger unter Tränen. »Ich glaube nicht, dass ich das noch recht viel länger aushalte.«

»Versuch daran zu denken: Das Letzte«, sagte Louis, »was der Mann, der heute gehängt wurde, gehört hört, war dein wunderbares Spiel.«

Doch das reichte nicht, um den Geiger zu trösten. Einige Tage später versuchte Bloorman sich umzubringen und rannte auf den elektrischen Zaun zu. Noch bevor er ihn erreichte, wurde er von SS-Wachen niedergeschossen, die sich die Mühe ersparen wollten, seine Leiche vom Zaun zu kratzen. Am nächsten Morgen, als die Orchestermusiker ihre Plätze einnahmen, fanden sie Bloormans toten Körper angebunden auf seinem Stuhl. Um seinen Hals hing ein Schild, das erklärte, warum er erschossen worden war und seine Leiche hier als Exempel lag. Auf dem Schild stand: »Ich habe versucht zu fliehen.«[47]

Szymon Laks wurde schließlich Nachfolger von Kopka als Chef des Orchesters. In seiner neuen Position konnte er die Mitglieder des Orchesters besser beschützen. Er überzeugte die Lagerverwaltung davon, dass sie zu den leichtesten Arbeitskommandos eingeteilt werden sollten, indem er erklärte, sie könnten besser spielen, wenn die Geschicklichkeit der Hände und Finger nicht durch schwere manuelle Arbeit beeinträchtigt würde. Während eines Schneesturms behauptete Laks mit Erfolg, dass die Lagerinstrumente zerstört würden, wenn man sie nicht sofort ins Trockene brächte. Von da an war das Orchester davon befreit, bei schlechtem Wetter zu spielen.

Als Größe, Qualität und Repertoire des Orchesters wuchsen, nahmen auch seine Aufgaben im Lager zu: Es spielte jetzt nicht mehr nur am Eingangstor, sondern bei verschiedenen Anlässen. Sonntagnachmittags Konzerte mit leichter klassischer Musik für SS-Offiziere und Wachen. Manchmal spielte es, wenn Transporte ankamen. Der Anblick eines Orchesters, das vor einem mit Blumen eingerahmten gepflegten Rasen musizierte, verführte die Ankömmlinge dazu zu glauben, Auschwitz wäre ein Ort, an dem sie willkommen seien. Seinen vielleicht grauenhaftesten Auftritt hatte das Orchester, als es direkt neben einem Gebäude postiert wurde, um die Schreie weiblicher Gefangener, die darin vergast wurden, mit Musik zu übertönen.

Von Zeit zu Zeit heiterten kleine Gruppen von Musikern kranke Kameraden in der Krankenstation auf und spielten am Sonntagnachmittag klassische Musik. Ein Patient war so dankbar für die Aufführung eines Mozart-Violinkonzerts durch Jacques Stroumsa, dass er hemmungslos zu weinen anfing, als er ihm 36 Jahre später in einem Café in Israel zufällig wiederbegegnete. »Jacques, du bist es wahrhaftig!«, rief er. »Jacques Stroumsa, der Geiger von Auschwitz, der sonntags zu uns ins Hospital kam, um Mozart zu spielen!«[48]

Verschiedene Ensembles spielten auch bei Geburtstagen oder an anderen Festtagen, die von Lagerbeamten und SS-Leuten gefeiert wurden. Drei oder vier Musiker standen früh auf, um das Geburtstagskind mit einer Serenade oder einem Triumphmarsch zu wecken. Nachdem dieses sich überrascht und bei den musikalischen Gratulanten mit Geschenken erkenntlich gezeigt hatte, spielten die Musiker eine sentimentale Melodie und überbrachten die besten Wünsche auf eine Art, die zum Jubilar passte. Am Abend spielte dann ein größeres Ensemble ein Privatkonzert, während sich der Held des Tages dumm und dämlich soff.

Am Abend des 16. März 1943 wurde Louis Bannet zusammen mit einem Klarinettisten, einem Trommler und einem Geiger aus dem Bett gescheucht. Man steckte sie in ein Auto und sagte ihnen, sie sollten bei einer Geburtstagsparty für Unterhaltung sorgen. Dann fuhr man sie zu einem großen Landhaus, ließ sie am Hintereingang raus und führte sie auf einen Speicher im zweiten Stock. Der Balkon mit Blick auf den ersten Stock war durch große Pflanzen abgeschirmt, sodass man die Häftlinge zwar hören, aber nicht sehen konnte. Nachdem ein deutscher Soldat ihnen befohlen hatte zu spielen, warf Bannet einen Blick auf den Ehrengast, der freudestrahlend den Raum betrat. Das Geburtstagskind war kein anderer als Josef Mengele.

Die Feier von Schwarzhubers Geburtstag am 29. August 1943 wurde noch größer aufgezogen. Schon drei Tage vor dem Fest wurden die Musiker für Proben von allen Arbeiten freigestellt. Zu Ehren des Lagerkommandanten spielten vier Trompeter eine majestätische, speziell für diesen Anlass komponierte Fanfare genau zu dem Zeitpunkt, in dem Schwarzhuber zusammen mit seiner Frau und zwei kleinen Kindern aus dem Auto stieg. Der Kommandant salutierte elegant als das Orchester mit »Heimat, deine Sterne« einsetzte. Laks erinnerte sich später daran, dass Schwarzhuber und seine Familie kaum bemerkten, wie eine Prozession von tausenden gerade angekommenen Häftlingen an ihnen vorbei in die Gaskammern zog.

Durch ihre Auftritte konnten sich die Musiker des Orchesters bei den Lagerbeamten einschmeicheln. Albert Haemmerle, ein sonst besonders abscheulicher Blockältester, wandte sich an das Orchester, das seinen Liebeskummer lindern sollte, nachdem ein bezaubernder polnischer Jüngling zugunsten eines anderen Lagerbeamten mit ihm Schluss gemacht hatte. Haemmerle nutzte jede Gelegenheit, um beim Orchester vorbeizusehen und sie um Romanzen und sentimentale Melodien zu bitten, während er seinen Kummer in Alkohol ertränkte. Dafür verschonte er die Musiker mit seinen Wutanfällen und brachte ihnen sogar Geschenke.

Wichtiger als die Beziehung zu Lagerbeamten war für die Mitglieder des Orchesters der Umstand, dass die Musik eine persönliche Verbindung herstellte zu ihren SS-Wächtern. »Wenn ein SS-Mann Musik hört, vor allem Musik, die er besonders mag, beginnt er sich irgendwie in ein menschenähnliches Wesen zu verwandeln. Die Stimme verliert ihre übliche Härte, er selbst wird nett im Umgang, und man spricht mit ihm fast wie mit seinesgleichen«, schreibt Laks in seinen Memoiren. »Manchmal hat man den Eindruck, dass irgendeine Melodie die Erinnerung an eine nahe Person erweckt, vielleicht seine Braut, die er lange nicht mehr gesehen hat, und seine Augen überzieht ein Nebelschleier, der an menschliche Tränen erinnert. In diesen Momenten erwacht bei uns die Hoffnung, dass vielleicht doch noch nicht alles verloren ist.« Die Ironie, dass solche Barbaren so viel Anerkennung für Schönheit zeigten, blieb Laks nicht verborgen: »Ob Menschen, die Musik so sehr lieben, Menschen, die weinen können, wenn sie sie hören, gleichzeitig derartige Grausamkeiten gegen den Rest der Menschheit begehen können?«[49]

Das Orchester erfüllte weiter die Aufgaben eines speziellen Repertoires, unter anderem mit Medleys aus Melodien populärer deutscher Operetten, einem Potpourri aus Schubert-Liedern und einem Medley russischer Zigeuner-Musik, das nach einem berühmten Lied »Schwarze Augen« genannt wurde. Bei diesem Medley wurde Laks von Leon Weintraub unterstützt, einem russischen Juden aus Frankreich und brillanten Geiger, der spezialisiert war auf russische Volksmusik und Zigeunerromanzen. Die Zusammenarbeit wurde ein großer Hit. Man erzählte sich, dass jedes Mal, wenn das Orchester das »Schwarze Augen«-Medley spielte, Schwarzhuber sofort alles stehen ließ und zu seinem Bürofenster ging, um der Musik zu lauschen.

Einige der von den Deutschen geforderten Stücke erwiesen sich vom politischen Standpunkt aus als schlechte Wahl. Ein musikbegeisterter Offizier brachte dem Orchester zwei Militärmärsche, an denen er sentimental hing. Einer, das »Argonnerwaldlied«, erinnerte an die Schlacht im Argonner Wald, wo er im Ersten Weltkrieg gekämpft hatte. Der andere, »Gruß an Obersalzberg«, bezog sich auf eine Region, in der er aufgewachsen war. Laks arbeitete bis spät in die Nacht, um die Orchestrierung für den nächsten Tag fertig zu machen, aber beide Arrangements wurden nie vollständig aufgeführt. Schwarzhuber, der offensichtlich das tägliche Repertoire des Orchesters sehr aufmerksam verfolgte, brach das »Argonnerwaldlied« in der Mitte ab, weil er nicht wollte, dass eine Schlacht aus einem verlorenen Krieg gefeiert wurde. Der Kommandant unterbrach auch die Aufführung von »Gruß an Obersalzberg«. Er fand es unangebracht, dass ein Ensemble, das zum Großteil aus jüdischen Häftlingen bestand, eine Region mit einem besonders berühmten Wohnsitz von Hitler grüßte.

Jazz war zwar verboten, aber im Männerlager Birkenau genauso beliebt bei SS-Offizieren und Wachen wie im Stammlager Auschwitz. SS-Scharführer Pery Broad besuchte regelmäßig die Musikbaracken, um mit einer Jazz-Combo zu jammen, in der auch der Trompetenvirtuose Louis Bannet spielte. Als Weltklasse-Akkordeonspieler kannte Broad viele Jazz-Standards auswendig und konnte bei Improvisationen mit den besten Musikern des Orchesters mithalten. Broad schmuggelte sogar Noten der berühmten Lieder des jüdisch-amerikanischen Songwriters Irving Berlin in das Lager.

Andere Auftritte waren noch subversiver. SS-Rottenführer Heinrich Bischop schlich sich zu den unmöglichsten Zeiten in die Musikbaracken und bat ein paar Musiker, beliebte jüdische Lieder zu spielen. Bei diesen Besuchen spielten die Musiker so leise wie möglich und stellten am Eingang eine Wache auf, um sicherzugehen, dass niemand sie mit dieser verbotenen Musik erwischte. Obwohl sie sich überaus bemühten, Bischops Liebe zur jüdischen Musik zu vertuschen, wurden ihre geheimen Vorstellungen entdeckt, und Bischop wurde aus Auschwitz zurück an die Front versetzt.

Natürlich fiel den Musikern der merkwürdige Widerspruch auf, dass die deutschen Offiziere und Wachen tagsüber brutale Fanatiker und abends sentimentale Liebhaber verbotener Musik waren. »Die SS war ganz verrückt nach Musik. Abends spielten wir diese Musik für jene Leute, die uns, um es mild auszudrücken, den ganzen Tag über gequält hatten«, erzählte Henry Meyer. »Was haben wir für sie gespielt? Amerikanische Melodien. Die Amerikaner waren ihre größten Feinde. Wer waren die Komponisten? Gershwin und Irving Berlin: Juden. Wer spielte? Juden. Und wer hörte zu und sang mit bei diesen schmalzigen Liedern, bis ihnen die Tränen übers Gesicht liefen? Die Leute von der SS, unsere Peiniger. Was für eine groteske Situation.«[50]

Während die Mitglieder der SS die Darbietungen der Musiker offenbar genossen, konnte man das von ihren Mitgefangenen nicht immer sagen. Am Weihnachtsabend 1943 befahl Lagerkommandant Schwarzhuber einer kleinen Gruppe von Musikern, Weihnachtslieder auf der Krankenstation des Frauenlagers Birkenau zu spielen. Die Musiker hatten ein Arrangement von »Stille Nacht« mitgebracht sowie eine Auswahl polnischer Lieder. Sie begannen mit »Stille Nacht« und waren gerade beim ersten polnischen Weihnachtslied, als verhaltenes Weinen in ein lautstarkes Schluchzen überging. »Genug! Aufhören! Raus! Raus mit euch!«, schrien die weiblichen Patienten schrill auf Polnisch, beleidigt von dem tollpatschigen Versuch, sie zu trösten. »Lasst uns in Ruhe krepieren!«[51]

Im Oktober 1944 wurden einige Orchestermusiker zu den Krematorien gebracht, wo sie ein zweistündiges Konzert für die Mitglieder des Sonderkommandos gaben. Dieser Trupp hatte dabei geholfen, Häftlinge zu beseitigen, die in den Gaskammern gestorben waren. Die Belohnung für seine Mitglieder bestand in ein wenig Musik, bevor sie selbst in die Gaskammern geschickt wurden. Zum Gedenken an ihre jüdischen Mitgefangenen spielte das Orchester einige der jüdischen Melodien, nach denen Bischop so verrückt war. Zwischen den Stücken versuchten die Musiker mit den Leuten vom Sonderkommando zu reden, die darauf mit obszönen Flüchen reagierten.

Manchmal spielten die Musiker einfach zu ihrem eigenen Vergnügen. Nachdem man ein Stück Müll vom Boden aufgehoben hatte, das sich als die Noten zu »Drei Warschauer Polonaisen aus dem 18. Jahrhundert« erwiesen hatte, arrangierte Laks die

Melodien für drei Instrumente. Da polnische Musik vom Nazi-Regime verboten worden war, spielten Laks und seine zwei Freunde die Polonaisen heimlich, während die anderen Orchestermitglieder draußen in Arbeitskommandos unterwegs waren. Wenn ein ungebetener Eindringling plötzlich in den Musikbaracken auftauchte, wechselten sie rasch zu einem anderen Stück, auf das sie sich zuvor verständigt hatten. Für Laks und seine Freunde waren die Polonaisen nicht nur eine Erinnerung an ihre Heimat. Es war auch eine Möglichkeit zu zeigen, dass sie sich nicht ganz den Zwängen der Nazis beugten.

Als sich die Rote Armee nach Polen vorarbeitete, wurden die SS-Leute immer weniger und undisziplinierter. Schwarzhuber selbst erschien einmal sturzbesoffen vor dem Orchester. Er riss Laks den Taktstock aus der Hand, stieß ihn zur Seite und nahm seinen Platz vor dem Ensemble ein.

»Jetzt spielt ›Heimat, deine Sterne‹«, befahl er und hob den Taktstock. Das Orchester reagierte ganz professionell und ignorierte die tapsigen Gesten des betrunkenen Kommandanten.

Schwarzhuber dirigierte immer noch, als der Marsch zu Ende war. Völlig verwirrt fragte er: »Könnt ihr mir die ›Internationale‹ spielen?« Die Musiker waren schockiert. Bat sie der Lagerkommandant von Birkenau wirklich die sowjetische Nationalhymne anzustimmen?

»Wir können die ›Internationale‹ leider nicht spielen, da wir keine Noten haben«, antwortete der Geiger Leon Weintraub klug.

»Und wieso habt ihr die Noten noch nicht?«

Das Orchester starrte ihn stumm an.

»Na, macht nichts«, meinte Schwarzhuber schließlich. »Bald werdet ihr sie haben.«[52]

Schwarzhuber war, wenn es um sein Orchester ging, tatsächlich ziemlich rührselig. Als die Musiker im November 1944 bei der Vorbereitung für die vollständige Evakuierung von Auschwitz ins Konzentrationslager Sachsenhausen abtransportiert wurden, zeigte der Lagerkommandant auf sie und seufzte mit Stolz und Bedauern: »Meine schöne Kapelle!«[53]

Das Ochester im Frauenlager Birkenau

Neben dem Orchester im Männerlager gab es in Birkenau auch ein Orchester im Frauenlager. Mit Marschmusik begleitete es, wie alle Ensembles in Auschwitz, die Arbeitskommandos, die jeden Morgen das Lager verließen und abends zurückkehrten. Die Musikerinnen spielten auch bei Lagerinspektionen, Ankunft neuer Transporte, im Krankenbau und bei sonntäglichen Konzerten.

Gegründet wurde das Orchester im April 1943 von Maria Mandl, der Oberaufseherin des Frauenlagers. Im ersten Monat durften nur arische Frauen mitmachen. Um ein vollständiges Orchester zu bilden, wurden aber schnell auch Jüdinnen hinzugezogen. Das Ensemble begann mit nur einer großen Trommel und einem Becken, nach und nach kamen Mandolinen, Gitarren, Geigen, Cello, Klavier und ein paar Sängerinnen hinzu.

Das Fehlen von Bläsern, besonders Blechblasinstrumenten, gab dem Orchester im Frauenlager einen intimeren Klang als dem Orchester im Männerlager. Ungeachtet der Rivalität, die sich zwischen den Orchestern und ihren Nazi-Schirmherren entwickelte, gab es zwischen den Mitgliedern durchaus eine regelmäßige Zusammenarbeit. Heinz Lewin, ein jüdischer Geigenbauer aus Deutschland, der ausgezeichnet Klarinette, Saxofon und Kontrabass spielte, gab zwei Mal die Woche Kontrabassstunden im Frauenlager. Schließlich einigte man sich darauf, dass die Orchester jeden zweiten Sonntag auch im anderen Lager spielen sollten.

Keine Beschreibung des Orchesters im Frauenlager von Birkenau wäre komplett ohne die Nennung seines berühmtesten Mitglieds, Alma Rosé. Rosé kam aus einer der angesehensten Familien der österreichisch-deutschen Musik. Ihr Vater war Arnold Rosé, Konzertmeister der Wiener Philharmoniker und Leiter des berühmten Rosé-Streichquartetts, ihr Onkel der Komponist Gustav Mahler. Alma, selbst eine meisterhafte Geigerin, genoss hohes Ansehen für ihre Soloauftritte und die Leitung der

»Wiener Walzermädeln«, eines von ihr gegründeten populären Frauenensembles.

Nach dem »Anschluss« Österreichs an Deutschland 1938 floh sie mit ihrem Vater nach London. Etwas leichtfertig verließ sie London aber wieder, um ihre Karriere in Holland fortzusetzen. Nachdem Deutschland 1940 in die Niederlande einmarschierte, saß sie in einem von Nationalsozialisten besetzten Europa fest. Als ihr am 14. Dezember 1942 befohlen wurde, sich im Durchgangslager Westerbork einzufinden, versuchte sie, über Belgien und Frankreich in die Schweiz zu fliehen. In Dijon wurde sie vier Tage später festgenommen und ins Sammellager Drancy gebracht, in welchem sie mehrere Monate inhaftiert war, bevor sie im Juli 1943 nach Auschwitz deportiert wurde.

In Birkenau ernannte man Rosé zur Leiterin des Orchesters des Frauenlagers. Wegen ihres Rangs in der Welt der klassischen Musik genoss sie hohes Ansehen auch bei den SS-Wachmännern, die sie ehrerbietig »Frau Alma« nannten. Rosé konnte ihren hohen Status dazu nutzen, Jüdinnen in das Orchester zu holen und sicherzustellen, dass alle diese Musikerinnen spezielle Privilegien genossen, wie die Erlaubnis täglich zu duschen und jede Woche frische Uniformen zu bekommen. Dazu gab es mehr Essen, bessere Unterkünfte und eine nachsichtige Behandlung bei der Vergabe der Arbeitskommandos. So wie Szymon Laks im Männerlager konnte Rosé die Leitung des Frauenlagers davon überzeugen, dass es besser war, die Musikerinnen bei schlechtem Wetter nicht draußen spielen zu lassen.

Rosé konnte die Nazis sogar dazu überreden, ihr Orchester bei Selektionen zu verschonen. Als die Mandolinenspielerin Rachela Zelmanowicz an Typhus erkrankte – ein Todesurteil für jede andere Gefangene – wollte Josef Mengele sie bereits in die Gaskammer schicken. »Was ist mit der hier?«, fragte er bei einer Visite.

»Sie ist aus dem Orchester.«[54]

Mengele setzte seinen Rundgang ohne weitere Diskussion fort. Als Mitglied von Rosés Orchester war Zelmanowicz unantastbar, selbst für ihn. Sie blieb am Leben.

Bei der geringen Anzahl an weiblichen Orchestermusikern Anfang des 20. Jahrhunderts ist es nicht überraschend, dass es im Orchester des Frauenlagers weniger professionelle Musiker gab als im Orchester des Männerlagers. Um die geringeren technischen Fähigkeiten auszugleichen, probte Rosé mit ihrem Ensemble unermüdlich, um Qualität und Repertoire der aufgeführten Stücke zu steigern. Neben den täglichen zwei bis drei Stunden Spiel am Lagertor probte das Orchester sechs Tage pro Woche acht Stunden lang. Rosé wusste, dass das Schicksal der Musikerinnen vom Ruf des Orchesters hing.

Am 4. April 1944 starb Rosé unter mysteriösen Umständen. Nachdem sie sich zehn Monate dafür eingesetzt hatte, alle Frauen in ihrem Orchester zu beschützen, konnte sie sich schließlich selbst nicht retten. Es wird vermutet, dass sie an Alkoholvergiftung starb, fraglich nur, ob das Unfall oder Absicht war.

Nach Rosés Tod wurden Repertoire und Aufgaben des Orchesters zurückgeschraubt und die Mitglieder wieder in Arbeitskommandos eingeteilt. Im November 1944 schließlich brachte man die nicht-jüdischen Mitglieder in das frühere Männerlager und löste das Frauenorchester auf. Die jüdischen Musikerinnen wurden in das Konzentrationslager Bergen-Belsen deportiert.

Andere Auschwitz Ensembles

Neben dem Orchester im Stammlager und den Orchestern von Birkenaus Männer- und Frauenlager gab es noch einige andere Orchester in Auschwitz. Ein kleines Ensemble bestand in einem Schutzhaftlager in Birkenau, das im September 1943 Transporte von tschechischen Juden aus dem Theresienstädter Konzentrationslager aufnehmen sollte. Dieses Schutzhaftlager wurde bekannt als das »Theresienstädter Familienlager«, da die Gefangenen nicht in Männer- und Frauenlager aufgeteilt wurden, sondern mit Ehepartner und Kindern zusammenleben durften – wenn man sie nicht in die Gaskammern schickte.

Wie die anderen Orchester in Auschwitz auch musizierten die Männer, die das Orchester des Theresienstädter Familienlagers bildeten, bei Märschen und Lagerinspektionen. Manchmal erhielten sie auch den Befehl, bei öffentlichen Züchtigungen von Gefangenen zu spielen, die geringfügig gegen Lagerregeln verstoßen hatten oder zufällig aus Sadismus ausgewählt wurden. Die anderen Häftlinge mussten zusehen, wie die Wachen ihr Opfer zwangen, die Hose auszuziehen und den Kopf durch eine Luke einer Barackenwand zu stecken. Die Wachen befahlen dem Orchester zu spielen, während sie 25 bis 50 Mal brutal auf das blanke Hinterteil ihres Opfers einpeitschten. In manchen Nächten kamen betrunkene Wachleute grölend auf Motorrädern in das Lager. Sie ließen das Orchester spielen, während sie tranken, Lieder sangen und junge jüdische Frauen davonschleiften, um sie zu vergewaltigen.

Das Orchester des Theresienstädter Familienlagers wurde im Mai 1944 aufgelöst, als man fast 4.000 gesunde Männer und Frauen in andere Lager brachte. Die 7.000, die zurückblieben, wurden alle in zwei Juninächten in den Gaskammern ermordet. Nachdem das Lager liquidiert war, schickte man zwölf vom Orchester benutzte Notenständer zurück ans Orchester des Männerlagers Birkenau, zusammen mit ein paar Violinen, einer Trompete und einem Cello. Zum ersten Mal besaß das Ensemble im Männerlager ein Cello. Was sofort zum Anlass genommen wurde, ein Streichquartett zu bilden.

Der Teil des Lagers Birkenau, in dem ab Februar 1943 Roma untergebracht waren, hatte eigene Ensembles, unter anderem ein Jazz-Quintett und eine Band, die populäre deutsche Lieder spielte. Im »Zigeunerfamilienlager Auschwitz« befand sich auch das berüchtigte Labor von Josef Mengele, der sich nach dem Erfolg bei seiner Geburtstagsparty dazu entschloss, dort ein Zigeunerorchester zu gründen. Mengele übertrug dessen Zusammenstellung Pery Broad, dem SS-Rottenführer, der regelmäßig Jazz-Akkordeon mit dem Trompeter Louis Bannet und anderen Orchestermitgliedern des Männerlagers Birkenau spielte. Broad war es auch, der im März 1943 Bannet zu Mengeles Geburtstagsparty gebracht hatte. Jetzt erteilte Broad ihm den Auftrag, mit dem Zigeunerorchester zu proben, das sich aus dreißig Roma zusammensetzte, die Geige, Akkordeon, Mandoline und Gitarre spielten.

»Warum sollen wir für Leute spielen, die uns umbringen werden?«, wurde Bannet zu Beginn der ersten Probe von einer misstrauischen Romni gefragt.

»Ich spiele nicht für sie«, sagte er. »Ich spiele für mich.«[55]

In den nächsten Wochen eskortierte ihn Broad fast jeden Abend zu den Proben des Ensembles in das Zigeunerfamilienlager. An dem Tag, als das Orchester seinen Einstand feierte, fand Bannet die Roma in farbenprächtige Kostüme gekleidet. Männer turnten am Reck und an den Ringen, Kinder führten akrobatische Kunststücke vor und Frauen balancierten über ein Drahtseil, das zwischen zwei Benzinfässern gespannt war. Als Bannet sein Orchester eine Rhapsodie spielen ließ, stand Mengele auf den Stufen zu seinem Labor und sah zu, wie sich die Roma zur Musik wiegten und im Kreis drehten.

Am Ende der Darbietung fragte Bannet Broad, ob er am nächsten Tage wiederkommen solle. »Das wird nicht nötig sein«, antwortete Broad.[56] Das gesamte Lager wurde an diesem Abend in den Gaskammern getötet.

Nach der Liquidierung des Zigeunerfamilienlagers im August 1944 wurden die Roma durch weitere Transporte aus Theresienstadt ersetzt. Nur Tage nachdem das Orchester des Zigeunerfamilienlagers zum ersten und letzten Mal gespielt hatte, sammelte Jazz-Gitarrist Heinz »Coco« Schumann mit einem Mithäftling die zurückgelassenen Instrumente auf und führte Cabaret-Lieder und Operettenmelodien für den neuen Blockältesten auf. Schumann formte schnell ein neues Orchester mit einigen anderen Ankömmlingen, unter anderem den überlebenden Mitgliedern der »Ghetto Swingers«-Bigband, welche in Theresienstadt beliebt gewesen war. Wenn jemand kein passendes Instrument fand, drückten sie ihm eines in die Hand, das er nicht beherrschte und sagten ihm, er solle bei Vorstellungen einfach bluffen. Bisweilen hing das Leben eines Musikers eben davon ab, wie gut er SS-Offiziere und Wachen täuschen konnte. »Wir spielten ums nackte Überleben«, erklärte Schumann. »Wir machten Musik in der Hölle.«[57]

Das Orchester von Auschwitz III wurde im August 1943 gegründet. Ursprünglich bestand es größtenteils aus polnischen Kavalleriemusikern, ein paar Russen und zwei Juden. Das Ensemble wurde später mit der Ankunft von professionellen Musikern aus den Niederlanden, Polen und Griechenland erweitert. Wie es für Lagerorchester üblich war, spielten die Musiker am Tor des Lagers bei Aufbruch und Rückkehr der Arbeitskommandos. Sie gaben auch Konzerte für die Unterhaltung der SS-Offiziere und Wachen, vornehmlich an Feiertagen wie Weihnachten und Hitlers Geburtstag. An Sonntagnachmittagen oder Sonntagabenden spielten sie schwungvolle Märsche zu Hinrichtungen von Häftlingen, die versucht hatten zu entkommen.

Während der ersten paar Monate verbrachten die Musiker acht Stunden am Tag damit, Musik zu kopieren und zu proben, anstatt das Lager für Arbeitskommandos zu verlassen. Sobald das Ensemble und sein Repertoire fest eingeführt waren, mussten die Mitglieder wieder Zwangsarbeit verrichten. Bis zum Sommer von 1944 arbeiteten die Musiker zwölf Stunden am Tag in den Buna-Werken. Selbst da waren sie die Letzten, die am Morgen das Lager verließen, und die Ersten, die in der Nacht zurückkehrten, um die anderen Häftlinge mit Marschmusik zu versorgen.

Eines Morgens wurde das Arbeitskommando der Musiker durch eine Gruppe junger Männer aus der ehemals rumänischen Stadt Sighet ergänzt.

»Wir arbeiten in einem Elektro-Lager, nicht weit von hier«, erklärte ein jüdischer Violinist aus Warschau namens Juliek einem der Neuankömmlinge. »Die Arbeit ist weder schwer noch gefährlich.«

»Du hast Glück, Kleiner«, stimmte ein weiterer Musiker ein. »Du bist in ein gutes Kommando geraten.«[58]

Der »glückliche« Neuankömmling war ein sechzehn Jahre alter Junge namens Elie Wiesel, später ein hochgeachteter Autor von Erinnerungen an den Holocaust und Friedensnobelpreisträger.

Am 19. Januar 1945, als die Überlebenden von Auschwitz III einen Zweitagesmarsch ins Außenlager Gleiwitz hinter sich hatten, sank Wiesel in einer brechend vollen Baracke direkt über Juliek zusammen. Später in dieser Nacht befreite sich Juliek lange genug aus dem Berg von lebenden und toten Körpern, um ein Beethoven-Konzert auf dem Instrument zu spielen, das er aus Auschwitz III mitgenommen hatte.

»Nie hatte ich so reine Töne vernommen. Und in solcher Stille!«, erinnerte sich Wiesel später. »Ich hörte nur die Geige, und es war, als diene Julieks Seele als Bogen. Er spielte sein Leben. Sein ganzes Leben glitt über die Saiten. Seine begrabene Hoffnung. Seine veraschte Vergangenheit, seine erloschene Zukunft. Er spielte, was er nie mehr spielen würde.«[59]

Als Wiesel am nächsten Morgen erwachte, sah er in Julieks lebloses Gesicht. Neben Juliek lag die zerbrochene Geige – ein treffendes Symbol für hunderttausende jüdische Leben, die in Auschwitz zerstört worden sind.

Das Erbe der Orchester von Auschwitz

Das Erbe der Orchester von Auschwitz ist kompliziert. Einige Überlebende versicherten, die Orchesterklänge hätten ihnen die Kraft gegeben, am Leben zu bleiben. »Wenn die im Konzentrationslager Auschwitz von der täglichen Arbeit völlig erschöpften Häftlinge in der Marschkolonne wankten und schon von weitem das neben dem Tor spielende Orchester hörten, brachte es sie wieder auf die Beine. Die Musik machte Mut und verlieh besondere Durchhaltekräfte«, erinnerte sich einer der Überlebenden. »Wir hörten deutlich, wie die Orchesterkollegen sich virtuos mit ihren Instrumenten an uns richteten ... ›Haltet durch, Brüder! Nicht alle von uns werden umkommen!‹«[60]

Aber viele Gefangene hassten die Orchester. Die Orchestermitglieder des Männerlagers Birkenau erlebten das selbst, als sie auf der Krankenstation der Frauen und im Krematorium spielten. Primo Levi hat in seinen Erinnerungen ähnliche Reaktionen aus seiner Zeit auf der Krankenstation von Auschwitz III beschrieben. »Im Krankenbau kann man die Musik nur undeutlich hören; beharrlich und monoton dringt das Anschlagen von Pauke und Becken bis zu uns her, aber die Tonfolgen lassen sich auf diese Weise lediglich in Abständen und je nach der Laune des Windes erkennen. Von unseren Betten aus sehen wir uns gegenseitig an, denn wir spüren alle, dass diese Musik infernalisch ist«, schrieb er. »Es gibt nur wenige Motive, etwa ein Dutzend, und alle Tage, morgens und abends, dieselben: Märsche und Volkslieder, die jedem Deutschen lieb und teuer sind. Sie haben sich in unsere Köpfe eingegraben und sie werden das Letzte sein, was wir vom Lager vergessen: des Lagers Stimme sind sie, der wahrnehmbare Ausdruck seines geometrisch konzipierten Irrsinns und eines fremden Willens, uns zunächst als Menschen zu vernichten, um uns dann einen langen Tod zu bereiten.«[61]

Für die Musiker, die in den Orchestern spielten, bot Musik oft eine willkommene Flucht vor Gedanken, die sonst um Verzweiflung und Tod kreisten. »Für uns alle im Orchester war das Musizieren das, was uns in dieser Zeit am stärksten am Leben hielt und uns Auftrieb verlieh«, hielt ein Mitglied des Orchesters von Auschwitz III fest. »Wir zogen so viel Genugtuung und Freude aus den Konzertauftritten und vergaßen für einen Augenblick, dass wir verdammte Seelen waren, die in einer Hölle lebten, die man sich draußen nie auch nur vorstellen konnte.«[62]

Musik gab ihnen die Chance, ein bisschen länger zu leben, vielleicht auch nur für einen Tag. Die Mitwirkung in einem Orchester war zwar keine Garantie für ihr Überleben, aber es bewahrte die Musiker vor den härtesten Arbeitsaufträgen und bot ihnen manchmal wärmere Uniformen und ein wenig besseres Essen. In vielen Fällen reichten diese Vorteile schon aus, um das Nazi-Regime zu überstehen. »Musik hat mich am Leben erhalten«, bestätigte Henry Meyer später. »Daran besteht überhaupt kein Zweifel.«[63]

Einige Musiker, die in den Orchestern von Auschwitz spielten, machten auch nach dem Holocaust Musik. Henry Meyer zog in die Vereinigten Staaten und wurde Gründungsmitglied des weltberühmten LaSalle Quartet. Szymon Laks kehrte nach Paris zurück und nahm seine Tätigkeit als Komponist wieder auf. Jacques Stroumsa ging auch wieder nach Frankreich, wanderte aber später nach Israel aus, wo er seine Geige letztlich an seine Enkelin weitergab.

Aber viele spielten nie mehr. Die Schuldgefühle von Überlebenden, verbunden mit tiefer Trauer, weil sie gezwungen waren, die Kunst auszubeuten, um ihr Leben zu retten, machten das Musizieren zu schmerzhaft.

Ein ehemaliger Musiker von Auschwitz verkaufte sein Instrument an den Holocaust-Überlebenden Abraham Davidovitz. Davidovitz kam aus Tiraspol, im rumänischen Bessarabien (heute in Moldawien). 1939 war er einer von Millionen osteuropäischer Juden, die sich der Zwangsherrschaft der Nazis durch eine Flucht nach Zentralasien entzogen. In Usbekistan wurde er für mehr als drei Jahre eingesperrt. In dieser Zeit brachte seine Frau Manya sich und den gemeinsamen jungen Sohn Freddy mit einem Job in einer Bäckerei über die Runden. Nach dem Krieg erhielt Davidovitz samt Familie von einem Beamten, der fälschlicherweise dachte, Tiraspol liege in Polen, die Erlaubnis, mit repatriierten polnischen Juden wieder nach Europa zurückzukehren.

1946 arbeitete Davidovitz dann in der Nähe von München zusammen mit dem American Jewish Joint Distribution Committee an der Hilfe für andere Holocaust-Flüchtlinge. Dabei kam ein erschöpfter Auschwitz-Überlebender auf ihn zu, eine Violine in der Hand. Er erzählte Davidovitz, er habe in einem Orchester im Konzentrationslager gespielt und die Geige habe sein Leben gerettet. Jetzt wollte er sie verkaufen. Er bräuchte das Geld und habe kein Interesse daran, das Instrument je wieder zu spielen. Davidovitz, der bereits überlegt hatte, ob er seinen Sohn Freddy zum Spielen ermutigen sollte, kaufte die Violine für fünfzig Dollar, damals eine stattliche Summe. Er gab sie seinem Sohn, erzählte ihm aber leider nie, wie der ursprüngliche Besitzer geheißen hatte.

Davidovitz wanderte 1949 nach Israel aus, mit Manya, Freddy und zwei kleinen Zwillingen, Devorah und Shmuel. Die Violine, auf der Freddy damals schon nicht mehr spielte, hatten sie mit im Gepäck.

2009 war es an der Zeit, wieder etwas für das Instrument zu tun, um das man sich 65 Jahre lang nicht mehr gekümmert hatte. Die Familie wollte es nicht verkaufen: »Für uns ist das eine Erinnerung an unsere Eltern, eine Erinnerung an den Holocaust insgesamt.« Die Davidovitz-Brüder überlegten, ob sie das Instrument Yad Vashem schenken sollten – der Gedenkstätte der Märtyrer und Helden des Staates Israel im Holocaust. Schließlich beschlossen sie, es gehöre nicht in ein Museum, sondern auf die Bühne. Sie brachten das Instrument zu Amnon Weinstein, der es restaurieren sollte, und schenkten es dem Virtuosen Shlomo Mintz, damit er die Geige auf der ganzen Welt in Erinnerung an alle Menschen spiele, die im Holocaust gelitten hatten. Freddy Davidovitz erklärte dazu: »Sie wird auch noch nach mir und hoffentlich viele Generationen lang erklingen.«[64]

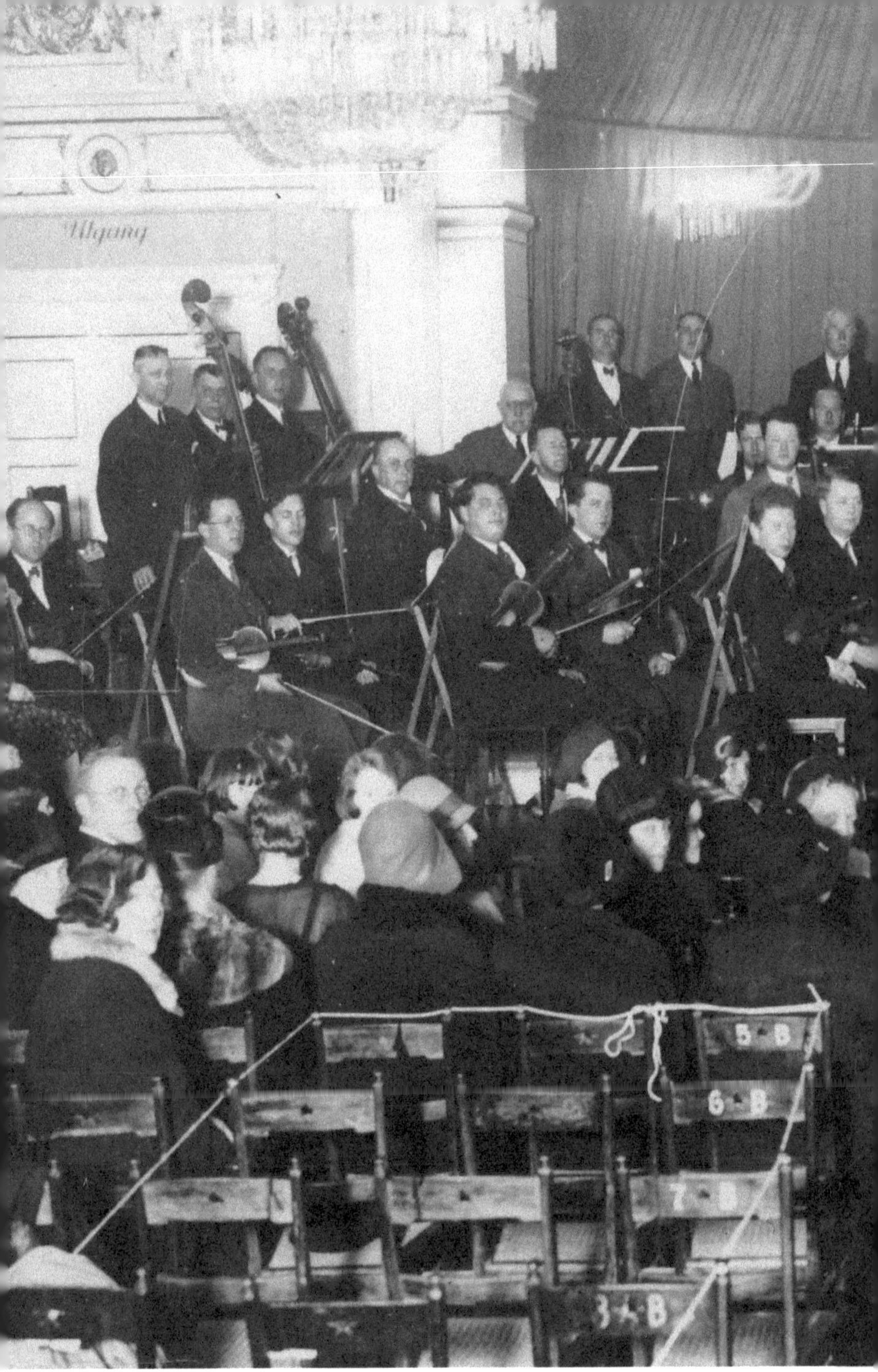

Das Philharmonische Orchester Oslo, ca. 1928.
Ernst Glaser auf dem Platz des Konzertmeisters,

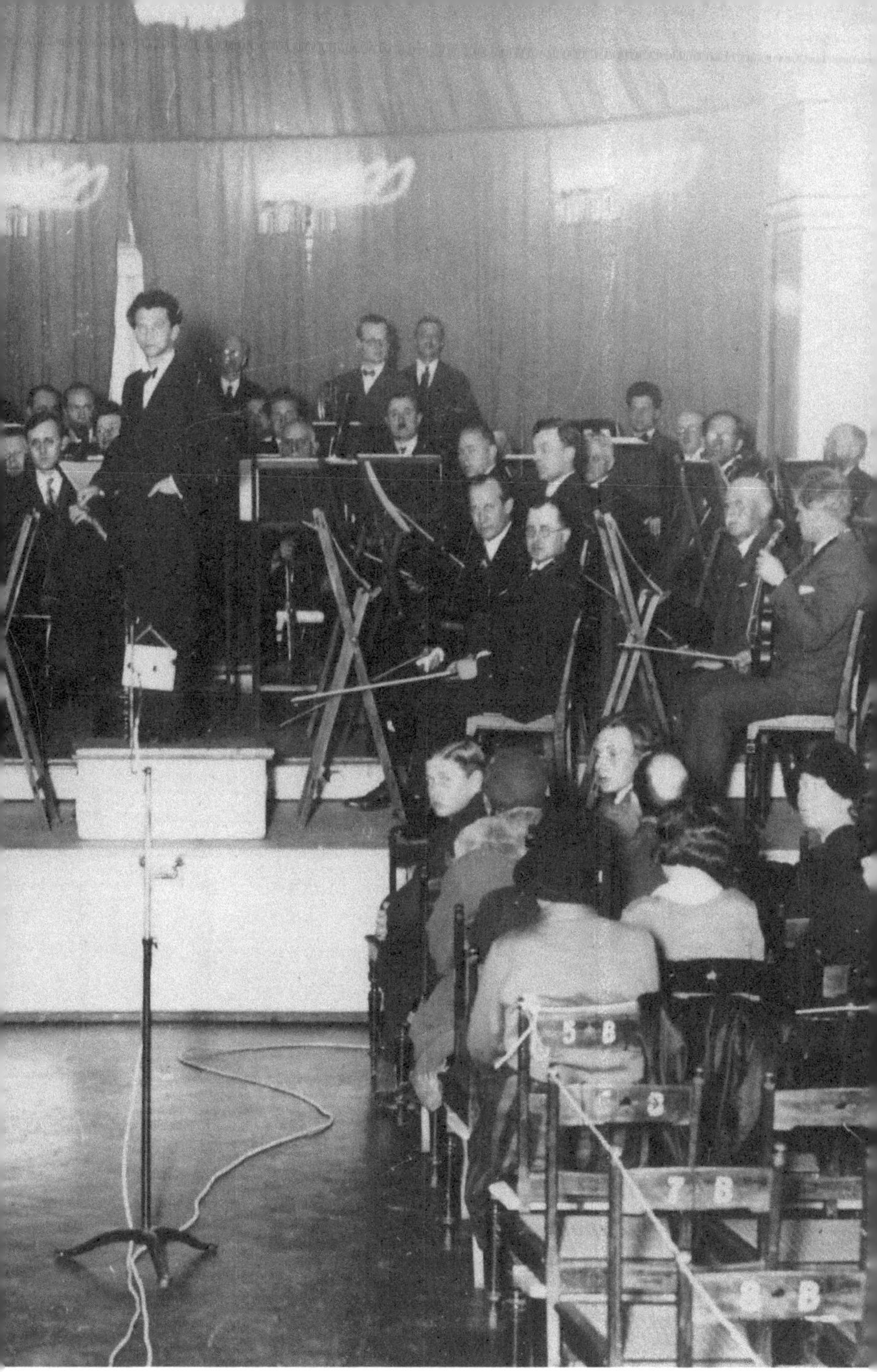

eine Position, die er fast dreißig Jahre lang bekleidete.
(Mit freundlicher Genehmigung von Ernst Simon Glaser)

4
Ole Bulls Geige

In der Konzertsaison 1940-1941 feierte die norwegische Stadt Bergen das 175-jährige Bestehen ihres Philharmonischen Orchesters, das 1765 gegründet wurde und damit eines der ältesten Orchester der Welt ist. In seiner stolzen Geschichte wurde es eine Zeit lang auch vom wohl berühmtesten Sohn der Stadt, dem Komponisten Edvard Grieg, geleitet.

Den Höhepunkt der Feierlichkeiten sollte der Auftritt von Ernst Glaser bilden, dem Konzertmeister des Philharmonischen Orchesters Oslo und prominentesten Musiker des Landes. Die Erwartungen waren ganz besonders hoch, da Ernst angekündigt hatte, er werde auf dem Instrument eines weiteren weltberühmten Bergeners spielen: auf der Geige von Ole Bull. Bull galt als der größte norwegische Geigenvirtuose des 19. Jahrhunderts, und sein wertvolles Instrument stammte aus der Hand des Geigenbaumeisters Guarneri del Gesù.

Doch weil eine Gruppe norwegischer Hitlerjungen aus Protest, dass ein Jude es wagte, auf dem Nationalheiligtum der Norweger zu spielen, zu randalieren begann, wurde Ernst Glasers Auftritt im von den Deutschen besetzten Bergen mitten im Konzert gestrichen.

Norwegen unter deutscher Besatzung

Am 27. Mai 1938 erklärte Norwegen sich für neutral und bestätigte diese Haltung noch einmal am 1. September 1939. Aber im April

1940 zeichnete sich ab, dass das Land entweder von Deutschland oder von Großbritannien besetzt werden würde. Deutschland wollte sich den Zugang zu den strategisch wichtigen norwegischen Häfen und Flughäfen und vor allem zum hoch im Norden gelegenen Hafen von Narvik sichern, der für den Nachschub an Eisenerz aus dem neutralen Schweden wichtig war. England wollte Deutschland genau daran hindern.

Deutschland schlug als Erstes zu und errang dabei den entscheidenden Sieg. Überfallartig landeten Luft- und Seestreitkräfte am frühen Morgen des 9. April 1940 in Norwegen. Innerhalb von Stunden wurden die norwegischen Städte von der Südküste bis zum Polarkreis, darunter auch Bergen und Narvik, besetzt. Am Nachmittag marschierten deutsche Truppen bereits unbehelligt über die Prachtstraße von Oslo.

Die Kämpfe zogen sich in manchen Gegenden zwar noch zwei Monate hin, aber die norwegischen Streitkräfte waren schlecht ausgerüstet, zahlenmäßig deutlich unterlegen und ziemlich unvorbereitet. Es blieb ihnen keine andere Wahl, als zu kapitulieren, was sie am 10. Juni 1940 auch taten. Der deutsche Eroberungsfeldzug hatte länger gedauert als in anderen Ländern, war aber damit zu Ende.

Um Norwegen unter die faschistische Knute zu zwingen, fanden die Deutschen mit dem norwegischen Politiker Vidkun Quisling einen so willigen Kollaborateur, dass dessen Nachname seitdem zum Synonym für opportunistischen Verrat geworden ist. Schon 1933 hatte Quisling die faschistische Partei Nasjonal Samling (»Nationale Vereinigung«) gegründet. Zwei Jahre später übernahm Quisling auch den Antisemitismus seines deutschen Vorbildes und beschuldigte die Juden, die Finanzmärkte und das Pressewesen zu kontrollieren, um dem Kommunismus den Weg zur Weltherrschaft zu ebnen. Damals lebten nur 1.600 Juden in Norwegen, was weniger als 0,1 Prozent der Bevölkerung entsprach. Trotzdem beharrte Quisling darauf, dass sie im Dienste einer internationalen Verschwörung einflussreiche Positionen übernommen hätten, um das Land zu ruinieren.

Ermutigt durch den Aufstieg der Nationalsozialisten in Deutschland wurde Quislings antisemitische Hetze von Jahr zu Jahr schlimmer. Sein Ziel war es, nach dem Vorbild von Hitlers Drittem Reich ein »Neues Norwegen« aufzubauen und dabei jedes Mittel anzuwenden, um das zu bewahren, was er als Reinheit der nordischen Rasse bezeichnete. Um der antisemitischen Hetze und Judenverfolgung Nachdruck zu verleihen, hatte er sogar nach dem Vorbild der berüchtigten deutschen Braunhemden einen paramilitärischen Ableger der Partei namens »Hirden« gegründet – in Anlehnung an das Wort für die Leibwache von Königen und Stammesführern des norwegischen Mittelalters.

Nach der deutschen Invasion wurde Quisling erst als kommissarischer, dann als offizieller Ministerpräsident Norwegens eingesetzt. Mit dem Segen der Besatzungsmacht, mit der er sich die Macht teilte, ergriffen Quisling und die norwegische Staatspolizei zahlreiche Maßnahmen, um die sowieso nicht sehr zahlreichen Juden in Norwegen zu ächten und zu eliminieren. Im Mai 1940 konfiszierte die Polizei alle Radioapparate in jüdischen Haushalten. Das nahm den Juden nicht nur die Möglichkeit, ausländische Sender zu hören, sondern stellte sie erstmals als eigene Volksgruppe an den Pranger, der man gleichzeitig die ihr eigentlich zustehenden Rechte als Bürger Norwegens entzog. Im Herbst wurden alle Juden systematisch registriert, nachdem die Nazis Listen über die Mitglieder der beiden großen jüdischen Gemeinden in Oslo und Trondheim angefordert hatten.

Kaum waren die Juden als solche erfasst, begannen die norwegischen Nazis, sie systematisch zu schikanieren. Scheiben von Geschäften mit jüdischem Besitzer wurden eingeworfen oder mit Parolen wie »Jüdische Parasiten!« oder »Juden werden in Norwegen nicht geduldet!« beschmiert.[65] Vielen jüdischen Ärzten wurde die ärztliche Zulassung und damit auch die Arbeitsberechtigung entzogen.

Es wurde auch versucht, jüdische Musiker aus ihren Positionen zu vertreiben. Edvard Sylou-Creutz, der nach dem Einmarsch der Deutschen als stellvertretender Programmdirektor des norwegischen Radios eingesetzt worden war, gab bekannt, dass keine Musik von jüdischen Komponisten mehr gespielt werden dürfe und alle Vortragskünstler der Nasjonal Samling angehören müssten. Kurz darauf schlug der Komponist und bekannte Musikkritiker Per Reidarson vor, nach Vorbild der Reichskulturkammer einen Verband norwegischer Künstler und Journalisten zu gründen, der alle jüdischen Künstler von ihrem Beruf ausschließen würde.

Die Anhänger dieser Bewegung, die Juden auf schwarze Listen setzten wollten, waren es auch, die den Auftritt von Ernst Glaser in Bergen verhinderten.

Ernst Glaser

Ernst Glaser wurde zwar in Deutschland geboren, fühlte sich aber, seit er am 28. August 1928 nach Norwegen zog, als Norweger. Die Norweger dankten es ihm, indem er zu einer der beliebtesten Persönlichkeiten des kulturellen Lebens wurde. Mit virtuosem Spiel, schwarzem Humor und gutem Aussehen avancierte er regelrecht zum Volkshelden.

Ernst kam am 24. Februar 1904 in Hamburg als Sohn des Schirmfabrikanten Felix Glaser und seiner Frau Jenny Rosenbaum zur Welt. Jenny, die selbst Klavier spielte, sorgte dafür, dass Ernst Geige lernte, so wie sie dafür gesorgt hatte, dass seine ältere Schwester Lizzie Klavier spielte. Von 1921 bis 1925 war Ernst Schüler des berühmten Violinpädagogens Carl Flesch in Berlin und von 1926 bis 1928 Zweiter Konzertmeister der Bremer Philharmoniker.

Als 1928 einer von Glasers ehemaligen Mitschülern bei Flesch, Max Rostal, seine Stellung als Konzertmeister des Philharmonischen Orchesters Oslo aufgab, um in Berlin an der renommierten Berliner Hochschule für Musik eine Lehrtätigkeit aufzunehmen, empfahl er Ernst Glaser als Nachfolger. Der Dirigent der Osloer Philharmoniker Issay Dobrowen, später einer der Chefdirigenten des Palestine Orchestra für die ersten drei Spielzeiten, entschied sich in der letzten Runde unter sieben Mitbewerbern für ihn. Ernst zog nach Norwegen. Es war Liebe auf den ersten Blick – sowohl was das Land als auch die norwegische Pianistin Kari Marie Aarvorld betraf, die er 1929 heiratete.

Kaum in Norwegen heimisch geworden, verschrieb er sich ganz der Aufgabe, sein neues Heimatland musikalisch voranzubringen. Zum einen kümmerte er sich um die Ausbildung norwegischer Violinisten und war in der Beziehung für zwei Generationen die prägende Instanz. Tatsächlich waren fast alle wichtigen norwegischen Geiger der zweiten Hälfte des 20. Jahrhunderts Schüler von Ernst – darunter auch sein Nachfolger als Konzertmeister des Philharmonischen Orchesters Oslo und etliche andere Orchestermitglieder. Seinen wichtigsten Beitrag leistete er aber als Instrumentalist, und zwar nicht nur als Konzertmeister der Philharmoniker, sondern auch als Leiter des orchestereigenen Streichquartetts. Als überzeugter Anhänger zeitgenössischer Musik – besonders neuer Musik aus Norwegen – führte er die Tradition ein, jedes Jahr ein Violinkonzert mit dem Orchester aufzuführen. Dabei handelte es sich oft um Welturaufführungen von Werken zeitgenössischer norwegischer Komponisten, die sonst völlig unbekannt geblieben wären. Auch in Schweden, Dänemark und Deutschland trat er auf, um den Ruf seines neuen Heimatlandes im Ausland Geltung zu verschaffen.

Als seine Tochter Berit 1933 geboren wurde, bewarb er sich um die norwegische Staatsbürgerschaft. Ein Beweggrund dafür war auch der wachsende Antisemitismus in Deutschland, der ihm nicht entgangen war. 1934 wurde er norwegischer Staatsbürger. Im Jahr darauf kam seine zweite Tochter Liv zur Welt. Ernst bat seine Eltern inständig, zu ihm und seiner jungen Familie nach Norwegen zu ziehen, aber sein Vater gehörte zu den vielen deutschen Juden, die die drohende Gefahr unterschätzten und unbedingt bleiben wollten. Er beteuerte, dass es keinen Grund gäbe, sich davor zu fürchten, in einem Land zu leben, das doch immer seine Heimat gewesen war.

Auch Ernsts Schwester Lizzie blieb in Deutschland. Ihr machte die Zukunft der Juden in Deutschland mehr Sorgen als ihrem Vater, aber weggehen wollte sie nicht. Erst als ihr Mann während der Kristallnacht verhaftet wurde, änderte sie ihre Meinung. Ernsts Schwager hatte als deutscher Soldat im Ersten Weltkrieg gekämpft und Glück, dass er nach drei Wochen Haft wieder frei kam. Als man ihn warnte, dass er ein zweites Mal verhaftet werden sollte, floh er mit Lizzie ohne zu zögern nach Holland.

Die Novemberpogrome überzeugten schließlich auch den Vater von Ernst, doch zu emigrieren. Da sich der Aufsichtsrat der Osloer Philharmoniker und auch Mitglieder der Regierung, die ihn als Musiker sehr schätzten, für Ernst einsetzten, bekam er trotz der diskriminierenden Immigrationspolitik Einreisegenehmigungen für seine jüdischen Eltern. Mit nichts als ihren Koffern, Schirmen und zwei Deutschen Reichsmark in den Taschen zogen sie bei Ernst und seiner Familie ein.

Ernsts Lieblingstante schaffte es nicht mehr, aus Deutschland zu entkommen. Sie wurde im Konzentrationslager ermordet.

Ole Bulls Geige

Bei seinem Auftritt mit dem Bergener Philharmonischen Orchester wollte Ernst Glaser ein Violinkonzert von Christian Sinding spielen, um an den 85. Geburtstag des altehrwürdigen Komponisten zu erinnern. Als besonderen Leckerbissen für das Publikum in Bergen plante Ernst, dieses Konzert auf einer Geige zu spielen, die den Osloer Philharmonikern erst kurz zuvor von den Nachfahren Ole Bulls vermacht worden war.

Ole Bornemann Bull (1810-1880) wurde nicht nur als einer der größten Violinisten aller Zeiten verehrt, sondern war – und ist es noch – einer der größten Nationalhelden Norwegens. Bull brachte sich das Geigenspiel selbst bei und entwickelte neue Techniken, die ihm erlaubten, Klänge aus der norwegischen Natur wiederzugeben und Volkslieder und Tänze ganz neu zu interpretieren. Als der König von Dänemark Bull einmal fragte, wer ihm denn beigebracht hätte, so zu spielen, antwortete er: »Die Berge Norwegens, Eure Majestät.«[66]

Das Ergebnis war ein unerhört individueller Spielstil. Bull bevorzugte lange schwere Bögen, die eher zur traditionellen norwegischen Hardangerfiedel als zur klassischen Geige passten. Die Erfahrung mit der Hardangerfiedel führte ihn dazu, Steg und Griffbrett seiner Geigen flacher zu halten, damit er mit dem Bogen mehrere Saiten gleichzeitig streichen konnte. Auch sein Repertoire war ungewöhnlich. Er hatte eine Schwäche dafür, statt mit den üblichen Paradestücken zu brillieren, auf eigene, recht überladene Kompositionen zu setzen, die oft auf norwegischen Volksweisen beruhten.

Bull tat nicht nur einiges für das Prestige seines Heimatlands, er personifizierte es geradezu. Geboren und aufgewachsen in Bergen, wurde er zwischen Feldern und Bauernmärkten groß. Die Bauern lehrten ihn einen tiefen Respekt vor dem Charakter des norwegischen Volkes, der auch nach vierhundert Jahren dänischer Vorherrschaft ungebrochen war. Bull engagierte sich in der nationalromantischen Bewegung, war Vorkämpfer für das Norwegische Theater (Det norske Theater) in Bergen und versuchte später zusammen mit Edvard Grieg eine nationale Musikhochschule in Christiania (dem heutigen Oslo) zu gründen. Bull sah es als seine Mission an, den »wunderbar tiefen und charakteristischen Resonanzboden«, der in der Brust seiner Landsleute schwinge[67], mit Saiten hörbar zu machen, die den typisch norwegischen Klang in die Welt hinaustrügen. Fast sein ganzes Leben tourte er durch die größten Städte der Welt, wurde aber nie müde, in die Heimat zurückzukehren und seine Landsleute an seinem Talent teilhaben zu lassen. Sein Charisma und Patriotismus machten ihn zu einem der berühmtesten und treuesten Söhne Norwegens.

Im Mai 1940 schenkte Bulls Enkelin den Osloer Philharmonikern eine 1742 gebaute Geige. Das Instrument war schon allein deshalb ungeheuer wertvoll, weil es von Guarneri del Gesù stammte, von dessen Geigen man sagt, dass sie genau so gut, wenn nicht besser als die besten Stradivaris sind. Seine besondere historische Bedeutung gewann dieses spezielle Instrument jedoch dadurch, dass Ole Bull einst persönlich darauf gespielt hatte.

Ernst Glaser war der erste Mensch, der nach den vielen Jahren, in denen die Geige in Vergessenheit geraten war, wieder auf ihr spielen sollte. Ernst nahm das wertvolle Instrument aus dem überlangen Kasten, dessen Maße an Ole Bulls extralangen Bogen angepasst waren, und spielte Bulls bekannteste Komposition »Sennermädchens Sonntag (Sæterjentens søndag)«. »Niemals zuvor habe ich so großen Applaus gehört«, erinnerte sich Ernst später und fügte mit dem ihm eigenen Humor hinzu, »und *das* hatte nichts mit mir zu tun.«[68]

Das Instrument war in keinem guten Zustand und musste restauriert werden. Abgesehen von einem kleinen Fehler in der Schneckenkonstruktion – ein bekanntes Problem bei den späten Guarneris – attestierten Experten in Oslo der Geige jedoch, dass sie zu den besten gehörte, die Giuseppe Guarneri je gebaut hatte. Ernst fand den Ton etwas dünn, lobte aber den anmutigen, klaren Klang. Er hatte die Geige im Herbst 1940 in Oslo gespielt und nahm sich dann mehrere Monate Zeit, das Instrument richtig einzuspielen. Nun sollte die Geige in der Heimatstadt von Ole Bull zu einem ihrer ersten Auftritte im 20. Jahrhundert kommen.

Die Einwohner Bergens konnten es kaum erwarten, Ole Bulls Violine zu hören. Keiner von ihnen hatte sich je träumen lassen, dass sie einmal mit eigenen Ohren den magischen Klang des Instruments hören würden, mit dem der verehrte norwegische Virtuose sein Publikum in der ganzen Welt ein Jahrhundert zuvor entzückt hatte. Um die Verbindung zu Ole Bull noch zu untermauern, hatte Harald Heide – seit 1908 Dirigent der Bergener Philharmoniker – etwas Besonderes vorbereitet. Das große Finale sollte Heides Arrangement von Ole Bulls *Polacca Guerriera* für Violine und Orchester sein, und den Solopart sollte wieder Ernst auf Ole Bulls Violine übernehmen.

Das philharmonische Konzert eröffnete in aller Naivität mit Haydns *Militärsinfonie*. Nachdem die ersten fünfzehn Minuten von Haydn gespielt waren, betrat eine große Gruppe Jugendlicher den Konzertsaal und besetzte die freien Plätze. Die Reaktionen im Publikum waren gespalten. Die einen fanden es erfreulich, dass junge Leute sich für klassische Musik interessierten und sahen ihnen ihre Verspätung nach. Andere waren sofort misstrauisch und unterstellten den Jugendlichen weniger hehre Motive. Tatsächlich handelte es sich um Mitglieder der Nationalen Jugend, des norwegischen Pendants zur Hitlerjugend, die darauf aus waren, die Veranstaltung zu stören, sobald der jüdische Konzertmeister aus Oslo einen Fuß auf die Bühne setzte.

Die Nazis hatten bereits im Vorfeld zu einem teilweisen Boykott der Veranstaltung aufgerufen. Quislings Nationale Vereinigung hatte dem Konzert zwar zugestimmt, aber den Zeitungen verboten, darüber zu schreiben. Auch die deutschen Befehlshaber hatten das Programm genehmigt, aber ihren Leuten verboten, daran teilzunehmen. Den Auftritt eines jüdischen Solisten werteten sie als Affront gegen die Besatzungsmacht.

Bis dahin hatte sich die Zensur der Bergener Philharmonie durch die Nazis auf das Repertoire beschränkt und wie in Deutschland jüdische Musik untersagt. Verboten waren Werke von eindeutig jüdischen Komponisten. Bei weniger eindeutigen Fällen wie dem tschechischen Komponisten Jaromír Weinberger waren die Zensoren gnädig. Als die Deutschen später in die Sowjetunion einfielen, wurden auch russische Komponisten verboten, sodass das Publikum auf seinen Lieblingskomponisten Tschaikowski verzichten musste. Dennoch hatte niemand mit einer Naziaktion mitten in einem Konzert gerechnet, zumal Ernst das gleiche Konzert auf derselben Violine schon drei Tage zuvor in Oslo gespielt hatte.

Nach der Sinfonie von Haydn sollte das Violinkonzert folgen, aber Ernst Glaser erschien nicht auf der Bühne. Es entstand eine lange Pause, und die Stille im Zuschauerraum wurde durch die Anwesenheit der norwegischen Hitlerjugend zunehmend bedrohlich. Hinter der Bühne hatten Nazivertreter Maestro Heide davon in Kenntnis gesetzt, dass Glaser nicht auftreten dürfe. Heide sollte das Konzert abbrechen. Er weigerte sich und verschaffte sich etwas Zeit, indem er den Auftritt von Ernst im Programm nach hinten verschob.

Heide ging zurück auf die Bühne und verkündete die Änderung: Das Orchester würde nun *Die Flöte von Sanssouci* spielen, eine Suite des deutschen Komponisten Paul Graener, die im Programm nach dem Violinkonzert angekündigt war. Wahrscheinlich hatte es an der *Flöte von Sanssouci* gelegen, dass die deutschen Zensoren dem Auftritt von Glaser überhaupt zugestimmt hatten. Denn Graener, aus dessen Feder diese Hommage an den flötenbegeisterten preußischen König Friedrich den Großen stammte, war strammer Nazi und außerdem Vizepräsident der Reichsmusikkammer.

Das Orchester spielte alle vier Sätze von Graeners Suite. Wieder entstand eine lange Pause. Statt aufs Podium zurückzukehren, lief Heide unschlüssig hinter dem Orchester auf und ab. Je länger die Musiker ihm dabei zusahen, desto stärker wurde auch das Orchester von Unruhe ergriffen. Schließlich kam Heide zu der Überzeugung, dass es zu riskant war, Glaser auftreten zu lassen. Heide trat vor das Publikum und bat um Verständnis, dass er das Konzert wegen unvorhergesehener Umstände nun abbrechen müsse.

»Verdammt noch mal!«, rief einer aus der Nationalen Jugend von der Galerie. »Warum kommt er nicht raus?« Eine halbe Haydn-Sinfonie und die ganze Graener-Suite hatten sie ausgeharrt. Nun wollten sie endlich losschlagen.

»Weil Glaser ein Jude ist?«, schrie jemand anders.[69]

Da brach die Hölle los.

Die Demonstranten buhten und schrien »Nieder mit den Juden! Nieder mit den Juden! Weg mit dem Juden Moses Salomon«,[70] womit sie das Objekt ihres Hasses nicht bei seinem deutschen Namen »Ernst Glaser« nannten, sondern ihm den Phantasienamen »Moses Salomon« gaben, der besonders jüdisch klingen sollte. Dann warf die Norwegische Jugend Flugblätter von der Galerie, auf denen in schlechtem Norwegisch stand:

OLE BULLS VIOLINE.
ist ein norwegisches Nationalheiligtum.

Seine Werke sind Grundpfeiler der *norwegischen* Musik
DIE NORWEGISCHE JUGEND lässt nicht zu, dass unsere germanische Ehre besudelt wird von
DEM JUDEN MOSES SALOMON
(alias Ernst Glaser)

Dieser jüdische Krämer hat sich an Ole Bulls Fiedel vergriffen, unserem Nationalheiligtum, und reist damit landauf landab und macht damit Geld.
WIR FORDERN DASS DIE KRÄMERTOUR VON MOSES SALOMON HIER IN BERGEN GESTOPPT WIRD:
Nationale Jugend

Die Lichter im Saal gingen an, und im Publikum waren die Uniformen der Nationalen Jugend deutlich zu erkennen. In einem der sicherlich heldenhaftesten Momente der Musikgeschichte stürzten sich die Zuhörer, die sich unglaublich auf das Konzert gefreut hatten, wutentbrannt auf die Störenfriede.

Deutschland hatte Bergen zwar besetzt, aber das Publikum war entschlossen, die philharmonischen Konzerte so weit wie möglich von der Politik der Nazis freizuhalten. Mit der Anwesenheit deutscher Soldaten und Zivilisten im Konzertsaal hatten die Zuhörer sich abgefunden, aber die hatten sich bisher auch noch nicht in den Ablauf der Konzerte eingemischt. Diese jüngste Protestaktion hatte eine neue Dimension. Das war ein Verstoß gegen das Allerheiligste der Kunst. Das Publikum war fest entschlossen, das nicht zuzulassen.

Als die »Nieder mit den Juden!«-Rufe begannen, schleuderte der norwegische Schauspieler Hans Stormoen ihnen ein »Nieder mit den Aufrührern!« entgegen.[71]

Überall im Saal kam es zu Scharmützeln. Eine Frau aus dem Publikum schlug mit einem Schirm auf einen der Nazi-Randalierer ein. Ein Violinist aus der Streichersektion riss sich das Jackett vom Leib und stürzte sich von der Bühne mitten in einen blutigen Faustkampf mit der Nationalen Jugend.

Bevor die Situation vollends außer Kontrolle geriet, sprang Heide aufs Podium und wies das Orchester an, die norwegische Nationalhymne zu spielen.

Das ganze Orchester erhob sich. Kaum erklangen die ersten Akkorde, gewann der Patriotismus die Oberhand. Publikum und Nationale Jugend beendeten ihre Auseinandersetzung und stimmten in die Hymne ein. Der Tumult legte sich, mit Ausnahme einiger kleinerer Handgemenge in der hinteren Saalhälfte, die dadurch verursacht wurden, dass die Staatspolizei Hans Stormoen und andere Gegendemonstranten abführten. Sie wurden jedoch später am Abend mit der scheinheiligen Erklärung wieder freigelassen, man habe sie nur zu ihrem eigenen Schutz vor wütenden Demonstranten festgenommen. Die Nationale Jugend wurde zu ihrer Rolle bei dem Tumult nicht einmal befragt, sondern von den deutschen Besatzern für ihren leidenschaftlichen Einsatz gelobt.

Kaum hatte das Orchester die Nationalhymne beendet, stimmte das Publikum spontan die norwegische Königshymne an, die mit »Gott segne unseren guten König« beginnt (und nach derselben Melodie wie das britische »God Save the King/Queen« und das amerikanische »My Country ,Tis of Thee« gesungen wird). Sich mit dem Singen der Königshymne klar auf die Seite von König Haakon VII. zu stellen, war offene Provokation gegen die Nazis.

Haakon war, nachdem das Land sich 1905 von Schweden gelöst hatte, der erste König eines unabhängigen Norwegens. Als die Deutschen am 9. April 1940 einmarschierten, konnten König und

Regierung zunächst in die Kleinstadt Elverum entkommen, wo sie die gesetzliche Grundlage dafür legten, dass der Krieg gegen Deutschland auch aus dem Ausland weitergeführt wurde. Danach reiste der König am 7. Juni 1940 weiter ins Exil nach England und war seitdem das wichtigste Symbol für den ungebrochenen Widerstand gegen die Nazis in Norwegen. Sowohl vor als auch nach seiner Flucht wurde vielfach versucht, Haakon unter Druck zu setzen, kraft seines Amtes das Nazi-Regime zu legitimieren. Aber der König trotzte allen Anfeindungen und bestand unbeirrt darauf, dass er eher abdanken würde, als die Einsetzung einer Regierung unter Quisling zu unterstützen. In einer mitreißenden Radioansprache, die am 8. Juli 1940 von der BBC gesendet wurde, verkündete König Haakon, dass er Norwegens Souveränität aufrechterhalten werde, bis das Land befreit sei.

Solange die Nationalhymne erklang, sah sich die Nationale Jugend genötigt, Habachtstellung einzunehmen und den rechten Arm zum Hitlergruß zu heben. Während die Randalierer noch in ihrer Pose verharrten, sorgte Heide dafür, dass Ernst Glaser und Ole Bulls Geige sicher aus dem Gebäude gebracht wurden. Vor dem Haupteingang hatten sich die Parteigänger der Nazis positioniert, um Ernst in Empfang zu nehmen, in ihrer Ahnungslosigkeit glücklicherweise aber nicht bedacht, dass Künstler in der Regel den Bühnenausgang nehmen.

Als die Königshymne angestimmt wurde, ging der Nationalen Jugend auf, dass man sie reingelegt hatte. »Schließt die Türen!«, befahlen sie, blockierten die Ausgänge und riefen nach der Miliz: »Holt die Hird her!«[72]

Gegen das entschlossene Publikum war die Nationale Jugend aber machtlos. Man lachte ihnen ins Gesicht und buhte sie aus. Ein Mann schob die Blockierer einfach beiseite und teilte dabei fleißig Ohrfeigen an die Jugendlichen aus. Die übrigen Zuhörer strömten einfach an ihnen vorbei durch die Tür nach draußen.

Der Mut der Bergener Bürger endete nicht im Konzertsaal. Obwohl es ein Verbot gab, über das Konzert zu schreiben, berichteten sowohl das Bergener *Morgenblatt* als auch die Abendzeitung

Aftenbladet über die Vorfälle und ließen in den Leitartikeln kein gutes Haar an den Randalierern. *Aftenbladet* bezeichnete die Demonstration als »bedauerlich« und »äußerst unglücklich« und die Aktion der Nationalen Jugend als »einen Anschlag auf die musikliebende Öffentlichkeit in unserer Stadt.«[73] Der Aufsichtsrat der Philharmonie legte in einem Brief an das Ministerium für Kultur und Volksaufklärung offiziell Protest gegen das Verhalten der Nationalen Jugend ein. In seiner Antwort lobte das Ministerium die Randalierer für die gelungene Demonstration und kündigte Konsequenzen für diejenigen an, die sich beschwert hatten. In der Folge wurden die Aufsichtsratsmitglieder der Philharmonie von der Mitarbeit im Stadtrat ausgeschlossen.

Oslo

Glaser kehrte zwar unbeschadet nach Oslo zurück, dem Antisemitismus entkam er dadurch aber nicht. Im Februar 1941 ordnete die deutsche Besatzungsmacht an, ihn aus der Osloer Philharmonie zu entlassen. Die Leiter der Philharmonie protestierten und machten deutlich, dass Ernst so wichtig für das Orchester wäre, dass sie ihre eigene Stelle aufs Spiel setzen würden, um ihn vor der Entlassung zu bewahren. Zunächst wehrten sich die Deutschen und bestanden auf ihrer Position: »Ein Jude kann in Norwegen kein offizielles Amt bekleiden.«[74] Schließlich beugten sie sich dem Widerstand und verschoben die Entscheidung, ob Ernst seine Stelle behalten konnte.

Widerstand hatte nicht nur die Leitung der Philharmonie geleistet, sondern auch Dr. Gulbrand Lunde. Als Minister für Kultur und Volksaufklärung war er für die Propaganda des Nazi-Regimes zuständig und stand in der Hierarchie direkt hinter Quisling. Vereinfacht gesagt war Lunde das norwegische Äquivalent zu Joseph Goebbels. Lunde war zwar glühender Parteigänger der Nazis, hatte aber auch großen Respekt vor dem Ausnahmekünstler Glaser und wollte, dass er weiterspielte. So wie bei den Nazis, die Orchester in Auschwitz beaufsichtigten, war auch bei Lunde der Stolz darauf, ein hervorragendes Orchester zu unterstützen, höher als seine Abneigung gegen die Juden, die darin spielten.

Die Unterdrückung der Juden in Norwegen nahm weiter zu. Im Juli 1941 wurden alle norwegischen Juden aus dem öffentlichen Dienst entlassen, und jüdischen Anwälten und anderen Berufsgruppen wurden die Lizenzen dauerhaft entzogen. Im Herbst wurden alle jüdischen Geschäfte beschlagnahmt. Im Februar 1942 führte Quisling das Einreiseverbot für Juden nach Norwegen wieder ein. Dieses Verbot hatte bereits einmal wortwörtlich so in der ursprünglichen Verfassung von 1814 gestanden, war aber 1851 aufgehoben worden.

Inzwischen wurden die Juden in Mittel- und Nordnorwegen zunehmend Opfer immer grausamerer Terrorattacken. Im April 1941 beschlagnahmten die deutschen Besatzer die Synagoge in Trondheim, entfernten alle hebräischen Inschriften und ersetzten die Davidsterne in den Buntglasfenstern durch Hakenkreuze. Im Juni verhafteten die Nazis norwegische und staatenlose Juden in Harstad, Narvik und Tromsø und schickten sie ins Konzentrationslager Sydspissen bei Tromsø. Die in den Regionen Trøndelag und Møre og Romsdal festgenommenen Juden wurden zunächst nach Vollan, das als Konzentrationslager dienende Kreisgefängnis von Trondheim, und dann nach Grini nahe Oslo gebracht.

In Südnorwegen, besonders in Oslo, war die jüdische Gemeinde anfangs relativ in Ruhe gelassen worden. Als die Deutschen am 25. September 1940 verkündeten, dass alle religiösen Überzeugungen respektiert würden, hatten die Juden ihnen zunächst geglaubt. Einige Juden, die nach der deutschen Invasion gleich nach Schweden geflohen waren, kehrten sogar nach Norwegen zurück, weil sie dachten, dass ihnen dort keine Gefahr drohe. Zwar hatten die Deutschen zum Teil ihre Wohnungen und Häuser requiriert, aber das war auch Nichtjuden passiert. Es gab für die Juden keinen Anlass, davon ausgehen zu müssen, dass sie ausgesondert und verfolgt werden würden.

Am 24. September 1942 war für die 800 Juden in Oslo die Zeit der relativen Sicherheit jedoch vorbei. Die deutsche Sicherheitspolizei wies die norwegische Staatspolizei an, die Inhaftierung sämtlicher norwegischer Juden und ihrer Familien in die Wege zu leiten, um sie dann zu deportieren.

Auch für die Nazis, die Glaser eigentlich wohlgesonnen waren, war sofort klar, dass sie ihn nun nicht länger schützen konnten. Jim Johannesen, ein einflussreicher Milizionär bei der Hird, ließ Ernst wissen, dass eine große Aktion gegen Juden geplant war, führende Mitglieder der Regierung Quislings aber nicht wollten, dass ihm etwas zustieß. Um zu verhindern, dass Ernst eingesperrt wurde, bot sich Johannesen an, ihn über die schwedische Grenze zu fahren – ausgerechnet im Wagen von Oliver Møystad, dem Landesführer der Hird und stellvertretenden Chef der Staatspolizei. Ernst lehnte ab.

Johannesen spielte selbst ausgezeichnet Geige, war eine Zeit lang sogar Konzertmeister in Bergen gewesen. Und er war bekannt dafür, aus einer Mücke schnell einen Elefanten zu machen. Ernst war nicht der einzige Jude in Oslo, der sich in seligem Unwissen über das volle Ausmaß der teuflischen Pläne wiegte, die von den Nazis gegen die Juden geschmiedet wurden. Er beschloss, Johannesens Warnung nicht ernst zu nehmen und machte sich nicht einmal die Mühe, seiner Familie davon zu erzählen, um sie nicht unnötig zu beunruhigen.

Um Glaser vom Ausmaß der drohenden Gefahr zu überzeugen, brachte Johannesen ihn zu Minister Lunde, der Ernst herzlich empfing. Lunde bestätigte, dass die Juden in großer Gefahr schwebten. Er redete auf Glaser ein, in Schweden Zuflucht zu suchen, und versprach, dass dies nur vorübergehend nötig sei. Sobald der Krieg beendet wäre und die norwegische Regierung ihre Autonomie von Nazi-Deutschland zurückbekäme, könnte er gerne sofort wieder zurückkommen.

Ernst freute sich über diese Zusicherung, machte aber deutlich, dass er seine Kinder und Eltern nicht zurücklassen würde.

»Ja, das können wir regeln«, antwortete Lunde. »Wir bringen

die Kinder in die Telemark. Kommt da nicht auch Quisling her?«

Allein die Vorstellung war ein furchtbarer Schock für Ernst. »Und was ist mit meinen Eltern?«, fragte er.

Lunde versicherte ihm, dass sich auch für sie ein Arrangement treffen ließe. Ernst blieb unentschlossen. Wie sein Vater in Deutschland vier Jahre zuvor konnte sich nun Ernst einfach nicht vorstellen, dass ihm und seiner Familie im eigenen Land wirklich Gefahr drohte.

Einen Monat später war alles anders. Am Freitagabend, den 23. Oktober, um neun Uhr abends beschloss die Staatspolizei einen Großeinsatz, bei dem in ganz Norwegen alle jüdischen Männer zwischen 15 und 65 Jahren verhaftet werden sollten. Als Termin für den Einsatz wurde Montag der 26. Oktober festgelegt und am Wochenende in aller Schnelle eine entsprechende Liste männlicher Juden zusammengestellt.

Der Plan sollte eigentlich geheim bleiben, aber es gab einen Maulwurf im Büro von Nikolaus von Falkenhorst, dem General, der die Invasion Norwegens befehligt hatte und als Befehlshaber der Besatzungstruppen im Land geblieben war. Der Spion war Theodor Steltzer, ein Offizier der Wehrmacht, der nie mit den Nazis sympathisiert hatte. Kurz vor Kriegsende wurde Steltzer nach Berlin zurückbeordert, von der Gestapo verhaftet und für seine Rolle beim missglückten Attentat auf Hitler am 20. Juli 1944 zum Tode verurteilt.

1942 arbeitete Steltzer im Geheimen mit der norwegischen Widerstandsbewegung zusammen. Er traf sich mit seinen Kontaktleuten im Untergrund häufig im Haus von Wolfgang Geldmacher, einem deutschen Geschäftsmann, der mit einer Norwegerin verheiratet war. Als Steltzer Geldmacher über die bevorstehenden Verhaftungen informierte, mobilisierte der Geschäftsmann sofort seine Kontakte zur Widerstandsbewegung und drängte sie, ihren jüdischen Mitbürgern bei der Flucht nach Schweden behilflich zu sein. Ihre Bemühungen waren ein voller Erfolg. Anfang 1943 sorgten die Helden des norwegischen Widerstands dafür, dass 850 Juden – über die Hälfte der vor dem Holocaust in

Norwegen lebenden Juden – sicher nach Schweden fliehen konnten. Yad Vashem verlieh den Mitgliedern des Widerstands, die ihr Leben riskierten, um Juden zu retten, später den Ehrentitel »Gerechte unter den Völkern«.

Schweden war ein ideales Ziel für die aus Norwegen flüchtenden Juden. Die Grenze zu Schweden ist über 1.600 Kilometer lang, und das gebirgige Gelände eröffnet viele Möglichkeiten, von einem Land ins andere zu gelangen. Schweden war auch politisch geeignet, da es dem Land als einem von nur fünf europäischen Staaten gelang, im Zweiten Weltkrieg neutral zu bleiben. Entscheidend war jedoch, dass Schweden jüdische Einwanderer aufnahm. Die vielen tausend jüdischen Flüchtlinge aus 27 Ländern führten dazu, dass Schweden der einzige europäische Staat war, in dem sich der Bevölkerungsanteil der Juden während des Holocaust verdoppelte.

Zu Geldmachers Verbündeten im norwegischen Widerstand zählten die Pianisten Robert Riefling und Amalie Christie, die Glaser am 25. Oktober 1942, dem Tag vor den Verhaftungen, einen Besuch abstatteten.

»Wir verlassen deine Wohnung erst, wenn du einwilligst, das Land zu verlassen«, ließen sie ihn wissen. Der Plan, wie Ernst und seine Familie versteckt werden sollten, war bereits ausgearbeitet.

Ernst und Kari sollten in Oslo bleiben und sich in der Wohnung des norwegischen Stararchitekten Magnus Poulsson verstecken. Die Kinder konnten bei Freunden der Familie in der Küstenstadt Moss unterkommen. Ernsts Eltern wurden in eine Pension geschickt, die der Schwester der norwegischen Pianistin Mary Barrat Due gehörte, mussten später aber mehrmals den Aufenthalt wechseln.

Nach ihrer Flucht riefen Ernst und Kari bei dem Ehepaar an, das direkt unter ihnen wohnte. Die Nachbarn bestätigten, dass die Wohnung der Glasers durchsucht worden war. Sobald die norwegischen Polizeibeamten merkten, dass die Wohnung leer war, zogen sie ab. Die beiden Beamten, die der Wohnung der Glasers einen Besuch abgestattet hatten, waren eines der in einer konzertierten Aktion von Staatspolizei, Osloer Polizei und deutschen SS-Männern gebildeten 62 Beamtenduos, die morgens um halb sechs ausgeschwärmt waren. Jedes Duo hatte einen Umschlag mit zehn Namen von Juden, die sie aufspüren und verhaften sollten.

Währenddessen überlegten Geldmacher und Riefling, was nun weiter mit Ernst geschehen sollte. Natürlich war es für Juden generell gefährlich in Norwegen, aber es war klar, dass nach Glaser noch viel intensiver gefahndet wurde. Seit dem Vorfall mit Ole Bulls Geige in Bergen stand er besonders im Fokus. Gut möglich, dass man sich bei seiner Verfolgung über das Übliche hinaus Mühe gab.

Ernst, der sich der Größe der Gefahr noch immer nicht völlig bewusst war, wollte weiter seine Arbeit machen und nahm morgens an einer Probe der Philharmonie teil. Dann tat er etwas Leichtsinniges. Er beschloss, Minister Lunde zu besuchen, um ihn zu fragen, ob er sein Versprechen halten und Ernsts Familie beschützen würde. Er wurde nicht vorgelassen. Später erfuhr er, dass Lunde und seine Frau kurz zuvor ums Leben gekommen waren, als ihr Wagen von einem Fähranleger stürzte. Bis heute ranken sich Gerüchte, nach denen hinter diesem bizarren Unfall ein Anschlag durch die Deutschen steckte, die ihn durch einen Minister ersetzen wollten, der mehr auf ihrer Linie war.

Jetzt endlich begriff Ernst, dass sein Leben in höchster Gefahr war. Nach Lundes Tod gab es niemanden mehr, der seine schützende Hand über ihn hielt. Ihm blieb keine andere Wahl, als schleunigst zu verschwinden. Aber das Konzert am Abend, das auch im Radio übertragen werden sollte, wollte er unbedingt noch spielen. Der norwegische Maler Henrik Sørensen flehte ihn auf Knien an, das Konzert sausen zu lassen, aber Ernst blieb stur. Er würde spielen, auch wenn das bedeutete, in aller Öffentlichkeit zu erscheinen, wo die Nazis ihn vielleicht bereits erwarteten.

Ernst spielte das Konzert. Die ganze Zeit saß er wie auf Kohlen. Auf dem Programm stand das Werk eines finnischen Komponisten. Es gab zahlreiche Geigensoli, aber Ernst fiel es schwer, sich auf die Musik zu konzentrieren. Über die bevorstehenden Gefahren grübelnd, verpatzte er den Einsatz für sein Solo.

»Zu spät, zu spät«, ermahnte ihn der finnische Dirigent Georg Schnéevoigt auf Deutsch, der Sprache, die sie beide beherrschten.

»Das klingt gar nicht gut«, ging es Ernst durch den Kopf, der langsam nervös wurde, ob dieser Satz nicht auch auf seine hinausgezögerte Flucht zutraf.

Glücklicherweise war es nicht zu spät. Nach dem Konzert flüchtete sich Ernst in ein Auto, das am Rathaus auf ihn wartete. Der Wagen brachte ihn zu Søren Christian Sommerfelt, der im Außenministerium arbeitete. Sommerfelt gab ihm etwas Geld und schickte ihn zu einem Verbündeten in Oslo, wo er sich verstecken sollte, bis er weitere Anweisungen erhielt. Man würde ihn so schnell wie möglich außer Landes bringen.

Andere Juden hatten nicht so viel Glück. Am 26. und 27. Oktober wurden 260 Juden verhaftet und ins Bredveit Gefängnis am Stadtrand von Oslo gebracht. Vorn dort transportierte man sie mit dem Zug ins Konzentrationslager Berg, wo sie am 28. Oktober zusammen mit 350 weiteren Juden einsperrt wurden. Einen Monat lang litten die Gefangenen ohne richtige Kleidung und Betten an Hunger und unzureichender medizinischer Versorgung – in einer Einrichtung, die weder über Wasser noch sanitäre Anlagen verfügte.

Zu den ersten Juden, die ins Konzentrationslager Berg gebracht wurden, gehörten der Trompeter Herman Sachnowitz, seine vier Brüder und ihr Vater. Die Familie Sachnowitz hatte schon seit Beginn der deutschen Besatzung daran gedacht, Norwegen zu verlassen, aber dank der Nazis war immer einer der vier ältesten männlichen Familienmitglieder in Haft. Im Bewusstsein, dass eine Flucht unweigerlich dazu geführt hätte, dass das gerade in Haft sitzende Familienmitglied erschossen worden wäre, blieb den Sachnowitz keine andere Wahl, als zu bleiben. Am 26. Oktober um halb fünf Uhr morgens wurden dann alle männlichen Mitglieder der Familie Sachnowitz auf einmal verhaftet und nach Berg geschafft.

Am 26. November 1942 wurden Vater und Brüder Sachnowitz mit 275 anderen Gefangenen vom Konzentrationslager Berg in einem Sonderzug nach Oslo transportiert, wo man sie mit 562 weiteren Juden, unter ihnen Frauen, Kinder und ältere Menschen, festhielt. Zu ihnen gehörte auch eine von Hermans Schwestern. Im Zuge der letzten Stufe der Verfolgung, mit der man sich nicht nur der männlichen, sondern aller Juden in Norwegen entledigen wollte, waren sie in der vorangegangenen Nacht verhaftet worden.

Juden aus England, den USA, einem mittel- oder südamerikanischen, neutralen oder mit Deutschland verbündeten Land entgingen der Deportation. Die restlichen 532 Juden wurden mit dem deutschen Transportschiff *Donau* nach Stettin gebracht – in den gleichen polnischen Hafen, von dem Deutschland 1940 aufgebrochen war, um Norwegen zu besetzen. Dort wurden sie in Viehwaggons nach Auschwitz umgeladen. 186 arbeitsfähige Männer wurden zur Zwangsarbeit in Birkenau und Auschwitz III verpflichtet, die übrigen 346 Frauen, Kinder und älteren Menschen direkt in die Gaskammern geschickt.

Am 3. März 1943 kamen weitere 158 Juden in Auschwitz an, die zwischenzeitlich im Gefängnis Bredtveit interniert waren, nachdem sie der ersten Deportation entgangen waren. Von diesem zweiten Transport mussten 38 Zwangsarbeit leisten, die restlichen 120 Juden im Alter von 14 Monaten bis zu 80 Jahren wurden ermordet.

Herman Sachnowitzes Vater und Schwester wurden sofort nach ihrer Ankunft im November 1942 in die Gaskammer geschickt, so wie auch die beiden verbliebenen Schwestern, die im März 1943 in Auschwitz eintrafen.

Herman und seine vier Brüder gehörten dem ersten Transport an, der Gefangene zur Zwangsarbeit nach Auschwitz III brachte. Seine älteren drei Brüder starben dort innerhalb von vier Monaten. Hermans jüngerer Bruder starb später in dem Block, in dem Josef Mengele seine grausamen Menschenexperimente durchführte.

Dass Herman mit dem Leben davonkam, entschied sich im August 1943, als er einwilligte, im neu formierten Orchester von Auschwitz III als Trompeter mitzuwirken. Das Ensemble blieb bestehen, bis das Lager am 18. Januar 1945 geräumt wurde. Danach landete er zunächst in Buchenwald und dann in Bergen-Belsen, wo er am 15. April befreit wurde. So schnell wie möglich kehrte er nach Norwegen und in sein altes Zuhause zurück. Es war niemand da. Herman war der Einzige in seiner Familie, der überlebt hatte.

Die Familie Sachnowitz war nicht die einzige in Norwegen, die der Holocaust nahezu vollständig ausgelöscht hatte. Von den 762 aus Norwegen deportierten Juden überlebten ganze 23 in den deutschen Konzentrationslagern.

Flucht nach Schweden

Während Herman am 27. Oktober 1942 zusammen mit über 600 anderen jüdischen Männern ins Konzentrationslager nach Berg transportiert wurde, schleuste man Ernst Glaser zu Lise Børsum, einer Schlüsselfigur in Geldmachers Fluchthelferring, die später wegen ihrer Tätigkeit für den norwegischen Widerstand verhaftet wurde. Zwei Tage zuvor hatten sich in ihrem Haus bereits Geldmacher und vierzig von ihm aktivierte Widerständler über ihr weiteres Vorgehen beraten. Schließlich war es Børsum selbst, die Glasers Flucht nach Schweden arrangierte. Sie teilte ihm mit, dass er Kari und die Töchter in Norwegen zurücklassen müsste. Zu dem Zeitpunkt kam noch niemand auf den Gedanken, dass die Nazis zwei Monate später auch hinter jüdischen Frauen und Kindern her sein würden.

Ernst fand Unterschlupf bei einem Mann namens Hasselberg, dessen Frau verreist war. In seinem neuen Versteck hatte Ernst zwei Pflichten: Essen kochen und vermeiden, sich am Fenster sehen zu lassen. Am zweiten Tag seines Aufenthalts bei Hasselberg bekam er Besuch von Kari. Sie informierte ihn, dass er noch am selben Tag aufbrechen müsse und übermittelte ihm dazu etliche komplexe Instruktionen von Børsum. Die geplante Flucht glich einer Nacht-und-Nebel-Aktion aus einem Spionageroman.

Ernst sollte von Berit Poulsson abgeholt werden, die behindert war und deshalb mit dem Auto überall hinfahren durfte. Poulsson würde ihn zum Bahnhof fahren, wo er auf Amalie Christie zu warten hätte. Sobald Christie auftauchte, sollte Ernst sich ihr wie einer vollkommen Fremden gegenüber verhalten und ihr einfach folgen, wenn sie den Zug bestieg. Mit einem heimlichen Signal würde sie ihn auf ein Gepäckabteil hinweisen, in dem ein Rucksack mit allem Notwendigen für die Reise bereitliegen würde.

Ernst machte alles wie vereinbart. Er ließ sich von Kari sogar eine Glatze schneiden, in der Hoffnung, so von niemandem erkannt zu werden. Es regnete und er konnte sich gut unter einem großen Regenschirm verdeckt halten. Da ein Geigenkasten seine Tarnung zunichte gemacht hätte, ließ Ernst seine private Violine zurück – ein hervorragendes Instrument aus dem 18. Jahrhundert vom Geigenbauer Giovanni Battista Guadagnini, das sein Vater ihm gekauft hatte. Während Ernst am überfüllten Bahnhof auf Christie wartete, tauchte Børsum auf. Sie hatte einen Brief mit einer verschlüsselten Botschaft dabei und wies Ernst an, dieses Dokument mit nach Schweden zu nehmen. »Aus der Gruppe deiner Mitreisenden scheinst du mir der vernünftigste zu sein«, gab sie ihm mit auf den Weg. »Behalte das Schriftstück bei dir und liefere es in der Norwegischen Gesandtschaft in Schweden ab.«

Ernst bestieg den Zug nach Hamar, 120 Kilometer nördlich von Oslo. Seine Tarnung schien zu funktionieren, bis er jemanden seinen Namen rufen hörte. Ein junger Mann, den Ernst nicht kannte, wies ihn an, den Zug zu verlassen.

Ernst war erleichtert, als er bemerkte, dass sich der junge Mann in Begleitung von Christie befand. Der junge Mann drückte ihm etwas in die Hand. Schwedische Kronen, damit Ernst etwas Geld in Reserve hatte. Dann übermittelte er ihm letzte Instruktionen von der norwegischen Widerstandsbewegung in Oslo. Bis dahin war Ernst nicht über sein Ziel informiert worden, damit er, falls er verhaftet würde, auch unter Folter keine verräterischen Details über die bevorzugten Fluchtrouten der Widerstandsbewegung hätte preisgeben können. Nun, da er sicher im Zug saß, erfuhr er, dass er in Romedal, der letzten Station vor Hamar, aussteigen und nach einem Taxifahrer namens Thorleif Bronken Ausschau halten sollte.

Auf der Zugfahrt verbarg Ernst sein Gesicht hinter einer Zeitung. Trotz aller Anstrengungen, sein Inkognito zu wahren, erkannte eine junge Frau ihn doch als den berühmtesten lebenden Musiker Norwegens.

»Sind Sie nicht Herr Glaser?«, fragte sie.

»Nein, tut mir leid, da irren Sie sich«, entgegnete er abwehrend.

Nachdem Ernst und vier andere Flüchtlinge in Romedal ausgestiegen waren, huschten sie schnell in Thorleif Bronkens Taxi. Das brachte sie in ein kleines Schulgebäude in Åsbygda, das eine Lehrerin namens Kjellaug Herset bewohnte. Zwei Nächte verbrachten die Flüchtlinge auf dem Dachboden der Schule und durften tagsüber keinen Mucks von sich geben. Hätte Hersets Nazikollege Gepolter, ein quietschendes Bett oder irgendeinen anderen Ton gehört, wären sie vermutlich nicht mit dem Leben davongekommen. In der zweiten Nacht kündigte Kjellaugs Verlobter Lars Sagberg den Flüchtlingen an, dass er sie mit einem Laster zur Glomma nahe der schwedischen Grenze bringen würde. Dort würden sie diesen Fluss auf einem Lastkahn überqueren, und ein anderer Führer würde sie zu Fuß über die Berge zum Ziel ihrer Reise begleiten.

Einige Wochen bevor er sich um Ernst und seine vier Begleiter kümmerte, hatte Sagberg sich mit einer anderen neunköpfigen Flüchtlingsgruppe im Schulhaus getroffen. Sie hatten sich um ein Radio versammelt und hörten verbotenerweise BBC. Kaum hatte Sagberg den Kanal gewechselt und einen nazitreuen Osloer Sender eingestellt, wurde dort gerade bekanntgegeben, dass jeder, der Juden bei der Flucht aus dem Land behilflich war, mit dem Tode bestraft würde.

Die Flüchtlinge erstarrten und schauten Sagberg nervös an. »Ach, das ändert nichts«, beruhigte er sie.

»Macht es dir keine Angst, dass du schon mit dem Tode bestraft wirst, wenn du nur einem Juden hilfst, und wir sind zu neunt?«, fragte einer der Flüchtlinge Herset.

»Macht also neunmal Todesstrafe«, zuckte sie mit den Schultern.

»Das haben wir schon oft gehört. Das macht uns keine Angst«, bestätigte Sagberg.[75]

Nachdem sie die Glomma überquert hatten, wurden Ernst und die anderen Flüchtlinge zu einer Blockhütte gebracht. Nach zwei Nächten in der Hütte ging es zu Fuß weiter. Ein Bauer folgte der Flüchtlingsgruppe auf dem Pferd und zog einen Schlitten hinter sich her, um die Spuren zu verwischen. Nach einem mehrstündigen Fußmarsch durch die verschneite Nacht erreichten sie eine weitere Blockhütte, wo sie Lebensmittel und Kaffee bekamen. Frierend, durchnässt und müde hatten sie auf einen warmen Schlafplatz gehofft, aber die Hütte hatte keinen Ofen. Also setzten sie ihren Marsch fort. Erst gegen ein Uhr nachts erreichten sie die nächste Blockhütte.

Ernst war am Ende seiner Kräfte. Diese Art von körperlicher Anstrengung war er nicht gewohnt. Ein Knie war durch die Überanstrengung so steif geworden, dass es sich nicht mehr beugen ließ. Er suchte sich einen Stock, um den Rest der Reise zu überstehen. Außerdem fror er fürchterlich. Er hatte zwar einen langen Mantel an, war für eine Schneewanderung ansonsten aber völlig unpassend gekleidet. Man gab ihm zusätzlich einen Regenmantel, aber der war ihm viel zu groß und schleifte beim Gehen auf dem Boden. Und es kam noch schlimmer. Nachdem er seine durchnässten Skistiefel zum Trocknen ans Feuer gestellt hatte, waren sie so eingeschrumpft, dass er sie nicht mehr anziehen konnte.

Am nächsten Tag ruderte ein dritter Helfer die Flüchtlinge über einen See nach Schweden. Ernst machte sich gleich auf den Weg nach Stockholm, wo er sich die besten Chancen ausrechnete, wieder als Geiger zu arbeiten. Außerdem wollte er noch den Brief von Christie zur norwegischen Gesandtschaft bringen. Erst als Ernst den Brief später öffnete, entdeckte er, dass er keine verschlüsselte Botschaft, sondern Geld enthielt. Die Summe entsprach der, die Ernst auf seinem Bankkonto in Norwegen liegen hatte. Das Geld war für ihn gedacht.

Ernsts Frau Kari und die Töchter flohen wenige Wochen später nach Schweden. Von den Lehrern der Töchter vor der drohenden Gefahr gewarnt, entkamen sie noch gerade rechtzeitig, bevor die Nazis begannen, Frauen und Kinder zusammenzutreiben. Kari galt zwar nach den »Nürnberger Rassegesetzen« als Arierin, aber Quisling legte strengere Maßstäbe an, sodass sie als Ehefrau eines Juden ebenfalls zur Zielscheibe geworden wäre. Ähnliches galt für die Töchter, die, obwohl christlich getauft, durch die Tatsache, einen Juden zum Vater zu haben, ebenfalls als Jüdinnen betrachtet wurden. Mutter und Töchter wären unweigerlich verhaftet, nach Auschwitz deportiert und direkt in die Gaskammer geschickt worden.

Zunächst reisten Kari und die Mädchen so wie Ernst nach Norden. Drei Wochen versteckten sie sich auf einem Hof in Hamar, bevor sie nach Oslo zurückgeschickt wurden. Nach der Rückkehr in die Hauptstadt ging die Reise weiter nach Süden. Von der Grenzstadt Ørje im Südosten Norwegens aus legten sie zusammen mit zwölf anderen Frauen und Kindern die letzte Strecke zur schwedischen Grenze im strömenden Regen zu Fuß zurück.

Nachdem sich ihr Helfer verabschiedet hatte, irrten sie zunächst im Wald umher, bevor sie am nächsten Morgen einen Bauernhof entdeckten. Sich ihm zu nähern, war riskant. Sie hätten direkt in die Arme von Nazisympathisanten laufen können. Aber Kari blieb keine Wahl. Die siebenjährige Liv und die neunjährige Berit waren viel zu ausgekühlt und erschöpft, um noch einen Schritt weiterzugehen.

Kari klopfte an die Tür. Als eine alte Frau öffnete, brach es aus Kari heraus, dass sie Flüchtlinge wären und sich auf dem Weg nach Schweden verlaufen hätten. Es stellte sich heraus, dass die alte Frau ihnen freundlich gesonnen war. Sie eröffnete ihnen, dass sie sich noch in Norwegen befänden und wohl in die falsche Richtung gegangen wären. Dann bot sie ihnen Kaffee an, ermahnte sie aber: »Ihr dürft euch nicht länger als eine Stunde hier aufhalten, denn hier gibt es jeden Morgen Durchsuchungen.«

»Aber bis zur Grenze ist es nicht weit«, versicherte sie Kari. »Mein Mann wird euch hinüberbringen.«

Nachdem es ihr endlich gelang, die völlig erschöpften Kinder zu wecken, machten sie sich wieder auf den Weg. Am 19. Dezember trafen Kari und die Töchter bei Ernst in Stockholm ein.

Die Eltern von Ernst hatten eine noch aufregendere Odyssee vor sich. Erst wenige Jahre zuvor waren sie den Nazis in Deutschland entkommen und jetzt mussten sie auch aus ihrer neuen Heimat wieder vor ihnen fliehen. Der norwegische Winter war zu viel für sie. Erschöpft und ausgekühlt verlor das ältere Paar den Anschluss zu ihrem Transport. Die Wälder waren voll mit Deutschen, die das Gelände auf der Suche nach zwei Deserteuren mit Hunden und Gewehren durchkämmten. Aber die alten Glasers konnten einfach nicht mehr weiter. Sie setzten sich auf den nächstbesten Baumstumpf. Ihr Helfer bemerkte erst eine ganze Zeit später, dass sie zurückgefallen waren. Er führte den Rest der Gruppe über die Grenze, kehrte um und suchte nach den Glasers. Als er sie spät in der Nacht fand, saßen sie nebeneinander im Wald, Hand in Hand auf den sicheren Tod wartend. Doch der Fluchthelfer brachte sie sicher nach Schweden.

Schweden

Mit Hilfe seiner Kontakte baute sich Ernst Glaser in Stockholm ein neues Leben auf. Wohnen konnte er mit seiner Familie bei alten Freunden, die ein Antiquariat besaßen. Eine Geige lieh ihm der Schwiegersohn des verstorbenen Konzertmeisters der Königlichen Philharmoniker in Stockholm. Erst Monate später hielt Ernst wieder seine Guadagnini-Violine in Händen, die

Geldmacher in einem Koffer zwischen Kleidungsstücken versteckt nach Schweden geschmuggelt hatte.

Als Ernst bei der für seine Belange entscheidenden *Musikaliska Konstföreningen* vorsprach, erfuhr er, dass er gerne Konzerte geben, aber als Flüchtling keine Festanstellung bekommen könne. Im Frühling 1943 stellte ihn Georg Schnéevoigt, der finnische Dirigent, der Ernsts letztes Konzert in Oslo dirigiert hatte, trotzdem ein. Schnéevoigt war Chefdirigent des Symphonieorchesters in Malmö, Schwedens drittgrößter Stadt nach Stockholm und Göteborg. Schnéevoigt nutzte seinen großen Einfluss, um sich über die strikte Regelung hinwegzusetzen, dass nur schwedische Staatsbürger festangestellt werden durften, und beschäftigte Ernst nicht nur als stellvertretenden Konzertmeister, sondern besorgte ihm auch eine Lehrtätigkeit am Malmöer Musikkonservatorium.

Während Glasers Zeit beim Symphonieorchester Malmö trat dort auch die berühmte norwegische Sopranistin Kirsten Flagstad auf. Flagstad war eine der größten Opernsängerinnen des 20. Jahrhunderts, stand allerdings auch im Verdacht, mit den Nazis zu sympathisieren. Streitpunkt war ihre Entscheidung, sich über den unausgesprochenen Boykott hinwegzusetzen und zu ihrem Mann in das von den Nazis besetzte Norwegen zurückzukehren. Das allein hätte man ihr vielleicht verziehen, hätte ihr Mann nicht enge Verbindungen zu Quislings Partei der Nationalen Einheit gehabt.

»Sie werden unseren Konzertmeister kennen«, erzählte Schnéevoigt Flagstad bei ihrer Ankunft in Malmö. »Er war der Erste Geiger Ihres Orchesters in Oslo. Er ist vor kurzem aus Ihrem Land geflohen.«

»Natürlich weiß ich, wer er ist. Er hat etliche Male für mich im Orchester gespielt. Ich bin so froh, dass es ihm gut geht. Ist er nicht ein fantastischer Musiker?«

»Ein ganz ausgezeichneter«, stimmte Schnéevoigt zu und ergänzte, dass Ernst noch etwas mitgenommen wäre von seiner strapaziösen Flucht aus Norwegen.

»Das kann ich gut verstehen. Ich würde ihm sehr gern ›Guten Tag!‹ sagen. Können Sie ihm das ausrichten?«

»Gern.«

Flagstad wartete sehr lange, aber Ernst ließ sich nicht blicken.

Während des Konzerts nahm sie erfreut zur Kenntnis, dass Glaser noch immer in Bestform war. Am Ende schüttelte sie ihm die Hand und dankte ihm für sein Spiel. »Ich würde mich gern mit Ihnen unterhalten«, flüsterte sie.

Ernst nickte höflich, ging aber nach dem Konzert nicht zu ihr.

Auch als Ernst später doch noch Flagstad einen Besuch abstattete, blieb er sehr distanziert.

»Wie geht es Ihnen?«, fragte sie. »Ich bin so froh, Sie hier und wohlauf zu sehen.«

Ernst schwieg.

»Ihre Freunde in Norwegen haben sich Sorgen um Sie gemacht«, fuhr Flagstad fort. »Jetzt kann ich ihnen mitteilen, dass Sie glücklich in Schweden gelandet sind und es Ihnen gut geht. Kann ich in Norwegen irgendetwas für Sie tun?«

»Nein«, entgegnete er leise. »Nichts.«

»Haben Sie keine Angehörigen, die ich für Sie anrufen könnte?«, bot Flagstad an.[76] Erst als sie Ernst anvertraute, dass ihr Bruder einem verzweifelten jüdischen Kollegen in Norwegen geholfen hatte, rang Ernst sich schließlich doch ein Lächeln ab und bat sie, für ihn einige Nachforschungen anzustellen.

Seine Anstellung als Violinist versetzte Ernst in die Lage, seine Familie auch im Exil ernähren zu können. Er konnte seine Kinder sogar auf ein sehr gutes Internat in der Nähe von Stockholm schicken. Nachdem die Töchter auf diese Weise gut versorgt waren, tourte er unbeschwert durch Schweden, oft begleitet von Kari. In ihren Konzerten brachten Ernst und Kari Glaser dem schwedischen Publikum norwegische Musik nahe, besonders die Kompositionen von Grieg. Bei einem Konzert in Stockholm am 17. Oktober 1943 spielte Kari Griegs geliebtes Klavierkonzert. Kaum zwei Wochen später gaben Kari und Ernst ein reines Grieg-Konzert, bei dem sie eine Sonate für Violine und Klavier, einige

Lieder und als typisch norwegische Zugabe Ernsts Transkription von »Solveigs Lied« aus dem *Peer Gynt* vortrugen. Die Glasers traten auch in Schulen auf, spielten norwegische Volksweisen und brachten schwedischen Kindern etwas über norwegische Geschichte und Kultur bei.

Oft gaben Ernst und Kari auch gemeinsam mit anderen bekannten norwegischen Künstlern Wohltätigkeitskonzerte, um Geld für die Schwedische Norwegenhilfe zu sammeln. Diese kamen in der Regel so zustande, dass eine lokale Unterstützergruppe irgendwo in Schweden die norwegische Gesandtschaft in Stockholm informierte, sie benötige für eine Spendenveranstaltung ein Unterhaltungsprogramm. Die Abteilung für Bildung prüfte, wer verfügbar war und entsandte dann die entsprechenden Künstler, die dafür eine moderate Aufwandsentschädigung von zwanzig Kronen pro Tag für Verpflegung, Reise und Unterkunft bekamen.

Mit der Zeit spielten die Flüchtlinge immer häufiger für die »Gutta på skauen« (»Jungs im Wald«), mutige junge norwegische Freiheitskämpfer, die sich in Lagern längs der schwedischen Grenze sammelten. Unter dem Vorwand der Schulung zu Hilfspolizisten erhielten die Gutta på skauen in Wahrheit von der norwegischen Widerstandsbewegung eine militärische Ausbildung, um sie auf den Befreiungskampf gegen die Nazis vorzubereiten. Die Auftritte von Ernst und anderen norwegischen Künstlern bescherten den Gutta på skauen eine willkommene Abwechslung und erinnerten die Männer, die sich nach ihrer Heimat sehnten, gleichzeitig daran, wofür sie all diese Strapazen auf sich nahmen. Ernst erfüllte es mit Stolz, auf diese Weise seinen Landsleuten und der Norwegenhilfe für ihren Einsatz etwas zurückgeben zu können. »Es tat gut, etwas für unsere Jungs tun zu können«, erklärte er später.[77]

Die Auftrittsbedingungen in den Camps waren nicht gerade ideal. Der Pianist Robert Levin erinnerte sich, dass er auf einem Klavier spielte, das auf der Ladefläche eines Lasters vertäut war, damit man es leichter von Camp zu Camp transportieren konnte.

Bei einem der Auftritte unter freiem Himmel war es so kalt, dass die Finger steif wurden und er sich ständig verspielte. Er begleitete damals die norwegische Sopranistin Randi Heide Steen. Als ein Windstoß ihr Schnee in den Rachen blies, wäre sie beinahe erstickt. Bei anderer Gelegenheit fand Levin ein Klavier vor, bei dem das Fortepedal fehlte. Während Levin beim Auftritt die Klaviatur bediente, übernahm der Journalist und Autor Leif Borthen die Rolle des fehlenden Pedals. Er kauerte sich unters Klavier und jedes Mal, wenn Levin seinen rechten Fuß durchtrat, hob er die Dämpfer an und senkte sie wieder, sobald Levin den Fuß hob. Diesmal war es nicht die Kälte, die Levin am Spielen hinderte, sondern sein eigenes Gelächter.

Die Bereitschaft von Norwegens besten Künstlern, Schweden rauf und runter zu bereisen und unter solch kläglichen Bedingungen zu spielen, erstaunte die Gutta på skauen und machte ihnen Mut. Einer der Freiheitskämpfer erinnerte sich gut daran, dass er an einem kalten Maimorgen 1944 bei Nieselregen durch das Lager in Öreryd stapfte und plötzlich wie angewurzelt stehen blieb, als er eine Geige spielen hörte. Nach wochenlangem Exerzieren in unwegsamem Waldgelände hatte der junge Soldat völlig vergessen, wie schön Musik klingen konnte.

Er folgte dem Klang zu einer Offiziersbaracke, wo er Glaser sofort wiedererkannte. Die norwegische Geigenlegende wärmte sich mit »Zapateado« auf, aus den ungeheuer schwierigen *Spanischen Tänzen* op. 23 von Pablo de Sarasate. Kari saß friedlich an seiner Seite und stopfte Socken.

Als der Soldat erfuhr, dass Ernst am Abend im Camp spielen würde, nahm er an, der Virtuose würde ein Repertoire zu Gehör bringen, das mindestens so anspruchsvoll war wie »Zapateado«.

»Heute Abend können Sie auf keinen Fall solche Sachen spielen!«, warnte er. »Sie würden ausgebuht!« Er schlug vor, dass Ernst den einfachen Soldaten lieber norwegische Volkslieder vortragen sollte.

»Snob!«, entgegnete Ernst. »Seien Sie nicht albern! Ich kenne diese Jungs. Seit ich 1942 nach Schweden gekommen bin, habe ich hier landauf landab in norwegischen Baracken und Lagern gespielt und ich weiß, was diese Menschen wollen. Sie wollen etwas richtig Gutes hören, mein Freund! Da gibt es nichts dran zu deuteln.« Ernst räumte ein, dass hoch komplexe Musik die Gutta på skauen vielleicht ein wenig irritieren könnte, aber er versprach im Gegenzug, sich auf Stücke ihrer Landsleute zu beschränken. »Wir präsentieren eine Auswahl an Norwegern, und dazu gehören so großartige Werke, dass alle glücklich damit sein werden«, sagt er. »Stimmt's Kari?«[78] Kari nickte und stopfte weiter.

Ernst und Kari hatten schon vor langem herausgefunden, wie sie auch jungen Freiheitskämpfern Freude bereiten konnten, die mit klassischer Musik wenig anfangen konnten. Tatsächlich nahmen sie ein paar populäre Kompositionen ins Repertoire, um dem Publikum den Einstieg zu erleichtern. Andererseits fühlten sie sich verpflichtet, das Programm nicht allzu sehr zu verwässern. Sie wollten die Soldaten nicht nur aufmuntern, sondern auch erziehen. Um diesem Anspruch gerecht zu werden, gaben sie zu den klassischen Werken von Grieg und anderen norwegischen Komponisten kurze Einführungen und ließen zwischendrin norwegische Autoren Gedichte lesen. Diese Art der Präsentation nannten sie »Lyrische und musikalische Reisen durch Norwegen«.

Vor dem Auftritt der Glasers legte sich eine Atmosphäre freudiger Aufregung über das Camp von Öreryd. Wie immer warteten die Gutta på skauen bereits gespannt auf ihr wöchentliches Unterhaltungsprogramm. Diesmal sollten keine geringeren als der Konzertmeister der Osloer Philharmoniker und seine klavierspielende Frau die graue Monotonie des Lageralltags für eine Weile vergessen machen. Möglicherweise fremdelten die Soldaten mit Johan Svendsens komplexer *Romanze für Violine* anfangs ein wenig, doch am Ende des Konzerts brachen sie in tosenden Applaus aus. Dieser Applaus war etwas anderes als der reservierte, freundliche Applaus der Osloer Konzertbesucherelite. Die Gutta på skauen klatschten wild in die Hände, stampften mit den Füßen, hämmerten gegen die Wände und schrien »Hurra!«.[79]

Bei ihren Reisen durch Schweden entstanden durch die vielen gemeinsamen Auftritte für die Norwegerhilfe und die Freiheitskämpfer enge Freundschaften unter den norwegischen Künstlern. Glaser, Levin und zwei weitere Künstler schlossen sich zu einem besonders verschworenen Kreis zusammen, den sie den »Philosophieclub« nannten. Nach jedem Wohltätigkeitskonzert waren sie zu ausufernden Festen eingeladen, die vermutlich mehr kosteten, als der Abend an Spenden eingebrachte. Wer von den »Philosophen« das größte Hotelzimmer bekommen hatte, lud nach der Party automatisch den Rest des Clubs zu sich ein, um dort gemeinsam die Eskapaden des Abends Revue passieren zu lassen. Die Gespräche und das Gelächter hallten noch stundenlang durch die Hotelkorridore.

In dieser Zeit begann Ernst, sein jüdisches Erbe wiederzuentdecken. Wie viele deutsche Juden des frühen 20. Jahrhunderts hatten er und seine Eltern sich stets ausschließlich als Deutsche betrachtet und nur wenig über ihr Judentum nachgedacht. Aber sowohl durch seine Erfahrungen während des Holocaust als auch durch seine enge Freundschaft zu Levin, der sein ganzes Leben gläubiger Jude gewesen war, sah Ernst sich veranlasst, sich gründlich mit der Sprache und den Traditionen seiner Vorfahren auseinanderzusetzen.

Zusammen mit Levin begann er Hebräisch zu lernen. Er besorgte sich das Alte Testament auf Hebräisch, in dem Levin und er dann auf den Zugfahrten während ihrer Touren gemeinsam lasen.

Ernst beherrschte die Sprache bald so gut, dass er es nun war, der Levin bei Übersetzungsfragen helfen konnte.

Am 25. Oktober 1944 wurde Kirkenes als erste norwegische Stadt durch die Russen befreit. Auf Bitte der Norwegischen Gesandtschaft komponierte Levin zur Feier dieses historischen Augenblicks den »Kirkenesmarsjen (Kirkenesmarsch)«, zu dem der norwegische Dramatiker Arild Feldborg den Text verfasste. Kurz darauf dirigierte Levin die Premiere dieses Marsches im schwedischen Järvsö, wo der norwegische Generalmajor Olaf Helset gerade ein größeres Manöver mit 5.000 norwegischen Kämpfern beendet hatte. Alle trugen Waffen und Uniform. Es war das äußerlich sichtbare Zeichen dafür, dass aus dem zusammengewürfelten Flüchtlingshaufen der Gutta på skauen eine voll einsatzfähige militärische Einheit geworden war, die bereit stand, nach Norwegen einzurücken. Ernst half Levin, einige norwegische Volkslieder für die Feierlichkeiten zu arrangieren, und spielte die Geige.

Rückkehr nach Norwegen

Ernst und Kari Glaser kehrten sofort nach Kriegsende nach Oslo zurück. Ihre Familie war vom Schicksal der Hälfte aller Juden, die vor dem Krieg in Norwegen gelebt hatten, verschont geblieben und hatte den Holocaust überlebt. Sogar ein Großteil ihrer persönlichen Habe war wie durch ein Wunder unangetastet geblieben. Parallel zu den Massenverhaftungen am 26. Oktober 1942 war eigentlich angeordnet worden, alles jüdische Eigentum, besonders Wertsachen, Schmuck und Bargeld zu beschlagnahmen.

Aber als Ernst und Kari in ihre Wohnung zurückkamen, fehlten nur der Konzertflügel und drei Stühle. Selbst diese Gegenstände tauchten schnell wieder auf, dank eines von der norwegischen Exilregierung 1942 in London verfügten Erlasses, der garantierte, dass alle während des Kriegs beschlagnahmte Habe den ursprünglichen Eigentümern zurückgegeben werden musste.

Auch seine Stellung als Konzertmeister der Osloer Philharmonie bekam Ernst zurück. Am 6. Dezember 1945 kehrte er sogar nach Bergen zurück, um dort das erste Violinkonzert von Jean Sibelius zu spielen – auf Ole Bulls Geige. Zum ersten Mal seit seinem verhinderten Auftritt fünf Jahre zuvor hielt er diese Geige wieder in Händen. Die Vorgeschichte hatte ihm eigentlich verleidet, sich noch einmal auf dieses besondere Instrument einzulassen, aber der späte Triumph, schließlich doch noch mit Ole Bulls

Geige in Bergen aufzutreten, half ihm, das damalige Geschehen endgültig hinter sich zu lassen.

Er trat auch weiter zusammen mit Kari auf und am 10. Januar 1946 spielten sie eine Studioaufnahme für das norwegische Radio ein. Vor ein paar Jahren wurde diese Aufnahme in der Reihe *Great Norwegian Performers 1945-2000* wiederveröffentlicht und ermöglicht eine Neubegegnung mit dem Violinisten Ernst Glaser.

In den 1950ern war Ernst gezwungen aus dem ersten Glied zurückzutreten, da er einen nervösen Tremor an seiner rechten Hand entwickelt hatte, den manche auf seine abenteuerlichen Konzerte während des Holocaust zurückführten. Das Streichquartett gab er 1956 auf und akzeptierte 1958 eine Zurückstufung zum stellvertretenden Konzertmeister. Er wurde durch einen seiner Studenten ersetzt – einen der vielen Schützlinge Glasers, die zur nächsten großen Violinistengeneration Norwegens herangereift waren. Im gleichen Jahr gründete Ernst das beliebte Kammerorchester der Osloer Philharmonie, das er bis 1963 leitete. In diesem Jahr trat er als stellvertretender Konzertmeister der Philharmonie zurück, spielte aber weiter bei den ersten Geigen. Sein Witz und seine Mehrsprachigkeit war weiter gefragt, wenn es darum ging, Gastsolisten und gastierenden Ensembles die Besonderheiten des Orchesters näherzubringen.

Ernst verließ die Osloer Philharmoniker 1969. Er zog nach Bergen und wurde dort Leiter des städtischen Musikkonservatoriums, der heutigen Grieg-Akademie. Kari blieb in Oslo und die beiden lebten sich auseinander. 1971 verursachte Ernst einen kleinen Skandal, als er sich in die Violinistin Christine Torgersen verliebte. Torgersen war 36 Jahre jünger als Ernst. Verschärfend kam hinzu, dass ihr Mann, mit dem sie zwei Kinder hatte, Konzertmeister der Bergener Philharmonie war, und sie als Stimmführerin der zweiten Geigen täglich mit ihm im selben Orchester saß.

Ernst ließ sich von Kari scheiden und nachdem er 1972 Christine Torgersen geheiratet hatte, zog er sich aus der ablehnend konservativen Atmosphäre Bergens in die norwegische Kleinstadt Ålesund zurück. Dort übernahm er die Leitung einer neuen Musikschule und dirigierte das örtliche Orchester, während Christine dort als Konzertmeisterin spielte und an der Schule unterrichtete. Ernst adoptierte ihre beiden Kinder und zeugte zwei weitere mit ihr: Ernst Simon und Susanna.

Drei Jahre nachdem sein Freund Robert Levin zum ersten Leiter der neuen Norwegischen Musikhochschule geworden war, kehrte Ernst 1976 als Lehrer für Violine und Kammermusik in dieser Schule nach Oslo zurück. Außerdem war er aktiv im Vorstand und Programmausschuss der Osloer Philharmoniker sowie im Vorstand der Vereinigung Ny Musikk. Ernst Glaser starb am 3. April 1979 in Oslo.

Drei seiner Kinder sind in Ernsts musikalische Fußstapfen getreten: Tochter Liv wurde Professorin für Klavier an der Norwegischen Musikhochschule, Stiefsohn Torleif Torgersen Klavierprofessor an der Grieg-Akademie in Bergen und Sohn Ernst Simon Glaser stieg schnell zu einem der besten Cellisten seiner Generation auf.

Ole Bulls Geige verblieb im Besitz der Osloer Philharmoniker und wird vom derzeitigen Konzertmeister gespielt. Im Rahmen des Projekts »Violinen der Hoffnung« wurde sie 2007 als Leihgabe für ein Konzert mit Shlomo Mintz zur Verfügung gestellt. Um die Geige an die anspruchsvollen Klangvorstellungen von Mintz anzupassen, versah Amnon Weinstein sie mit neuem Steg und neuem Stimmstock. Die restaurierte Geige spielte Mintz dann vor ausverkauftem Haus in Paris und eröffnete damit die Ausstellung »Violins of Hope«.

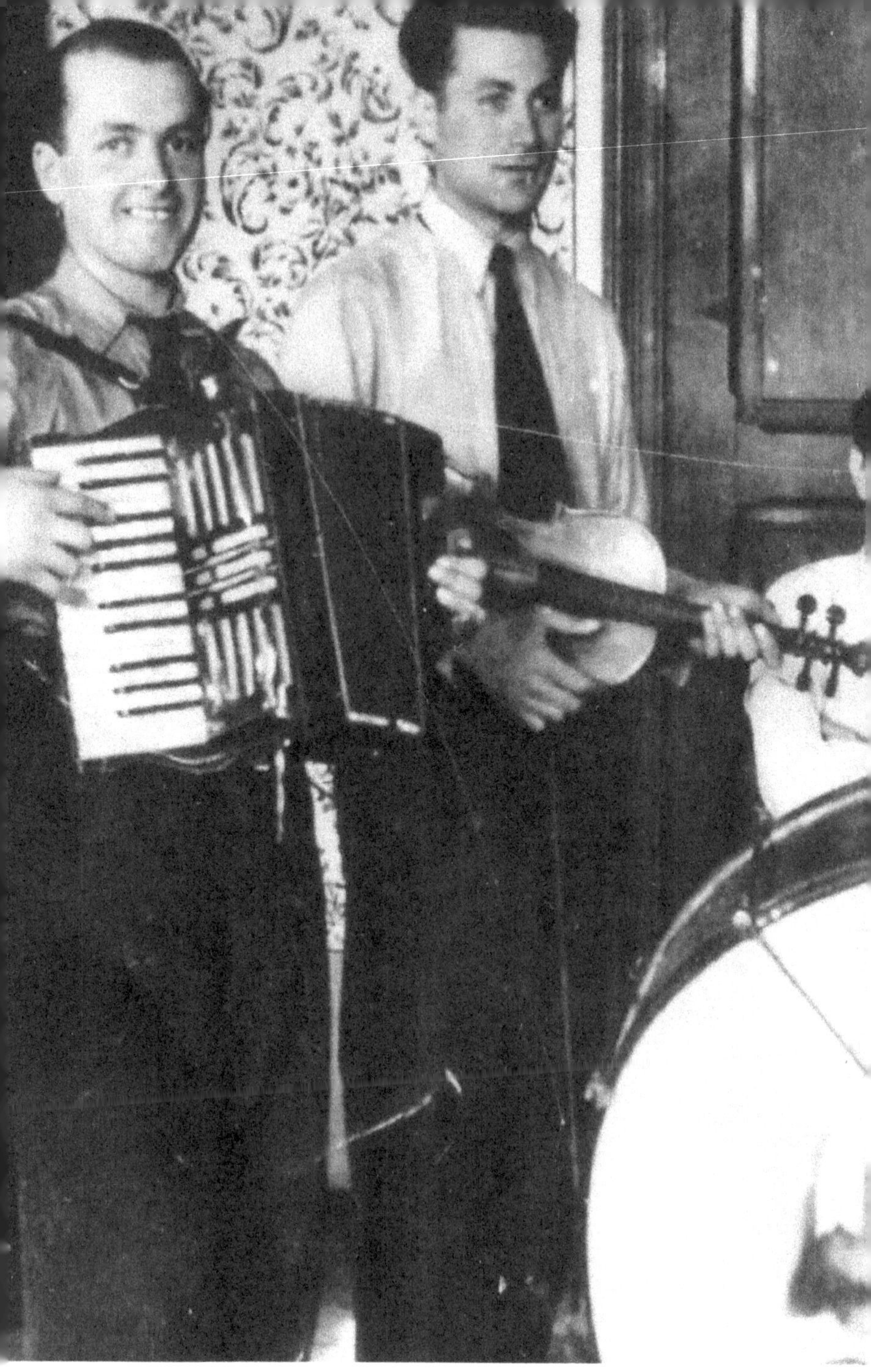

Feivel Wininger (ganz rechts) mit seiner fünfköpfigen Band
»Freiheit für das Heimatland«, ca. 1945. Tochter Helen sitzt

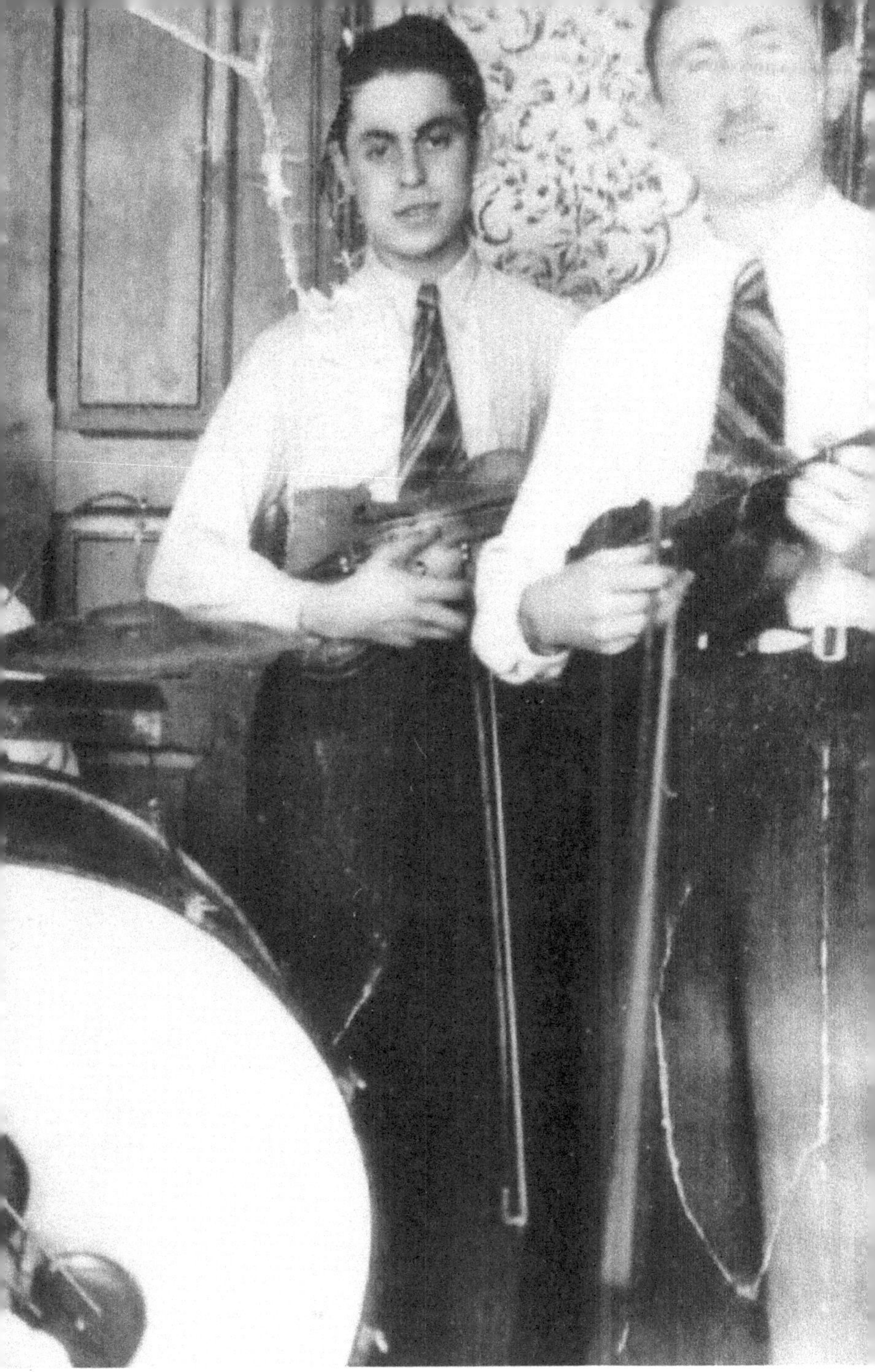

vorne vor der großen Trommel und schaut zum Vater hoch.
(Mit freundlicher Genehmigung von Helen Wininger Livnat)

5
Feivel Winingers Geige

Am 10. Oktober 1941 mussten sich alle Juden aus der rumänischen Stadt Gura Humorului in der südlichen Bukowina in der Ortsmitte versammeln. Dort wurde ihnen befohlen, sich noch am gleichen Tag um 14 Uhr am Bahnhof einzufinden und ihre Wertsachen, Geld und Hausschlüssel abzuliefern. Mitnehmen durften sie nur das, was sie neben Brot und Wasser zusätzlich tragen konnten.

Der Befehl ließ nichts Gutes ahnen. Die jüdische Bevölkerung Rumäniens – nach Russland und Polen die drittgrößte jüdische Gemeinde Europas – war schon seit Jahrhunderten Opfer von Schmähungen aller Art. Der Aufstieg des rumänischen Faschismus Ende der 1930er Jahre führte zu einer neuen Welle von antisemitischen Verordnungen, die zum Ziel hatten, den Juden Staatsbürgerschaft, Arbeit, Eigentum und Bürgerrechte zu rauben. Begleitet wurde die Einführung des rumänischen Äquivalents zu den Nürnberger Gesetzen von immer brutaleren Übergriffen auf Juden.

Traurige Berühmtheit erlangten die Massaker vom 28. und 29. Juni 1941 in der nordöstlichen Grenzstadt Iaşi. In Kooperation mit deutschen Soldaten machten die rumänische Armee, die lokale Polizei und die Zivilbevölkerung Jagd auf die 50.000 in Iaşi lebenden Juden, raubten sie aus und brachten Tausende von ihnen um. Die Überlebenden wurden zum Bahnhof getrieben und in fensterlose Güterwaggons gesperrt, die höchstens Platz für vierzig Personen boten. Rumänische Polizei und deutsche Soldaten zwängten mithilfe von Bajonetten und Gewehrkolben zwischen achtzig und hundert Juden in einen Waggon. Sie nagelten Bretter auf die schmalen Luftschlitze und nahmen den brutal eingepferchten Menschen so auch noch die dringend benötigte frische Luft. Mit jeder Stunde, die verstrich, wurde der Geruch nach Blut, Urin, Kot und Tod unerträglicher.

Die ersten beiden Todeszüge verließen Iaşi am frühen Morgen des 30. Juni, erreichten ihr nur 400 Kilometer entferntes Ziel Călăraşi aber erst am 6. Juli. Während dieser einwöchigen Tortur bekamen die Gefangenen weder Lebensmittel noch Wasser. Die Verzweiflung in den Waggons war so groß, dass manche ihren Urin und das Blut aus ihren Wunden tranken. Andere rissen ihre Hemden in Fetzen, knoteten sie zu Stricken zusammen und warfen diese provisorischen Seile in die Schlammpfützen neben den Gleisen, um dort etwas Wasser aufzusaugen. Gelegenheiten, die Notdurft außerhalb der Waggons zu verrichten, wurden verweigert. Bei den wenigen Anlässen, zu denen die Türen der Güterwaggons geöffnet wurden, durften die Überlebenden lediglich die Leichen hinauswerfen. Und es gab viele Leichen. Als der Zug Călăraşi erreichte, hatten nur 1.011 der 2.530 aus Iaşi deportierten Juden die Fahrt überlebt. Die meisten waren, während der Zug durch die sommerliche Backofenhitze rollte, an Dehydrierung, Erschöpfung oder durch Ersticken gestorben. Andere wurden von den Wachen getötet oder begingen Selbstmord.

Der zweite Todeszug startete wenige Stunden nach dem ersten, fuhr aber so langsam, dass ein Wachmann nebenher laufen konnte. Obwohl dieser Zug nur einen Tag unterwegs war, erreichten 1.194 der 1.902 Passagiere das Ziel nicht lebend. Rechnet man die Toten aus den beiden Zügen zu denen dazu, die auf den Straßen von Iaşi ermordet worden waren, wurden innerhalb weniger Tage insgesamt 14.850 Juden getötet.

In den Wochen nach dem Pogrom von Iaşi ging das rumänische Militär Hand in Hand mit der rumänischen und ukrainischen Landbevölkerung weiter gnadenlos gegen die jüdischen Einwohner vor, um das »Land zu säubern«. Überall wurden Juden zu Tausenden ausgeraubt, zusammengeschlagen, vergewaltigt und ermordet. Ende 1941 waren zwischen 45.000 und 60.000 jüdische Männer, Frauen und Kinder den Massenmorden in Bessarabien und der Bukowina zum Opfer gefallen. In Czernowitz, der Hauptstadt der Bukowina, hatte man an einem einzigen Tag 2.000 Juden ermordet.

Die rumänischen Faschisten waren wild entschlossen, jeden Juden im Land zu ermorden oder zu vertreiben. Über die Massenmorde hinaus wurden mindestens 155.000 rumänische Juden über den Grenzfluss Dnister im Nordosten getrieben. Jenseits des Flusses befand sich ein Gebiet, das Rumänien kurz zuvor von der Sowjetunion annektiert hatte und überwiegend von Ukrainern bewohnt wurde. Die rumänische Regierung hatte den Landstrich in Anlehnung an den rumänischen Namen für den Grenzfluss, Nistru, »Transnistrien« getauft.

Transnistrien sollte nach dem Willen Rumäniens als Halde für die wie Abfall behandelten restlichen Juden dienen. Waren die Juden erst nach Transnistrien geschafft, wurden sie entweder in weiteren Massenexekutionen sofort getötet oder man ließ sie ohne Lebensmittel, Wasser und sonstige Hilfsmittel langsam verenden. Bis 1943 waren mindestens 105.000 der nach Transnistrien vertriebenen Juden tot. Weitere 115.000 bis 180.000 Juden, die bereits vorher in Transnistrien gelebt hatten, sollten ebenfalls sterben.

Ohne dass sie es wussten, hatte auch für die Juden von Gura Humorului am 10. Oktober 1941 mit dem Einbestellungsbefehl am Bahnhof die entsetzliche Reise nach Transnistrien begonnen. Der erste Zug aus der südlichen Bukowina war am Tag zuvor ausgerollt. Bis zum 14. Oktober wurden 21.229 Juden aus der südlichen Bukowina deportiert. Nur 179 Juden, deren berufliches und medizinisches Wissen man als unverzichtbar eingestuft hatte, blieben zurück.

Der Befehl, sich am Bahnhof zu sammeln, machte Feivel Wininger große Angst. Seine bejahrten Eltern und er hatten bereits Haus und Grund in der Nähe von Vama für ein Almosen verkaufen müssen und waren in das Haus von Feivels Großvater nach Gura Humorului gezogen. Feivel hatte eine Arbeit in der Sägemühle gefunden, bevor er auch dort aufhören musste, weil er Jude war. Seitdem wurden Feivel und seine jüdischen Leidensgenossen aus der südlichen Bukowina ununterbrochen mit Zwangsarbeit, Inhaftierungen, Ausgangssperren und anderen Einschränkungen der Bewegungsfreiheit drangsaliert. Überall aus Rumänien erreichten sie schreckliche Nachrichten von Pogromen und Todeszügen, die Tausende von Juden das Leben kosteten. Der Befehl, sich am Bahnhof einzufinden, war das Signal, dass der brutale Antisemitismus auch Gura Humorului erreicht hatte.

Feivel eilte nach Hause zu seiner Frau Tzici und ihrer sechzehn Monate alten Tochter Helen. »Keine Zeit für Tränen«, erklärte er hastig. »Wir müssen in vier Stunden abreisen.« Tzici und er fingen in aller Hast an zu packen, was gar nicht so leicht war, da sie nicht nur unter Schock standen, sondern auch keine Ahnung hatten, wie lange die Reise dauern und was am Ende der Reise mit ihnen geschehen würde. Sie suchten Brot, Zucker und Wasser für ein paar Tage zusammen und hofften, damit lange genug durchhalten zu können, um das unbekannte Ziel unbeschadet zu erreichen. Sie packten warme Kleidung für den bevorstehenden Winter dazu und stopften sich klugerweise einen Teil ihres wertvollsten Schmucks in die Unterwäsche, um ihn nicht der Polizei aushändigen zu müssen.

Kaum hatten sie fertig gepackt, sammelte Feivel den Rest der Familie ein. Vom Nachbarn lieh er sich einen Leiterwagen, bugsierte Mutter, Onkel und seine Tochter auf den Karren, ließ alles Übrige zurück und machte sich mit der Familie auf den Weg zum Bahnhof. Auf dem Küchentisch standen noch die Teller mit den

Essensresten. In der Eile hatte Feivel sogar seine geliebte Geige vergessen.

Auf dem Weg zum Bahnhof gesellte Feivels Familie sich zu den vielen anderen der insgesamt 4.000 Juden, die in Gura Humorului zwangsversammelt wurden. Mit der ungewissen Zukunft vor sich herrschte allgemein große Angst. Jeder versuchte, seine in aller Eile gepackten Sachen zusammenzuhalten. Weinende Kinder liefen durch die Straßen, gefolgt von Eltern, die verzweifelt ihr weniges Gepäck an sich drückten. Ältere stützten sich auf Gehstöcke oder hakten sich bei Angehörigen ein. Kranke und Verletzte hatte man auf Bahren aus dem Krankenhaus hergebracht. Allen war unmissverständlich klargemacht worden, dass jeder Jude, der nicht erschien oder zu fliehen versuchte, erschossen werden würde.

Vor dem Bahnhof herrschte ein chaotisches Gedränge. Unter dem Gejohle der Nichtjuden, die darauf lauerten, sich zurückgelassene Gepäckstücke ihrer jüdischen Mitbürger zu schnappen, trieb das rumänische Militär die Juden zu den Viehwaggons. Die Soldaten prügelten und stachen auf die verzweifelt schreienden Juden ein, damit sie schnell in die Waggons kletterten. Feivel entging den Schlägen mit dem Gewehrkolben, indem er Onkel und Mutter in den Waggon hievte, Helen an Tzici hochreichte und selbst hinterher kletterte. In einer Ecke setzten sie sich auf ihre Koffer.

Der Waggon war schnell überladen. »Hier ist kein Platz mehr!« rief Feivel. »Wir werden alle ersticken!« Die Soldaten lachten nur und hörten nicht auf, immer mehr Leute samt ihren Sachen hineinzustopfen.

Dann wurden die Türen zugeworfen und von außen verschlossen. Da alle Lüftungsschlitze zugenagelt waren, saßen die Deportierten im Dunkeln. Nur durch die Ritzen in den Bretterwänden des Waggons drang ein wenig Licht. Dann hörten sie wie der Triebwagen gestartet wurde und der Zug mit quietschenden Rädern anrollte. Sie waren unterwegs. Zum Stöhnen und den Schreien der zusammengepferchten Passagiere gesellte sich das monotone Stampfen der Räder auf den Gleisen. Den unfreiwillig Reisenden war bewusst, was in den Zügen passiert war, die man von Iaşi aus losgeschickt hatte. Sie hatten wenig Hoffnung, dass ihnen ein anderes Schicksal bevorstand.

Drei Tage fuhr der Zug kreuz und quer durch Rumänien. Den Wechsel von Tag und Nacht bemerkten die Gefangenen nur daran, dass dünne Lichtstrahlen durch die Ritzen in den Wänden des Waggons fielen. Nach kurzer Zeit waren Lebensmittel und Wasser aufgebraucht. Viele verhungerten, verdursteten oder erstickten. Da der Waggon zu vollgestopft war, um den dafür vorgesehenen Eimer zu erreichen, waren sie gezwungen, ihre Notdurft dort zu verrichten, wo sie gerade standen. Entsprechend wurde die Luft im Waggon immer unerträglicher.

Etwa alle zwölf Stunden wurde der Zug irgendwo auf freier Strecke angehalten und die Türen mit großem Getöse geöffnet. Den verängstigten Passagieren wurde befohlen, jedes Schamgefühl aufzugeben und sich auf offenem Feld zu erleichtern. Unterdessen wurden die Leichen der Verstorbenen hinausgeworfen. Schnell waren Bauern aus der Umgebung zur Stelle, die den Toten wertvolle Kleidung vom Leib rissen. Die Soldaten hielten die Atempause so kurz wie möglich und trieben die Deportierten sogleich in die Waggons zurück. Wer zu schwach war, um wieder hineinzuklettern, wurde erschossen, wer versuchte zu helfen ebenfalls.

Am Abend des 13. Oktober hielt der Zug erneut, und ein letztes Mal wurden die Türen der Viehwaggons aufgerissen. Rumänische Soldaten scheuchten die Juden aus dem Zug auf ein matschiges Feld, das übersät war mit den Leichen von Deportierten aus vorherigen Zügen. Die Gefangenen mussten sich bei eisigem Wind und Regen in Reih und Glied aufstellen und für einen langen Fußmarsch bereithalten.

Eine Schar ukrainischer Bauern näherte sich und bot den Juden an, das Gepäck zu tragen. Viele nahmen das Angebot dankend an, nur um ein paar Minuten später hilflos zusehen zu müssen, wie die Ukrainer mit den Gepäckstücken verschwanden. Andere

Habseligkeiten mussten im Zug oder auf dem Boden zurückgelassen werden, da die rumänischen Soldaten den Deportierten nur wenig Handgepäck erlaubten. Feivels Familie ließ alles bis auf drei Koffer zurück. Zwei davon trug Feivel selbst, während er gleichzeitig seine kranke Mutter stützte. Sein 70-jähriger Vater trug den dritten Koffer, und Tzici nahm Helen auf den Arm.

Den Juden stand ein anstrengender Marsch von gut drei Kilometern nach Ataki, dem heutigen Otaci bevor, einer Kleinstadt am Ufer des Dnister (im heutigen Moldawien). Es regnete, die Straße war matschig, glatt und steinig. Ständig trieben die rumänischen Soldaten die erschöpften und ausgezehrten Deportierten an, sich zu beeilen und größere Schritte zu machen, was bei dem morastigen Untergrund besondere Qualen bereitete. Immer wieder den Fuß aus dem zähen Matsch zu heben, zehrte an den Kräften. Unerbittlich prügelten die Soldaten die Juden mit Schlagstöcken, Gewehrkolben und der Androhung von Kugeln vorwärts. Feivel zitterten bei jedem Schritt die Knie, aber er war fest entschlossen, nicht zu stolpern.

Ataki, einst Heimat für Tausende von Juden, war nur noch ein Schatten seiner selbst. Das jüdische Viertel war ausgelöscht und bis zur Unkenntlichkeit zerstört worden. Die Häuser waren kaum mehr als ausgebrannte Ruinen. Nur ein paar Mauern und bröckelnde Schornsteinschächte waren übrig. Überall lagen verwesende Körper, auf den matschigen Straßen, in den Kellern oder einfach auf dem Müll. Wie benommen wankten Tausende von Deportierten auf der verzweifelten Suche nach Essbarem durch die Straßen. In den verlassenen Häusern fanden die Vertriebenen nur zertrümmerte Möbel vor – und überall Blut, auf den Betten, an den Wänden und auf den Böden. An Türen und Wänden standen mit Blut geschriebene jiddische Botschaften: »Sprecht ein Kaddisch für uns!«, das traditionelle jüdische Totengebet. »Vergesst uns nicht! Erzählt der Welt, was hier geschehen ist!«[80]

Bei Anbruch der Nacht suchten sich die Juden eine Unterkunft. Manche verbrachten die Nacht in Häusern ohne Dach. Andere legten sich hin, wo immer sie draußen eine trockene Stelle fanden. Andere wanderten auf der Suche nach Lebensmitteln weiter umher und riefen verzweifelt nach ihren Angehörigen, die sie in der Dunkelheit verloren hatten. Angst und Hunger ließen nur wenige Schlaf finden.

Feivel fand mit seiner Familie in einem verlassenen Haus einen Raum, der ihnen zumindest Schutz vor Wind bot. Sie entfachten ein Feuer und erwärmten etwas Wasser, das sie mit Zuckerwürfeln tranken. Mit dem Rest wuschen sie sich. Trotz der schrecklichen Lage wussten sie ihr Glück zu schätzen, dass sie wenigstens die Kleider wechseln und die Beine ein wenig ausstrecken konnten. »Schaut euch nicht um«, riet Feivel seiner Familie. »Versucht einfach zu schlafen. Morgen werde ich versuchen, etwas zu Essen für uns aufzutreiben.«

Am nächsten Morgen erschienen ukrainische Bauern und verkauften Brot und Milch an die Deportierten. Feivel tauschte etwas vom aus Gura Humorului mitgeschmuggelten Geld und Schmuck gegen ein paar Lebensmittel ein. Doch bei den Wucherpreisen der Bauern würden die Gold- und Geldvorräte der Winingers nicht lange halten.

Plötzlich füllten sich die Straßen mit Massen von Neuankömmlingen – Tausende von Juden aus dem Städtchen Edineţ in Bessarabien. Sie hatten einen Todesmarsch von drei Wochen hinter sich. Auf dem Weg hatten sie nahezu all ihre Habe und Kleidung gegen Lebensmittel eingetauscht. Nun waren sie kaum mehr als ausgemergelte Skelette in dreckigen Lumpen – Gestalten wie aus einem Albtraum, die sich zitternd und jammernd dahinschleppten und kaum noch etwas Menschliches an sich hatten.

Feivel und die anderen Deportierten näherten sich dem Menschenzug, nahmen hier und da jemanden beiseite und steckten ihm heimlich kostbare Lebensmittel und Kleidung zu. Die rumänischen Soldaten trieben den Todesmarsch mit Peitschen und Schüssen weiter voran und drohten: »Wer zurückbleibt, wird erschossen!«[81]

Nach einigen unruhigen Tagen in Ataki wurde den Deportierten mitgeteilt, dass sie über den Dnister weiter müssten. Grauenerregende Gerüchte über Juden, die bei vorherigen Überquerungen umgekommen waren, machten die Runde. Manche hatte man ins Wasser gestoßen und dann mit dem Maschinengewehr von hinten niedergemäht. Andere waren schlicht im Fluss ertrunken. Und so mancher, der glücklich das andere Ufer erreicht hatte, war dort von mitleidlosen rumänischen Soldaten erschossen worden. Unzählige Leichen von jüdischen Männern, Frauen und Kindern waren den Fluss hinunter getrieben.

Bevor sie den Dnister überquerten, mussten die Deportierten ihre rumänischen Lei zu einem miserablen Wechselkurs gegen ukrainische Rubel eintauschen, wodurch ihre Geldreserven achtzig Prozent des Wertes verloren. Auch alles Gold und allen Schmuck mussten sie abliefern, falls sie nicht erschossen werden wollten.

Feivels Familie beschloss, diesem Befehl zu trotzen. Sie behielten das bei sich, was sie an Geld und Wertsachen in ihre Kleider eingenäht hatten. Von einer goldenen Halskette, dem allerersten Geschenk, das Tzici von Feivel bekommen hatte, mussten sie sich jedoch trennen. Sie hatten kurz überlegt, die Kette zu verstecken, aber Tzicis Eltern konnten sie überzeugen, dass es das Risiko nicht wert war. Die kleine Helen brauchte ihre Eltern jetzt mehr als je zuvor.

Als der Transport den Dnister erreichte, hatte der seit ihrer Ankunft ununterbrochen strömende Regen den Fluss mächtig anschwellen lassen. Die rumänischen Soldaten beschlossen, die Überquerung auf den nächsten Tag zu verschieben. Feivels Familie zündete wieder ein Feuer an und kochte sich heißes Zuckerwasser. Beim Schlafen bildeten die Männer einen Ring um die Frauen, um sie vor den plündernden rumänischen Soldaten zu schützen. Sie deckten sich so gut wie möglich zu, aber Wind und Regen waren sie dennoch schutzlos ausgeliefert. Eine weitere unruhige, eiskalte Nacht voller Hunger, Erschöpfung und Angst verging.

Am nächsten Morgen sollten die Juden auf Holzflößen über den Fluss geschafft werden. Die Deportierten wurden auf klapprige Flöße gequetscht, die kaum ihr eigenes Gewicht tragen konnten. Einige kenterten und stürzten Dutzende von Menschen ins eiskalte Wasser. Unbeeindruckt kommandierend und fluchend schob das rumänische Militär die Juden mit den Gewehrkolben auf die Flöße. Und es dauerte nicht lange, bis sie begannen, die Deportierten ins Wasser zu stoßen und darüber zu witzeln, ob der Dnister sich für die heutigen Juden wohl auch so teilen würde wie das Rote Meer für ihre Vorfahren. Einer der Ersten, der ins Wasser geworfen wurde, war der Rabbi von Gura Humorului und seine sechs Kinder. Sie konnten nicht schwimmen, schrien eine Weile, paddelten panisch in den Fluten herum und verschwanden dann unter der Wasseroberfläche. Feivel beobachtete, wie die Soldaten vom Ufer zusahen und lachend applaudierten.

Die Winingers schafften es über den Fluss, verloren dabei aber einen ihrer letzten Koffer, der von einem rumänischen Soldaten gestohlen wurde. Über eine matschige Straße wurden sie in die Stadt Mohyliw-Podilskyj (heute in der Ukraine) getrieben. Für 40.000 Juden war das der erste Zwischenhalt auf ihren langen Todesmärschen ins Landesinnere von Transnistrien.

Harry Löbel

Einige durften aber auch in Mohyliw-Podilskyj bleiben, darunter die Familie des jungen Violinisten Harry Löbel. Harry spielte seit dem fünften Lebensjahr Geige und war mit neun Jahren bereits gemeinsam mit dem Symphonieorchester von Czernowitz aufgetreten. Als die Löbels Transnistrien erreichten, hatten sie all ihre Habe verloren, bis auf die kleine Geige, die der junge Harry auf dem Rücken trug. Harrys Vater wusste, dass seine Familie vor Hunger und Erschöpfung sterben würde, wenn man sie zwang, ins Landesinnere von Transnistrien weiterzuziehen. Es gelang ihm, den Kommandanten des Durchgangslagers zu überreden, dass die Familie bleiben durfte.

In den drei Jahren, die sie in Mohyliw-Podilskyj verbrachten, war es allein Harrys Geigenkünsten zu verdanken, dass die Familie nicht verhungerte. Als der Kommandant, der selbst gern Klavier spielte, hörte, dass Harry Geige spielte, ließ er den Jungen eine Kostprobe seines Könnens geben. Harrys Spiel bewegte ihn so, dass er ihm und seiner Familie eine Vorzugsbehandlung gewährte. Sie bekamen zusätzliche Lebensmittelrationen, und Harry durfte Unterricht bei einem Geigenlehrer aus einem anderen Lager nehmen. Um an Harrys Fortschritten teilzuhaben, ließ der Kommandant sich einmal im Monat von ihm vorspielen.

Im März 1944 rettete die Geige Harry erneut das Leben. Eine Teilnehmerin einer rumänischen Delegation, die sich um Kriegswaisen kümmerte, hörte bei einem Besuch in Mohyliw-Podilskyj, wie Harry Geige spielte. Sie war so beeindruckt von seinem Talent, dass sie ihm eine Spezialerlaubnis besorgte, mit der er Transnistrien verlassen durfte, obwohl sie wusste, dass seine Eltern noch lebten. Harry reiste nach Bukarest und wurde nach Palästina geschickt, wohin ihm seine Eltern ein Jahr später folgten. Harrys Kindergeige überlebte den Holocaust. Sie wurde später verkauft, um mit dem Erlös ein Instrument zu erstehen, das angemessener für einen erwachsenen Musiker war.

Nach dem Holocaust legte Harry Löbel seinen deutschen Namen ab und wählte einen hebräischen. Als Vornamen entschied er sich für die hebräische Form von Abraham und als Nachnamen für Melamed, die Bezeichnung für einen Lehrer des Talmud. Als Avraham Melamed trat er dem Israel Philharmonic Orchestra bei und spielte in der Sektion der ersten Geigen, als das Ensemble 1988 nach Auschwitz reiste. Auf dem Weg in das Todeslager wurde Melamed derart von seinen Gefühlen überwältigt, dass er kein Wort herausbekam. Also ließ er die Geige für sich sprechen. Er nahm sie aus dem Kasten und spielte das »Kaddisch« aus Maurice Ravels *Deux mélodies hébraiques*. Während er spielte, liefen nicht nur ihm die Tränen über das Gesicht. Seinen Mitmusikern ging es ähnlich. Auf derselben Tournee beendete das Ensemble sein legendäres Konzert in Berlin mit der israelischen Hymne »haTikwa«. Für Melamed war es einer der emotionalsten Auftritte in seiner ungewöhnlichen Laufbahn.

Todesmarsch nach Obuchiw

Anders als für die Löbels gab es für die Familie Wininger keinerlei Aufenthalt in Mohyliw-Podilskyj. Stattdessen wurden sie gezwungen, bis zu einer elf Kilometer östlich gelegenen, verlassenen Militärschule in Scazinetz (heute Skazynts) weiterzugehen. Dort fanden sie Tausende von Juden vor, die mehr tot als lebendig waren. Die Füße nackt, die Kleidung in Fetzen, die Körper übersät von Flohstichen. Feivel entdeckte einen alten Freund aus Czernowitz. Auch er war ausgemergelt, zerlumpt und voller Flöhe.

Die Soldaten trieben den Treck in eine große Kaserne, die bereits mit Tausenden von Menschen bevölkert war. Die Verzweiflung in den Augen der Gefangenen und der Gestank menschlicher Verwesung war so unerträglich wie deren ohrenbetäubendes Jammern und Wehklagen. Manch einen Deportierten hatte der Weg von Rumänien hierher den Verstand gekostet. Mit Entsetzen beobachtete Feivel, wie eine Mutter eine leere Decke in den Armen wog, und dabei sang, lachte und weinte, als wäre ihr Baby noch da.

Zum ersten Mal wurde Feivel die ganze Tragweite des Geschehens bewusst. In Gura Humorului, auf dem Zug und in Ataki hatte er zu sehr unter Schock gestanden, um wirklich zu verstehen, was da vorging. Am Dnister hatte er sich ganz aufs reine Überleben konzentriert und keinen Gedanken an die Zukunft verschwendet. Aber jetzt, da es offenbar nicht mehr weiter ging, sickerte die Realität langsam durch. Er presste die Fingernägel in die Handflächen und versuchte, sich auf die kommenden Herausforderungen einzustellen.

Eine Gruppe rumänischer Soldaten betrat den Saal und befahl einigen jüngeren Deportierten, die bleichen Körper der Toten aus den Fluren zu schaffen. Als die Soldaten am nächsten Morgen zurückkehrten, lagen erneut überall leblose Körper von Männern, Frauen und Kindern auf dem kalten Boden. Eine andere Gruppe junger Männer musste in der Nähe vom Lagerzaun einen langen Graben ausheben, die Leichen einsammeln, auf einen Karren laden und sie in das Massengrab werfen.

Erneut wurden die Juden herumgeschubst, verflucht und mit Gewehrkolben malträtiert, bis sie in Reih und Glied standen. Elend und verwirrt, mit zerfetzten, nach Verwesung stinkenden Kleidern reihten sie sich auf, um den Todesmarsch fortzusetzen.

Der aufgeweichte Boden machte das Gehen weiterhin sehr beschwerlich. Blieb den Deportierten ein Schuh im Matsch stecken, mussten sie ihn zurücklassen, wenn sie nicht riskieren wollten, verprügelt oder erschossen zu werden, weil sie den Marsch aufhielten. Ließen sie ihn jedoch zurück, zögerte das den Tod nur ein wenig hinaus, da sie nun dem Spiel der Elemente, dem ständigen Regen und Schneefall noch ungeschützter ausgesetzt waren. Kaum waren sie versammelt, trieben die Soldaten die durchnässten und erschöpften Juden vorwärts. In immer kürzeren Abständen vernahm Feivel Schüsse, mit denen die Soldaten diejenigen exekutierten, die nicht mitkamen. Die Erschossenen blieben einfach am Straßenrand liegen.

Schon früh am ersten Tag bemerkte Feivel, dass Tzici am Ende ihrer Kräfte war. Ständig wechselte sie den Arm, mit dem sie Helen hielt. Vorwärts ging es nur noch, weil Feivels Schwager sie von hinten schob. Feivel konnte ihr nicht helfen, da er seine Mutter stützen musste, die ohne ihn im Matsch zusammengebrochen wäre. Feivel opferte den Inhalt eines weiteren Koffers, damit die Soldaten seiner Mutter und Helen erlaubten, auf einem der beiden Pferdekarren am Ende der Marschkolonnen Platz zu nehmen. Am zweiten Tag opferte er weitere Habseligkeiten, damit seine Mutter auf den Karren durfte, aber als er auch Helen dort unterbringen wollte, bekam er nur einen Peitschenhieb ins

Gesicht. Stattdessen riss er ein Stück Stoff aus dem Rückenteil von Tzicis Jacke und bastelte daraus zusammen mit einem Seil ein provisorisches Tragetuch für Helen. Helen magerte immer mehr ab und wurde zusehends schwächer. Vor lauter Hunger und Kälte war sie sogar zu erschöpft, um zu schreien.

Feivel sah mit an, wie Menschen gezwungen waren, Eltern, Ehegatten und Kinder zurückzulassen, die zu schwach waren, um weiterzugehen. Eines Morgens hörte Feivel, wie eine Tochter mit ihrer gebrechlichen Mutter über die unmögliche Entscheidung diskutierte, ob sie mit ihr in der Scheune bleiben und sterben oder sie zurücklassen sollte, sobald der Todesmarsch fortgesetzt wurde. Die sadistischen Soldaten machten dem Gespräch ein Ende, indem sie beide erschossen. Eine andere Mutter setzte ihre kleine Tochter am Straßenrand ab, als sie sie nicht mehr tragen konnte. Ein paar Stunden später blieb sie von Reue übermannt stehen. Sie leistete keinen Widerstand, als ein Soldat auf sie einprügelte, weil sie nicht mit dem Treck Schritt hielt, und sie schließlich erschoss.

Nachts wurden die Juden in Scheunen gesperrt. Feivel schaute sich um und sah, wie sehr ihre Zahl von Tag zu Tag schrumpfte. Sobald er morgens erwachte, zählte er, wie viele von ihnen über Nacht gestorben waren. Unter ihnen war auch sein Onkel, der in der ersten Nacht des von Scazinetz ausgehenden Todesmarschs starb. Die Soldaten erhöhten die Anzahl der Toten, indem sie Kinder und Kranke erschossen, die zu schwach waren, um weiterzumarschieren.

Nach drei Tagen Todesmarsch durch Regen und Schnee erreichte der Treck eine aufgegebene Bahnstation in Obuchiw. Nur die Hälfte der Menschen, die von Scazinetz aufgebrochen waren, hatten überlebt. Die Soldaten warnten sie, den Bahnhof zu verlassen. Sie wendeten ihre Fuhrwerke, zogen ab und ließen die Deportierten ohne Lebensmittel oder andere Hilfsgüter zurück. Obwohl es strikt verboten war, machten sich viele Juden auf, um im nahegelegenen Ort zu betteln, ihre Habseligkeiten gegen Lebensmittel zu tauschen oder Arbeit zu finden. Meistens empfing die ukrainische Bevölkerung sie mit Steinwürfen oder hetzte die Hunde auf sie.

Feivels Mutter war schwer erkrankt. Schon vor der Deportation hatte sie über Herzbeschwerden geklagt, und auf dem Todesmarsch war eine Lungenentzündung hinzugekommen. Ein Arzt aus Gura Humorului untersuchte sie in der Bahnstation und teilte ihr mit, dass sie nicht mehr lange leben werde. Noch in derselben Nacht verstarb sie im Schlaf.

Das Ghetto von Scharhorod

Feivel beschloss, sich mit dem Rest der Familie nach Scharhorod aufzumachen, der nächsten größeren Stadt, in der es bereits ein jüdisches Ghetto gab. Die jüdische Gemeinde in Scharhorod war groß genug, um sich selbst zu organisieren und versprach daher bessere Aussichten auf Lebensmittel und Arbeit. Außerdem gehörte Scharhorod zum Kreis Mohyliw-Podilskyj, eine Region, die im Vergleich zu anderen Teilen Transnistriens nicht ganz so stark unter deutschen und rumänischen Grausamkeiten zu leiden hatte.

Da es unter Todesstrafe stand, den Aufenthalt zu wechseln, heuerten die Winingers einen Kutscher an, um sie im Schutz der Nacht auf seinem Karren zu transportieren. Die Fahrt kostete sie einen goldenen Ohrring – der letzte Gegenstand von Wert, der sich in ihrem Besitz befand.

Im Ghetto von Scharhorod verteilten sich 7.000 Deportierte auf engstem Raum in 337 Unterkünfte in Schulen, Gemeinschaftsgebäuden, Wohnhäusern, Kellern und Dachböden. Feivel gelang es, bei einem ukrainischen Bauern für seine und noch eine weitere Familie ein Einzelzimmer zu mieten, das damit zum Heim für insgesamt siebzehn Personen wurde. Feivel fand Arbeit als Holzhacker, wofür er ein Viertellaib altes, schimmliges Brot am Tag erhielt. Das genügte bei weitem nicht, um die Familie zu ernähren. Das Brot bekamen sein Vater, Tzici und Helen. Er selbst ernährte sich von Schnee und Resten, die er aus dem Müll fischte.

Feivel und seine Familie wussten sehr wohl, dass sie, wenn sie auch nur die kleinste Aussicht auf ausreichend Lebensmittel und Feuerholz haben wollten, um in der Eiseskälte des Ghettos zu überleben, das vielleicht tödliche Risiko eingehen mussten, sich an illegalen Aktivitäten zu beteiligen. Tzici bekam Lebensmittel von ihrem ukrainischen Vermieter, weil sie sich als seine Frau verkleidete, durch Transnistrien reiste und seine Würste verkaufte. Wäre sie beim Schmuggeln von Lebensmitteln erwischt worden oder auch nur dabei, dass sie ohne Erlaubnis reiste, hätte man sie zur Abschreckung für andere Juden auf grausamste Weise misshandelt und getötet. Feivel stahl Wolle von seinem Arbeitsplatz, um die Familie im todbringenden rumänischen Winter warm halten und Trinkwasser kochen zu können. Auch er wäre auf der Stelle erschossen worden, wenn man ihn erwischt hätte.

Tausende von Juden starben in ihrem ersten Winter in Transnistrien an Hunger und Unterkühlung, Dysentherie oder anderen Krankheiten. Eine Typhusepidemie wütete ohne jede Gegenmaßnahme in den überfüllten, unhygienischen und verlausten transnistrischen Ghettos und forderte innerhalb weniger Monate allein in Scharhorod 1.449 Leben. Die Körper der Verstorbenen ließ man einfach auf den Straßen liegen, wo andere Ghettobewohner ihnen vom Leib rissen, was noch als Kleidung dienen konnte. Ein- bis zweimal am Tag streifte eine Gruppe von Deportierten mit einem Pferdekarren durch die Straßen, sammelte die Leichen ein und brachte sie zum Friedhof. Manchmal entfachten die behelfsmäßigen Totengräber große Feuer, damit der gefrorene Boden weit genug auftaute, um Massengräber ausheben zu können. Ein anderes Mal aber stapelte man die steif gefrorenen Körper einfach nur übereinander. Im Frühling wurden die Leichen dann mit Hilfe von Äxten wieder getrennt und einzeln begraben.

Es dauert nicht lange, bis Feivel einen Weg fand, seine Familie vor Hunger- und Kältetod zu bewahren – und dafür musste er nicht ständig ihr Leben riskieren, sondern Geige spielen.

Zehn Tage nach seiner Ankunft in Scharhorod bekam Feivel Besuch von einem Mann, den er nur mit Mühe als Richter Robinson wiedererkannte. Als Chef der Justiz in Gura Humorului war Richter Robinson immer ein hoch gewachsener, elegant gekleideter Mann von großem Ansehen bei Juden wie Nichtjuden gewesen. Nun war er eine gebückte, ausgemergelte Gestalt in einem schmutzigen, schäbigen Anzug. Er reichte Feivel seine zittrige, rissige, ausgetrocknete Hand. In der anderen hielt er einen Geigenkasten.

»Nehmen Sie bitte Platz, Herr Robinson«, sagte Feivel, »Euer Ehren«, korrigierte er sich noch schnell.

Der Richter zeigte verlegen ein zahnloses Lächeln und setzte sich.

»Ich lebe in der Nähe bei meinen beiden Schwestern«, begann er. »Ich bin zu schwach und zu alt für die Arbeit hier. Wir haben keine Lebensmittel und kein Holz.« Er unterbrach sich. »Könnte ich etwas heißes Wasser bekommen?«, fragte er.

Feivel reichte ihm heißes Zuckerwasser.

Der Richter nippte nur ein wenig und sagte: »Ich bringe das Glas später zurück. Der Rest ist für meine Schwestern.« Er erhob sich, um zu gehen.

»Trinken Sie das ganze Glas«, nötigte Feivel ihn. »Wir geben ihnen mehr Wasser und Zucker für ihre Schwestern mit.«

Der Richter setzte sich wieder und entspannte sich. Er schloss die Augen und trank sehr langsam. Nachdem er genügend Kraft gesammelt hatte, kam er schließlich zum Grund seines überraschenden Besuchs.

»Ich weiß, dass Sie Musiker sind«, sagte er. »Ich habe auch mal gespielt, als meine Hände noch mitmachten. Sie sind ein junger Mann und werden noch viele Jahre spielen können.«

Der Richter öffnete den Kasten und nahm eine Amati heraus, ein Instrument aus der Werkstatt eines der berühmtesten Geigenbauer überhaupt. Nicolò Amati war der Lehrer von Andrea Guarneri, dem Begründer der Guarneri-Dynastie und Großvater des Mannes, der Ole Bulls Geige gebaut hatte. Gut möglich, dass auch Stradivari bei Amati gelernt hatte.

Feivels Hände zitterten, als er das kostbare Instrument entgegennahm. Er konnte sich kaum noch erinnern, wie lange er schon nicht mehr auf einer Geige gespielt hatte.

»Nehmen Sie sie«, beharrte der Richter. »Was nützt mir eine Geige, wenn ich nichts zu essen habe? Sollte es Ihnen gelingen, mit Musik etwas hinzuzuverdienen, vergessen Sie mich nicht.«

Der Richter verschwand so schnell, wie er gekommen war. Feivel blieb gar keine Zeit, angemessen zu reagieren. Er war so verblüfft von dem Geschenk, dass ihm nichts besseres einfiel, als das Instrument in den Kasten zurückzulegen und beiseite zu stellen.

So lange Feivel sich erinnern konnte, hatte Musik immer eine große Rolle in seinem Leben gespielt. Als kleiner Junge hatte er auf einer Hochzeit jemanden Geige spielen hören und sofort beschlossen, auch einmal Violinist zu werden. Da er keine Geige besaß, verzog er sich so oft wie möglich in den Wald und hörte den Vogelstimmen zu, die ihn an das Instrument erinnerten. Als Feivel einmal seinem Vater das Essen brachte, hörte er durch ein offenes Fenster das Spiel einer Geige. Er setzte sich unters Fensterbrett und hörte andächtig zu, bis der Geiger ihn verscheuchte.

Als Feivel neun Jahre alt war, brachte seine Mutter eine Geige mit nach Hause. Seine erste Stunde bekam er von einem betagten Lehrer, der aber gern während des Unterrichts wegnickte, sodass Feivel sich das Spielen durch stundenlanges Üben selbst beibrachte. Mit zehn war Feivel sehr stolz darauf, dass er sein erstes Gehalt damit verdiente, als erster Geiger bei einem Orchester mitzuspielen, das Stummfilme begleitete. Als Jugendlicher radelte er mit einem mandolinespielenden Freund für sechs Wochen nach Ungarn. Um Geld zu verdienen, gaben sie unterwegs

Konzerte. Er lernte auch Bratsche und Cello und genoss es sehr, abends mit Freunden Musik zu machen. Eine Zeit lang spielte er mit einer selbst gegründeten Jazzband bestehend aus Klavier, Gitarre, Saxophon und Geige im Kur- und Wintersportort Vatra Dornei – bis seine Mutter ihm auf die Schliche kam und ihn nach Hause schleifte.

Als Feivel in die rumänische Armee eingezogen wurde, bewahrte ihn die Geige vor der Grundausbildung. Als einer der Offiziere erfuhr, dass Feivel Musiker war, bestellte er ihn zu einem Spontankonzert ein. Der Offizier war so beeindruckt, dass er Feivel bei sich im Haus statt bei den anderen Rekruten in der Baracke schlafen ließ. Während seine Kameraden am Schießstand übten, kam Feivel der leichten Pflicht nach, die Offiziere zu unterhalten. Selbst bei seinem einjährigen Militärdienst in Bukarest wurde Feivel von einem Leutnant adoptiert, der ihn am Wochenende in sein Haus einlud, um mit seiner Tochter am Klavier im Duett zu spielen.

Obwohl Musik für Feivel immer ganz selbstverständlich zum Alltag gehörte, hatte er nie davon geträumt, auf ein Konservatorium zu gehen und Musik zu seinem Beruf zu machen. Stattdessen arbeitete er als Buchhalter und dann als Kantinenchef einer großen Seidenfabrik in Bukarest. Als man ihn und seine Familie zwang, nach Gura Humorului umzusiedeln, arbeitete er als Geschäftsführer einer Sägemühle, bis man ihn entließ, weil er Jude war. In Transnistrien wurde Musik für ihn nun nicht nur zum Beruf, sondern auch zum Mittel, um sich, die Familie und Freunde vor dem nahezu sicheren Tod zu bewahren.

Am Tag nach dem Besuch des Richters kehrte Feivel von seiner Arbeit beim Holzhacken zurück und beschloss, dass es an der Zeit war, die Geige auszuprobieren. Aufgeregt holte er das Instrument aus dem Kasten, legte es an den Hals und zog den Bogen vorsichtig über die Saiten. Der Klang begeisterte ihn auf der Stelle. So ein wunderbares Instrument hatte er noch nie zuvor gehört.

Er schloss die Augen und begann zu spielen. Die Musik trug ihn fort an einen anderen Ort, in eine andere Zeit. Er war nicht länger im Ghetto. Er war nicht mehr hungrig, er spürte nichts mehr von der nassen Kälte und er war auch kein Mann in zerfetzten Lumpen mehr. Er war der reichste Mensch auf Erden.

Als Feivel aufhörte zu spielen, öffnete er die Augen. Sämtliche Augenpaare im Raum waren staunend auf ihn gerichtet. Einige Ghettobewohner waren von der Straße hereingekommen, um ihn spielen zu hören. Menschen, die von Hunger, Krankheit und Läusen gezeichnet waren, standen einfach da und lächelten. Auch sie waren von den Geigenklängen weit fortgetragen worden.

Feivels ukrainischer Vermieter erschien und scheuchte all die Fremden aus dem Haus. »Sie spielen wirklich sehr schön«, sagte er. »Können Sie auch ukrainische Musik spielen? Ich könnte Sie für eine Hochzeit als Musiker empfehlen.«

»Ich spiele alles.« Feivel hätte alles behauptet, um sich diese Gelegenheit nicht entgehen zu lassen.

»Suchen Sie sich noch einen Musiker, der ein anderes Instrument spielt«, wies ihn der Hausherr an. »Ich gebe Ihnen Bescheid, wann die Hochzeit stattfindet.«

Feivel hatte einen Freund im Ghetto von Scharhorod, der vor dem Exil mit ihm zusammen Akkordeon gespielt hatte. Als der Akkordeonspieler von zuhause vertrieben worden war, hatte er eine kleine Mundharmonika in der Hosentasche mitnehmen können.

Zwei Tage später brachte der Hauswirt Feivel und den befreundeten Mundharmonikaspieler zu einer Hochzeit im Nachbardorf, wo zwei große Tische voller Essen aufgebaut waren. Feivel und seinem Freund wurde erlaubt, sich zu bedienen, und sie verschlangen Hühnerschnitzel, Teigwaren mit Milch und Unmengen Brot. Nachdem sie ihre leeren Mägen derart vollgestopft hatten, waren ihnen vier Wochen lang übel. Der Arzt im Ghetto erklärte ihnen später, dass die Völlerei sie hätte umbringen können.

Die Hochzeit war ein traditionelles ukrainisches Fest, das drei Tage und drei Nächte dauerte. Feivel und sein Freund spielten ohne Pause. Nickte einer ein, wurde er vom anderen geweckt.

Von den ukrainischen Volksliedern, nach denen die Festbesucher verlangten, kannten sie kein einziges, aber sie hatten ein gutes Gehör und konnten die Melodien, die man ihnen vorsang, schnell nachspielen. Als Gegenleistung für die Unterhaltung der Hochzeitsgäste durfte jeder von ihnen einen fünf Pfund schweren Laib Brot mit nach Hause nehmen.

Kaum wieder in Scharhorod angekommen, machte Feivel sich auf den Weg zu Richter Robinson, um ihm ein Viertel des Brotlaibs zu bringen. Er war entschlossen, der Bitte des Richters nachzukommen, alles mit ihm zu teilen, was ihm das Spielen auf der Amati einbrachte.

Doch als er das Haus des Richters erreichte, erfuhr er, dass Richter Robinson und seine zwei Schwestern tags zuvor auf den Friedhof gebracht worden waren. Sie hatten Gift genommen. Sie wollten den Hunger und die Kälte im Ghetto einfach keinen Tag länger ertragen. Unwillkürlich dachte Feivel darüber nach, ob sie tot nicht sogar besser dran waren als lebend. Er legte die Geige ans Kinn und begleitete sich, während er »El male rachamim« sang, das traditionelle jüdische Gebet zum Gedenken an die Toten.

Feivel und sein Freund erlangten bald eine gewisse Beliebtheit bei den rumänischen Offizieren und ukrainischen Bauern, die nach Unterhaltung suchten. Die Musiker freuten sich, dass sie für ihre Kunst Lebensmittel bekamen, mit denen sie ihre Familien ernähren konnten. Auf einem der Feste lernten Feivel und sein Freund einen ukrainischen Bauern kennen, der gar nicht mehr aufhörte, von ihren Künsten zu schwärmen. Schließlich wollte er etwas singen und bat sie, ihn zu begleiten. Wieder einmal mussten die beiden Musiker nur kurz zuhören, bis sie die Melodie verinnerlicht hatten und den Sänger so problemlos begleiten konnten, als hätten sie nie etwas anderes gemacht. Als das Fest zwei Tage später endete, bekamen sie vom Bauern ein großzügiges Trinkgeld.

Auch im Ghetto sorgte Feivel mit seiner Geige für ein wenig Ablenkung und heiterte Freunde und Familie mit jüdischen

Melodien auf, die alle noch aus ihrer Kindheit kannten – darunter auch »A jiddische mame«, ein Lieblingslied seiner Mutter.

Die lokale Berühmtheit, die Feivel mit seiner Geige erlangt hatte, brachte einen erkrankten rumänischen Gutsherrn auf den Gedanken, ihn als Diener anzustellen. Feivel legte dem Rumänen kalte Kompressen auf die Stirn und schürte das Feuer, um das Schlafzimmer warm zu halten. Er holte Medikamente aus der Apotheke und sorgte dafür, dass sein Patient sie nach Vorschrift einnahm. Nachdem der Rumäne sich erholt hatte, besorgte er für Feivel je zwei Kilogramm Zucker, Reis, Maismehl und Hefe, sowie zwei Liter Milch – genug, um Feivels Familie eine Weile zu ernähren.

Auch Scharhorod verfügte wie andere Ghettos über einen Judenrat, der das Ghetto verwaltete und dem eine jüdische Ordnungspolizei unterstand, die für die Aufrechterhaltung der Ordnung zuständig war. Die jüdische Polizei von Scharhorod verhinderte darüber hinaus auch, dass marodierende ukrainische Milizen nachts ins Ghetto eindrangen, um Bewohner auszurauben und zu misshandeln.

Rat und Ordnungspolizei waren mit Ghettobewohnern besetzt, aber die Mitgliedschaft im einen wie im anderen ging mit gewissen Privilegien einher, die nicht selten missbraucht wurden. In Feivels Fall bestand der Missbrauch darin, dass ihm ein jüdischer Ordnungspolizist die Vorzugsbehandlung neidete, die er bei Rumänen und Ukrainern genoss.

Eines Tages trat ein gut gekleideter junger Mann in Feivels Zimmer. »Wer besitzt hier eine Violine?«, fragte er.

»Ich«, antwortete Feivel ohne zu zögern, da er hoffte, dass der junge Mann ihn engagieren wollte. Einen Augenblick später sah er, dass er es mit einem Ordnungspolizisten zu tun hatte und der Besuch keineswegs freundlich gemeint war.

»Uns ist bekannt, dass Richter Robinson seine Geige bei Ihnen gelassen hat – eine Amati-Violine«, stellte der Polizist fest. »Sie sind angehalten, das Instrument unverzüglich in der Polizeiwache abzugeben.«

Feivel war geschockt. Ohne Geige müssten er und seine Familie wieder hungern. »Der Richter hat mir die Geige geschenkt, weil er ein alter Freund der Familie war«, protestierte er. »Die Geige gehört jetzt mir.«

»Wenn Sie Ihre Familie lieben, bringen Sie die Geige noch heute zu uns«, höhnte der Polizist. »Sie wird Ihnen nichts mehr nützen, wenn Sie auf dem Friedhof vor der Stadt liegen.«

Der Polizist beließ es nicht dabei, nur Feivel zu bedrohen. »Haben Sie gehört, was die Deutschen mit Juden wie Ihnen machen?«, fragte er und wandte sich dann an Tzici. »Falls Ihrem Mann die Geige lieber ist als die Familie, bereiten Sie sich darauf vor, heute Abend in ein deutsches Konzentrationslager abzureisen. Dann werden Sie verstehen, in welch paradiesischen Zuständen Sie hier leben.«

»Und vergessen Sie Ihr Kind nicht«, fuhr der Polizist fort, ging auf Helen zu und nahm sie bei der Hand. »Du kommst mit mir«, drohte er Feivels Tochter. »Wir haben ein besonderes Plätzchen für Waisenkinder.«

»Das Mädchen oder die Geige«, wandte sich der Polizist wieder an Feivel. »Eine schwere Wahl für jemanden wie Sie.«

Die Wahl war ganz und gar nicht schwer. Feivel nahm die Amati aus dem Kasten und spielte sie ein letztes Mal. Eine Abschiedsmelodie für einen guten Freund. Dann brachte er die Geige zur Polizeiwache, auf dem Rückweg hatte er Tränen in den Augen.

Das Cello

Feivels Auftritte waren damit jedoch nicht beendet. Als er eines Tages das Feuer für einen rumänischen Offizier schürte, hörte er ein Cello spielen. Da musste er einfach an der Tür klopfen.

»Du hast das Mehl, das ich dir schulde, bereits bekommen«, knurrte der Offizier ihn an, der nicht verstand, was ein Jude auf seiner Türschwelle zu suchen hatte.

»Das Cello«, antwortete Feivel.

»Was ist mit dem Cello?«, fragte der Offizier kurz angebunden.

»Ich spiele Cello.«

»Ein Jude mit einem Cello?«

Feivel schwieg.

»Mach dich mal ein bisschen sauber«, gab sich der Offizier schließlich geschlagen. »Wasch dir die Hände, zieh die stinkenden Schuhe aus und komm rein.«

Feivel gehorchte aufs Wort.

»Zeig mir deine Hände«, befahl der Offizier. Nachdem er sich überzeugt hatte, dass Feivel einigermaßen sauber war, gab er ihm noch einen Befehl: »Spiel!«

Feivel nahm das Cello und spielte. In erster Linie war er Violinist, aber das Cello spielte er nicht minder leidenschaftlich. Zuhause in Rumänien hatte er einmal aus Freude, dass seine Mutter sich von einer langen Krankheit erholt hatte, das »Kol Nidre« gespielt – den jüdischen Widerruf aller Gelübde, mit dem das Abendgebet des Versöhnungstages Jom Kippur eingeleitet wird. Damals wie an diesem Tag legte Feivel sein ganzes Herz und seine ganze Seele in sein Spiel und bei jedem Strich des Bogens brach ihm der Schweiß aus.

Der rumänische Offizier hörte lange schweigend zu. »Du spielst sehr gut«, sagte er schließlich. »Jedes Mal, wenn du mir Holz bringst, darfst du kommen und mir ein wenig vorspielen.«

»Es wäre mir eine Freude«, antwortete Feivel. Wieder einmal hatte ihm sein Spiel ein unerwartetes Bündnis beschert – eines, das ihm erneut das Leben retten sollte.

Eines Morgens wurde Feivel von deutschen Soldaten verhaftet, die zusammen mit der jüdischen Ordnungspolizei neunzig Mann auftreiben wollten, die kräftig genug waren, um in Deutschland Zwangsarbeit zu leisten. Tzici besuchte den Cellobesitzer und bat ihn um Hilfe. Der rumänische Offizier machte sich mitten in der Nacht auf den Weg ins deutsche Lager und verlangte, Feivel zu sehen. Er trat Feivel in die Rippen und hielt ihm eine Pistole an den Kopf.

»Du hast Geld aus meinem Haus gestohlen, du dreckiger Jude!«, schrie der Offizier ihn an und schlug Feivel mit der Faust und dem Pistolengriff. »Ich bringe dich um! Ich schieße dich nieder wie einen Hund! Du gehst nirgendwohin! Ich mach dich fertig! Du dachtest, du könntest nach Deutschland entkommen und mir durch die Finger schlüpfen?«

»Sie werden den da nicht mitnehmen«, informierte der rumänische Offizier die deutschen Soldaten, die mit wachsendem Vergnügen den Misshandlungen zugesehen hatten. »Ich werde nicht zulassen, dass dieser Abschaum von einem Dieb mit dem Leben davonkommt. Ich werde ihn erst in aller erdenklichen Weise quälen und dann genüsslich töten.«

Die List ging auf. Die Deutschen traten beiseite, als der Rumäne Feivel vorwärts stieß. Als sie das Gefängnis verlassen hatten, befahl ihm der Offizier, nach Hause zu seiner Frau zu laufen. Feivel hatte zwei gebrochene Rippen, aber er war frei.

Die Geige der Gebrüder Placht

Eines Tages bekam Feivel Besuch von dem ukrainischen Bauern, der ihm bei dem Fest ein so großzügiges Trinkgeld gegeben hatte. Der Bauer erinnerte sich immer noch gern an Feivels Geigenspiel und wollte ihn für die Hochzeit seiner Tochter anheuern.

»Sie haben mir die Geige weggenommen«, erklärte Feivel.

»Ich besorge dir eine.«

»Ich würde sie gern kaufen«, beharrte Feivel. »Ich möchte sie behalten, damit ich üben kann.«

»Wenn ich eine Geige für dich finde, spielst du dann auf der Hochzeit meiner Tochter? Ich werde genauso großzügig sein wie beim vorigen Mal.«

»Für Sie werde ich beim Spielen mein Bestes geben. Ich habe gemerkt, dass Sie viel von Musik verstehen.«

»Morgen besorgen wir dir eine Geige«, versprach der Bauer, dem Feivels Kompliment sehr geschmeichelt hatte.

Am nächsten Tag nahm der Bauer Feivel mit zu einem Ukrainer, der eine Geige günstig zum Verkauf anbot. Der Bauer war beim Feilschen behilflich, und Feivel hielt schließlich eine Geige in Händen, die er sein Eigen nennen durfte.

Feivels neue Geige wurde um die Wende zum 20. Jahrhundert in der Musikinstrumenten- und Saitenfabrik der Gebrüder Placht gefertigt. Die Gebrüder Placht entstammten einer stolzen Dynastie von Instrumentenbauern aus Schönbach in Böhmen (dem heutigen Luby in Tschechien), einer Stadt mit großer Geigenbautradition, die vermutlich bis ins 16. Jahrhundert zurückreicht. Das Instrument war ordentlich, aber nicht im Entferntesten mit der Amati vergleichbar. Heute bringt es eine Geige der Gebrüder Placht vielleicht auf einen Wert von ein paar hundert, eine Amati dagegen auf einen von mehreren 100.000 Euro.

Trotz ihrer im Vergleich zur Amati deutlich geringeren Qualität reichte die Geige der Gebrüder Placht völlig aus, um auf Hochzeiten und anderen Festen aufzuspielen. Der ukrainische Bauer war so begeistert von Feivels Spiel, dass er ihm zusätzlich zu den Essensresten vom Fest, mit denen Feivel normalerweise bezahlt wurde, die Hälfte des Kaufpreises für die Violine als Trinkgeld gab. Die Gebrüder-Placht-Geige leistete Feivel in den folgenden drei Jahren weiter gute Dienste und sorgte dafür, dass er in der noch verbleibenden Zeit des Holocaust immer genügend Lebensmittel, Wasser und kostbares Feuerholz erhielt, um die aus Familie und Freunden bestehenden sechzehn Personen, mit denen er ein Zimmer teilte, zu versorgen.

Rückkehr nach Rumänien

Eines Abends, Anfang 1944, klopfte es an der Tür. Zwei deutsche Soldaten marschierten herein. »Du kommst sofort mit uns«, befahlen sie Feivel.

Tzici begann zu weinen. »Nehmen Sie ihn uns nicht weg«, bat sie. »Wir haben schon genug gelitten.«

Die Soldaten erwiderten, dass sie Feivel nur als Musiker brauchten. »Deinem Mann wird nichts passieren«, versicherte einer von ihnen. »Ich bring ihn dir heil zurück.«

Auf dem Weg zum unfreiwilligen Engagement vertraute ihm einer der Soldaten an, dass die deutsche Armee auf ihrem Rückzug nach Westen bald Transnistrien durchqueren würde. Er warnte ihn, dass die Soldaten ihre Enttäuschung an jedem Juden auslassen würden, der ihnen über den Weg lief, und riet ihm, sich zu verstecken.

Die Soldaten brachten Feivel in einen großen vollbesetzten Saal, in dem sich deutsche Soldaten mit Prostituierten vergnügten. Überall standen Speisen und Alkohol im Überfluss herum. Aus umgedrehten Bierkästen hatte man eine Bühne improvisiert. Dort musste Feivel für die nächsten mehr als vierundzwanzig Stunden ohne Unterbrechung durchspielen. Immer wenn er versuchte, eine kleine Pause einzulegen, schrie ein protestierender Chor von Männerstimmen: »Musik! Wo bleibt die Musik?« Feivel spielte jedes Lied, das er kannte, sogar einige chassidische Melodien. Die Tatsache, dass die Soldaten keine Ahnung hatten, dass sie zu jüdischer Musik tanzten, empfand er als persönliche Genugtuung gegenüber den bald besiegten Nazis.

Am 16. März 1944 zogen sich die Nazis aus Scharhorod zurück. Wie der deutsche Soldat vorhergesagt hatte, begingen Deutsche und Rumänen auf ihrem Rückzug nach Westen unzählige Massaker an den Juden. Die Juden von Scharhorod erfuhren am eigenen Leib, dass es sogar eine spezielle rumänische »Exekutionseinheit« gab, um auf dem Rückzug möglichst viele Menschen abzuschlachten. Sie befolgten den Rat der Deutschen, die Feivel zum Geigenspielen geholt hatten, und versteckten sich in geheimen, eigens gegrabenen Höhlen, bis die Gefahr vorüber war. Am 20. März traf endlich die Rote Armee ein, nahm die Exekutionseinheit in Gefangenschaft und besetzte Scharhorod.

Leider setzte die russische Besatzung gleich die nächste Welle von Antisemitismus frei. Die Russen stahlen den Juden Geld und Habe und verpflichteten sie zu Militärdienst und Zwangsarbeit.

In der Gewissheit, die Arbeit für Militärbataillone weder körperlich noch geistig durchstehen zu können, flohen viele Ghettobewohner zurück nach Rumänien.

Feivel und seine Familie hatten gerade Rumänien erreicht, als sie von einer russischen Grenzpatrouille abgefangen wurden. Sie wurden verhaftet und wegen Spionage eingesperrt, aber Tzici und Helen wurden tags darauf wieder entlassen und nach Czernowitz geschickt. Feivel saß in seiner Gefängniszelle fest und war sich sicher, dass man ihn in ein paar Tagen zum Tode verurteilen würde. Nie würde er Frau und Tochter wiedersehen.

Als er aus dem Fenster schaute, entdeckte Feivel eine junge Frau, die ihm bekannt vorkam. Sie war eine russische Offizierin, die ihm auf der ukrainischen Hochzeit in Transnistrien einige russische Volkslieder beigebracht hatte. So laut er konnte, hämmerte er gegen die Gitterstäbe, um ihre Aufmerksamkeit zu erlangen.

»Was machst du hier?«, fragte sie.

»Wir haben versucht, die Grenze nach Rumänien zu überqueren und sind gefasst worden. Bitte, helfen Sie mir hier raus. Ich bin wegen Spionage angeklagt. Sie wissen genau, was mit mir passiert, wenn Sie mir nicht helfen können.«

Die Frau versprach, zu schauen, was sie tun könnte.

Abends kehrte sie mit ein paar Lebensmitteln zurück. »Es sieht schlecht aus«, flüsterte sie. »Der befehlshabende Offizier hier ist sehr streng. Er mochte es gar nicht, dass ich mich einmische, aber ich blieb hartnäckig. Ich rang ihm das Versprechen ab, dass er morgen herkommt und dich anhört. Du kannst ihm deine ganze Geschichte erzählen. Ich habe keine Ahnung, wie deine Chancen stehen.«

Am nächsten Morgen wurde Feivel vom befehlshabenden Offizier einbestellt und legte ihm seinen Fall dar. »Ich weiß, dass Ihre Entscheidung gerecht sein wird«, schloss er. Bevor der Offizier ging, versuchte Feivel noch ein letztes Manöver. Da er wusste, wie sehr die Russen gutes Essen und Musik liebten, bot er an, mit dem Geld, das er von einer Schwester in Czernowitz bekommen hatte, in einem kleinen Gasthof im Nachbardorf ein Festessen auszurichten. Der Offizier wäre Ehrengast, und Feivel würde für ihn dazu russische Lieder auf der Geige spielen.

Dem Offizier gefiel der Vorschlag und stimmte dem Essen zu. An diesem Abend spielte Feivel alle russischen Lieder, die er kannte – und in Transnistrien gelernt hatte. Er legte alles, was er hatte in sein Spiel, denn er wusste, dass er wieder einmal um sein Leben spielte.

Am nächsten Morgen suchte der Offizier ihn in seiner Zelle auf. Er war so gut gelaunt wie beim Festessen am Abend zuvor.

»Bleib hier«, schlug der Offizier freundlich vor. »Wir stellen ein Orchester zusammen, und du leitest es.«

Feivel lief es eiskalt den Rücken hinunter. »Das würde ich sehr gern«, log er. »Aber meine Eltern sind sehr alt und sie sind ganz allein in Rumänien. Ich muss zu ihnen zurück.«

»Gut. Ich stelle dir einen Pass aus, dann kannst du nach Czernowitz zurückkehren.« Im Gehen wandte sich der Offizier noch einmal um und sagte: »Du bist ein sehr talentierter Musiker. Der gestrige Abend wird mir lange im Gedächtnis bleiben.« Wieder einmal hatte die Musik Feivel zu einem unerwarteten Verbündeten verholfen.

Auf dem Weg aus dem Gefängnis lief Feivel der Offizierin in die Arme, die ihm das Leben gerettet hatte, und dankte ihr. Sie informierte ihn, dass in zwei Wochen acht russische Gütertransporte Czernowitz verließen, um in Rumänien Nachschub zu holen. Dann half sie Feivel, die russischen Fahrer zu bestechen, damit sie ihn und seine Familie heimlich bis nach Dorohoi schmuggelten.

Nach dem Krieg bauten sich die Winingers in Dorohoi schnell ein neues Leben auf. Sie mieteten eine Wohnung, und Feivel fand Arbeit, erst als Lagerarbeiter, dann als Polizist. Sein Einkommen besserte er mit Auftritten einer von ihm gegründeten fünfköpfigen Band auf, die sich »Freiheit für das Heimatland« nannte.

Mit »Heimatland« meinte Feivel nicht Rumänien, das seinem Großvater einst Arbeit und einen Familiennamen geboten hatte.

Er meinte damit das Land Israel. Schon seit seiner Studienzeit hatte er ins Land seiner biblischen Vorfahren auswandern wollen. Nach seiner Abschlussprüfung war er sechs Monate an eine zionistische Schule in der Nähe von Czernowitz gegangen, wo er tagsüber in der Landwirtschaft und als Lehrer gearbeitet hatte. An den Abenden sangen die vierzig jungen Männer und vier jungen Frauen Lieder über das Land, von dem ihre Vorfahren seit 2.000 Jahren träumten. Feivel hatte sogar etwas Geld gespart, um seine Auswanderung zu finanzieren. Aber als seine Mutter Herzprobleme bekam, verschob er seine Pläne. Da sie sich nie richtig erholte, wurden seine Auswanderungspläne auch nie richtig konkret.

In Dorohoi engagierte sich Feivel in der zionistischen Partei. Erneut schmiedete er Pläne für eine Auswanderung ins Heilige Land. Als sich 1947 abzeichnete, dass die Sowjets nicht die Absicht hatten, sich aus dem besetzten Osteuropa wieder zurückzuziehen, und dass aktive Zionisten im kommunistischen Rumänien nicht willkommen waren, floh Feivel mit Tzici und Helen auf illegalen Wegen aus dem Land.

Israel

Palästina erreichten die Winingers an Bord der *Medinat Israel* (Staat Israel), einem für den Transport von 2.000 Personen nachgerüsteten Eisbrecher, auf dem nun allerdings 4.000 illegale Immigranten aufeinander hockten.

Wenige Tage nach Beginn ihrer Reise folgte eine Formation britischer Kriegsschiffe ihrem Kielwasser. Als die *Medinat Israel* sich Palästina näherte, nahmen die Kriegsschiffe das illegale Schiff in ihre Mitte. Kaum waren die britischen Matrosen an Bord gekommen, um die Kontrolle über das Schiff zu übernehmen, wurden sie mit Konservendosen und Stöcken beworfen, und aus viertausend Kehlen schallte ihnen die Hymne »haTikwa« entgegen.

Die Briten kündigten an, die Flüchtlinge nach Zypern zu deportieren, wo sie ein Internierungslager für Holocaust-Überlebende eingerichtet hatten, die illegal nach Palästina einzuwandern versuchten. Erkrankte Flüchtlinge überführte man jedoch nach Atlit in das Gefangenenlager, in dem auch Erich Weininger sieben Jahre zuvor für kurze Zeit interniert war. Auch Feivel landete mit seiner Familie dort, nachdem Tzici behauptet hatte, dass sie schwanger und Helen krank wäre. Die Winingers blieben einige Monate in Atlit. Unterdessen billigte die Generalversammlung der Vereinten Nationen die Gründung des Staates Israel.

Am 2. Februar 1948 bezogen Feivel und seine Familie schließlich eine Wohnung am Rand von Tel Aviv. Die Küche mussten sie sich zwar mit zwei anderen Familien teilen, aber verglichen mit den Bedingungen, die sie in Transnistrien überstanden hatten, fühlten sie sich wie in einem Fünf-Sterne-Hotel. Sie arbeiteten hart, um sich ein neues Leben aufzubauen. Tzici fand Arbeit in einer Orangenplantage, während Feivel tagsüber im Straßenbau beschäftigt war und abends mit den Israelischen Verteidigungsstreitkräften auf Patrouille ging. Nach einem Jahr hatten sie genug Geld gespart, um sich einen kleinen Waschsalon zu kaufen. Die Familie bekam durch die Geburt eines Sohnes Zuwachs und sie kauften sich eine Dreizimmerwohnung. Als Feivel Arbeit bei einer Bank in Tel Aviv fand, zogen sie nochmals in eine größere Wohnung um.

Nach wie vor betrachtete Feivel die Geige der Gebrüder Placht als wohlgehüteten Schatz, der ihm und seiner Familie das Leben gerettet hatte und den er liebevoll »Freund« nannte. Er nahm Freund überall mit hin und spielte jeden Samstag auf der Geige. Als Helen größer wurde, erzählte er ihr immer und immer wieder die Geschichten, wie Freund sie alle während des Holocaust vor dem Schlimmsten bewahrt hatte.

Im Alter bekam Feivel Arthritis und auf Freund zu spielen, fiel ihm schwer. Nachdem er die Geige einige Jahre nicht mehr angerührt hatte, sagte er zu Helen: »Ich möchte wieder spielen.« Zu dem Zeitpunkt war er fast neunzig Jahre alt.

»Okay. Was kann ich tun?«

»Bitte lass meine Geige reparieren.«

Helen brachte seine Geige zu Amnon Weinstein – eine logische Wahl, da Amnon in Israel als erste Adresse für Geigenbau und Geigenreparaturen gilt.

»Können Sie diese Geige bitte reparieren?«, fragte Helen. Von der erstaunlichen Geschichte dieses Instruments erwähnte sie nichts. »Lassen Sie sie hier. Ich schau sie mir an und gebe Ihnen Bescheid.«

Kurze Zeit darauf rief Amnon Helen an und teilte ihr mit, dass die Geige in keinem guten Zustand sei. Er erklärte, dass eine Reparatur sehr teuer werden würde, da er die Geige für die nötige aufwendige Restauration auseinandernehmen musste. »Warum kaufen Sie ihm keine neue Violine?«, schlug Amnon vor und betonte, dass das viel billiger wäre.

Als Helen ihrem Vater eröffnete, dass sie ihm ein neues Instrument kaufen wolle, begann er zu weinen. »Ich kann diese Geige nicht aufgeben«, sagte er unter Tränen. »Sie ist mein bester Freund.«

Helen suchte Amnon erneut auf und erzählte ihm schließlich, welche Rolle die Geige während des Holocaust gespielt hatte. Das änderte alles. »In Ordnung«, antwortete er ihr. »Ich gebe mein Bestes, damit man wieder auf ihr spielen kann.«

»Sagen Sie mir nicht, wie viel es kosten wird«, sagte Helen. »Der Preis spielt keine Rolle.«

Der Preis sollte tatsächlich keine Rolle spielen. Feivel zu Ehren erweckte Amnon das Instrument zu neuem Leben, ohne Geld dafür zu nehmen.

Feivel freute sich sehr, wieder mit Freund vereint zu sein. Er versuchte zu spielen, doch die fortgeschrittene Arthritis machte es unmöglich. Aber das war nicht entscheidend. Feivel war glücklich, Freund noch einmal in den Armen zu halten. Bis zum letzten Tag hielt er das Instrument in Ehren, drückte es an sich, während sich die Augen mit Tränen der Dankbarkeit füllten, dafür dass Freund seine Familie gerettet hatte.

Moshe Gildenman war Kommandant der jüdischen Partisanengruppe »Dyadya Misha« (Onkel Misha), die im polnisch-ukrainischen Grenzgebiet Wolhynien und in der ukrainischen Oblast Schytomyr aktiv war. (Mit freundlicher Genehmigung von Yad Vashem)

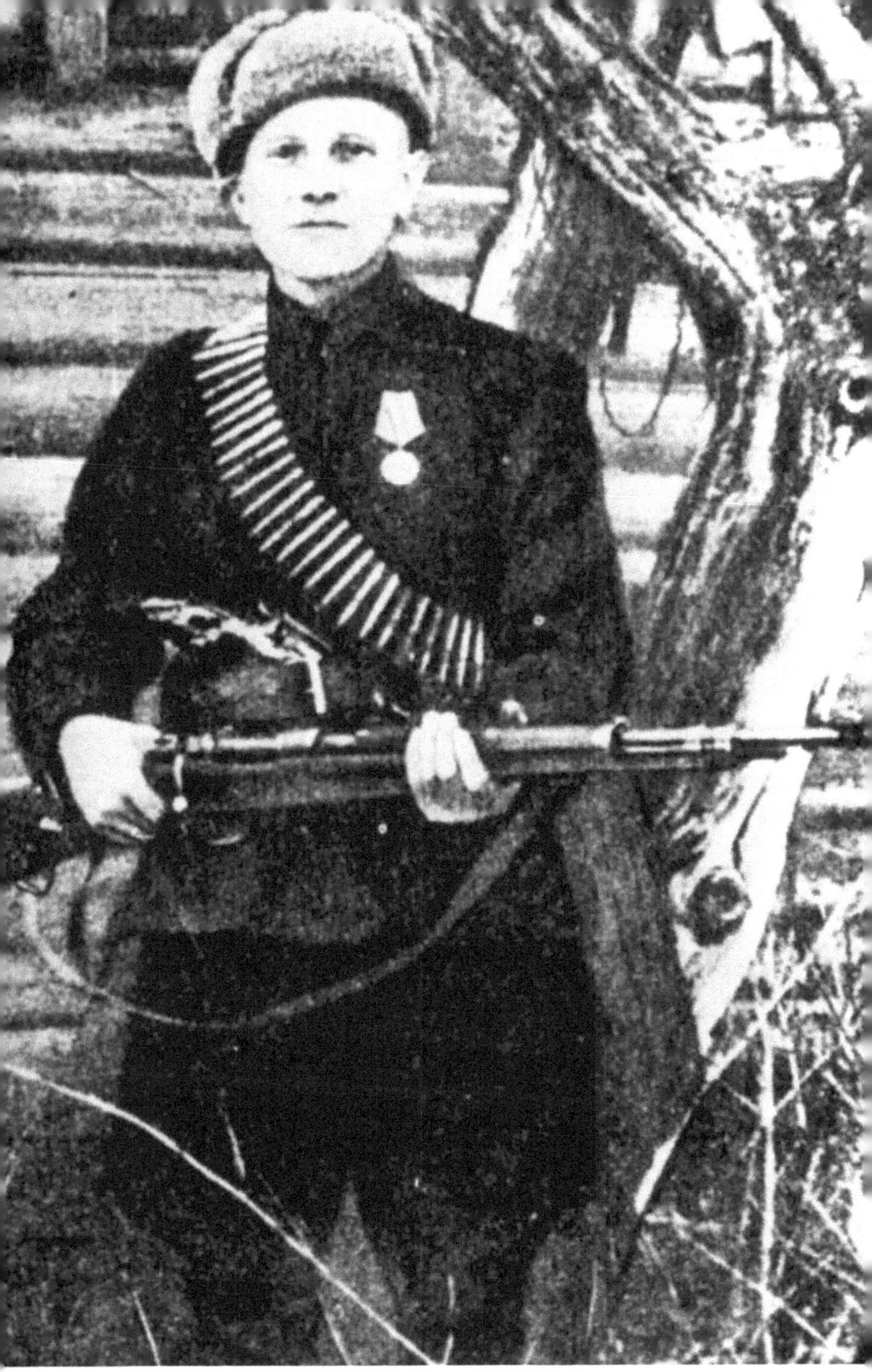

6
Motele Schleins Geige

Der zwölfjährige Junge schlief fest, als die sechs bewaffneten Männer ihn entdeckten. Er lag allein an einem schwelenden Feuer in den Wäldern des polnisch-ukrainischen Grenzgebiets Wolhynien. Sein Kopf ruhte auf einem Geigenkasten. Es war der 4. Januar 1943, kurz nach Mitternacht.

»Wo kommt dieser kleine Junge her?«, fragte einer der Männer.

»Wahrscheinlich hat er sich im Wald verlaufen«, antwortete ihr Anführer. »Er wird hungrig sein. Lasst ihn mal schlafen. Wenn die Suppe fertig ist, wecken wir ihn, und dann soll er uns erzählen, wer er ist.«

Die Männer fachten ein neues Feuer an. Sie schmolzen Schnee in Aluminiumdosen, die sie am Gürtel trugen. Als das Wasser zu kochen begann, warfen sie etwas Weizen und gefrorenes Fleisch hinein. »Wach auf, junger Mann!«, rief der Anführer und schüttelte den Jungen, während die Suppe köchelte. »Du solltest im Wald nicht so fest schlafen.«

Die Augenlider des Jungen hoben sich kurz, schlossen sich aber gleich wieder. Er rollte sich zur Seite und schlief weiter.

Der Anführer fasste ihn an den Armen und richtete ihn auf. Der Junge öffnete erneut die Augen. Als er die fremden Männer mit den Waffen erblickte, sprang er auf und versuchte zu fliehen, aber der Anführer packte seine Hand.

»Keine Angst, Junge!«, sagte er. »Wir werden dir nichts tun. Wir sind Partisanen. Weißt du, was Partisanen sind?«

Der Junge wusste genau, wer sie waren. Sie waren Angehörige einer jüdischen Guerillaeinheit. Freiheitskämpfer, die in die

Wälder entkommen waren, als die Deutschen und Ukrainer anfingen, ihre Heimatorte auszulöschen. Von ihren Verstecken im Wald aus starteten sie paramilitärische Angriffe und Sabotageakte gegen die Nazis und ihre Kollaborateure.

»Das weiß ich! Das weiß ich!«, rief der Junge, der die roten Stoffflicken, die sie an ihren Mützen trugen, wiedererkannte. »Ich bin seit drei Tagen auf der Suche nach euch.«

»Wie heißt du, Junge?«, fragte der Truppführer.

»Man nennt mich Mitka«, log der Junge. Er hatte gelernt, seine jüdische Identität vor Fremden zu verbergen, selbst vor anderen Juden. Er hatte sich einen Namen zugelegt, der ukrainisch klang. Sein wahrer Name war Mordechai »Motele« Schlein, doch das behielt er auch bei den Partisanen monatelang für sich.

Aber er sagte ihnen zumindest teilweise die Wahrheit darüber, wie er in die Wälder gekommen war. Motele stammte aus dem wolhynischen Dorf Krasnowka. Im vergangenen Frühling war seine Familie erschossen worden und er in den Wald entkommen.

Er erzählte den Partisanen, dass seine Eltern zusammen mit anderen Dorfbewohnern als Vergeltung für das Niederbrennen eines deutschen Warenlagers ermordet wurden. Die Wahrheit war, dass man seine Eltern und seine kleine Schwester einfach deswegen ermordete, weil sie Juden waren. Den ganzen Sommer über hatte Motele sich, wie er den Partisanen erklärte, im Wald allein durchgeschlagen. Als der Winter einbrach, hatte er ein Dorf in der Nähe aufgesucht und bei einem reichen Bauern Arbeit als Hirte gefunden. Doch nachdem die Bauersfrau ihn monatelang körperlich misshandelt hatte, war er am Neujahrstag wieder in den Wald geflohen und hatte gehofft, er könne an der Seite der Partisanen gegen die Nazis kämpfen.

»Du gefällst mir! Wir nehmen dich mit«, verkündete der Truppführer, dem der tapfere Junge imponierte. »Du wirst zu Onkel Mishas jüdischer Gruppe gehören.« Beim Truppführer handelte es sich um Simcha »Lionka« Gildenman, den Sohn von »Onkel Misha«, dem die Brigade ihren Namen verdankte.

»Hast du keine Angst, unter lauter Juden zu sein? Hier in Wolhynien haben die ukrainischen Kinder große Angst davor, dass sie jemand ›Zhid‹ nennt«, fuhr Lionka fort, wobei er das russische Schimpfwort für Menschen jüdischer Herkunft benutzte.

»Ich habe keine Angst vor Juden«, antwortete der Junge, drehte sich zur Seite und wischte sich verstohlen eine Träne mit dem Ärmel ab. »Sie sind so wie alle anderen auch.«

Krasnowka

Motele wurde 1930 in Krasnowka geboren, einem kleinen Dorf nahe der Grenze zwischen Polen und der Sowjetunion. Mit seiner zwei Jahre jüngeren Schwester Batyale wuchs er in einer eingefallenen, strohgedeckten Hütte auf. Ihr Vater Burtzik Schlein besaß neben der Hütte noch eine Windmühle und einen Garten. Die Mutter Chana kümmerte sich um die Familie, kochte das Essen, wusch die Kleider und bestellte den Garten. Im nahegelegenen See weichte sie Flachs ein, den sie abends zu Leinen verspann. Um die spärlichen Einkünfte aus der Mühle aufzubessern, züchtete sie Gänse, um die sich Motele und Batyale liebevoll kümmerten.

Moteles Familie war so arm, dass sie ihm nicht einmal Schuhe kaufen konnten, aber er wurde geliebt und hatte eine fröhliche Kindheit. Im Sommer spielte er viel mit seinen ukrainischen Freunden, die seinen Mut und seinen Sinn für Humor mochten. Und ihm machte es Spaß, ihnen beim Hüten der Kühe und Pferde hinter dem Dorf zu helfen. Wenn er auf den ungesattelten Pferden der Bauern durchs Dorf ritt, scherte sich niemand um die Tatsache, dass Motele Jude war.

Am meisten liebte Motele die Musik. Eine seiner Lieblingsbeschäftigungen war es, der Mutter zuzuhören, wenn sie am Spinnrad Lieder sang. Sein Lieblingslied war eine Ballade über das Pogrom von Kischinjow (dem heutigen Chişinău), das 1903 in der Hauptstadt des damals russischen Gouvernements Bessarabien an den Juden verübt worden war. Dann gab es noch den blinden Leierspieler, der oft nach Krasnowka kam, um zu betteln. Dazu setzte der Bettler sich auf den Boden, sang ukrainische Volkslieder und begleitete sich dabei auf der Leier. Diese Musik berührte Moteles Seele so, dass ihm unweigerlich die Tränen kamen. Manchmal lief Motele auch zum prunkvollen Palais auf der anderen Seite des Dorfs, das Meir Gershtein gehörte, einem wohlhabenden Großgrundbesitzer und Patriarchen der einzigen anderen jüdischen Familie in Krasnowka. Motele spähte zwischen den Stäben des Eisenzauns, der das Gebäude umgab, hindurch und hörte manchmal stundenlang fasziniert zu, wie Meirs Tochter Reizele Klavier spielte und dabei von ihrem Lehrer Solomon auf der Geige begleitete wurde.

Motele wollte auch Musik machen. Er schnitzte sich eine primitive Holzflöte und brachte sich zur Freude seiner Freunde selbst darauf bei, Vogelstimmen zu imitieren. Auch die wunderbaren Klänge, die er auf dem Anwesen der Gershteins gehört hatte – komplexe Kompositionen wie eine Mazurka von Henryk Wieniawski – versuchte er nachzuahmen, allerdings vergeblich. Die selbstgemachte Flöte war das einzige Instrument, das Motele sich leisten konnte, aber sein großer Wunsch war eine Violine. »Wenn ich größer bin, werde ich so Geige spielen lernen wie der Lehrer von Gershteins Tochter«, schwor er Batyale. »Ich werde Musiker werden.«

Im Herbst 1938 bekam Motele schließlich die Möglichkeit, ein Musikinstrument zu lernen, als Meir Gershteins Frau – eine Cousine dritten Grades von Motele – den achtjährigen Jungen einlud, bei ihnen zu wohnen. An den Nachmittagen, nachdem Reizele ihren Unterricht beendet hatte, ging sie immer mit Solomon in den Salon, um gemeinsam zu musizieren. Der Klang von Solomons Geige faszinierte Motetele so sehr, dass seine Blicke noch auf dem Instrument klebten, wenn sie längst aufgehört hatten zu spielen.

Als Reizele und Solomon einmal ein Medley aus ukrainischen Volksliedern spielten, sang Motele unwillkürlich mit. Reizele tauschte Blicke mit Solomon und flüsterte: »Pianissimo.« Während sie ihr Spiel dämpften, tönte Moteles Stimme durch den Salon. Als sie zum Ende kamen, lief Reizele zu Motele und küsste ihn auf die Wange. »Was für ein liebes Kind du bist!«, rief sie. »Was für ein wunderbares Gehör für Musik. Solomon, Sie müssen ihm das Geigenspiel beibringen.«

Und so wurde Moteles Traum wahr. Solomon begann ihm Geigenstunden auf dem Instrument zu geben, an dem Reizeles kleiner Bruder Shunye das Interesse verloren hatte. Es stellte sich schnell heraus, dass Motele ein gelehriger Schüler war. Er war intelligent und bemerkenswert talentiert, hatte eine schnelle Auffassungsgabe und war stets begierig, Neues zu lernen. Solomon verbrachte jede freie Minute damit, das Talent seines jungen Wunderkinds weiterzuentwickeln, selbst dann noch, als Motele im Frühjahr 1939 beschloss, in die Hütte seiner Eltern zurückzuziehen.

Moteles sorgenfreie Kindheit endete am 1. September 1939, als die Nazis in Polen einmarschierten. Als die deutsche Armee den Westteil des Landes besetzte, flohen Tausende von Polen, hauptsächlich Juden, nach Osten. Viele jüdische Familien suchten in Krasnowka Unterschlupf. Eine davon kam bei Moteles Familie unter und erzählte Unvorstellbares über die Gräueltaten der Deutschen.

Gemäß der im geheimen Zusatzprotokoll des Hitler-Stalin-Pakts vereinbarten Aufteilung Osteuropas zwischen Deutschland und der Sowjetunion marschierte die Rote Armee am 17. September in Ostpolen ein. Eine der auffälligsten Veränderungen, welche die sowjetische Besatzung mit sich brachte, war die Verstaatlichung des Gershtein-Anwesens. Die Gershteins wurden gezwungen, in ein Nachbardorf zu ziehen, und in ihr Palais zog die erste Schule in Krasnowka ein, die Motele dann besuchte. Solomon durfte als einer der Lehrer bleiben und konnte Motele weiter nach dem Mittagessen Geigenstunden geben.

Die relativ stabilen neuen Verhältnisse endeten, als die Deutschen am 22. Juni 1941 den Hitler-Stalin-Pakt verletzten und in das von den Sowjets besetzte Osteuropa einmarschierten. Erneut flohen die Menschen weiter nach Osten.

»Alle fliehen«, sagte Moteles Mutter Chana zu ihrem Mann. »Vielleicht sollten wir mitgehen.«

»Lass uns noch eine Weile abwarten«, antwortete Burtzik. Aber jeder neue Tag ließ ihn mehr an dieser Antwort zweifeln. Andere hatten ihre Häuser aufgegeben, aber wie konnten Chana und er die Windmühle verlassen, die sein Urgroßvater gebaut hatte? Und wie sollten sie Motele und seine kleine Schwester Batyale dann durchbringen?

Am 1. Juli war es zu spät. Die Deutschen besetzten Krasnowka. Unter dem Klang dröhnender Motoren und stampfender Militärstiefel fielen sie in das Dorf ein, verhafteten den Dorfvorsteher und knüpften ihn auf. Seine Leiche durfte als abschreckendes Beispiel für die übrigen Dorfbewohner drei Tage lang nicht vom Galgen genommen werden.

Die Dorfbewohner verkrochen sich in ihren Hütten, aber die Deutschen gingen einfach von Tür zu Tür und verlangten Lebensmittel.

Ein Laster mit zwölf deutschen Soldaten fuhr auf den Hof von Motele. Mit den Waffen im Anschlag betraten sie das Haus und setzten sich an den Tisch. Chana servierte ihnen Eier, frisches Brot und Butter. Sie verzehrten alles, ohne ein Wort zu sprechen. Sie starrten Chana einfach nur unter ihren Stahlhelmen an, die sie die ganze Zeit aufbehalten hatten. Motele und Batyale sahen vom Nebenraum aus durch die Risse in der Tür, wie der Älteste der Deutschen plötzlich aufstand und in den Hof ging. Wenige Augenblicke danach hörten Motele und Batyale mehrere Pistolenschüsse. Der Kommandant kam zurück und warf drei blutige Gänse auf den Boden, die noch zuckten und mit den Flügeln schlugen.

»Diese Gänse müssen in einer Stunde auf dem Tisch stehen«, befahl er Chana.

Chana war totenbleich und konnte sich vor Schreck nicht rühren.

Der Deutsche packte sie am Arm und starrte ihr wütend in die Augen. »Eine Stunde«, befahl er. »Hast du verstanden?«

Nachdem die Deutschen hinausgegangen waren, begann Chana zu weinen. Sie wischte sich die Tränen mit dem Kopftuch weg und machte sich daran, die Gänse zu rupfen.

Batyale kam ins Zimmer und schlang ihrer Mutter von hinten die Arme um den Hals. »Nicht weinen, Mama«, bat sie. »Wir haben doch noch mehr Gänse.«

»Ich weine nicht um die Gänse«, antwortete Chana. »Ich weine um unser Schicksal. Gott weiß, ob wir diese Mörder überleben.«

Währenddessen hatte der deutsche Kommandant Burtzik befohlen, Dreck und Matsch vom Laster zu waschen. Burtzik füllte einen Eimer mit Wasser und machte sich aus Stroh eine Bürste. Als der Kommandant sah, wie Burtzik den Laster schrubbte, wurde er wütend.

»Du dreckiger Jude«, schrie er mit Schaum vor dem Mund. »Wie kommst du dazu, den Lack meines Lasters zu ruinieren?«

Er schlug Burtzik ins Gesicht. Dann entdeckte er saubere weiße Laken auf der Wäscheleine, riss sie herunter, knüllte sie zusammen und warf sie Burtzik zu.

»Wasch damit, du verdammter Jude«, keifte er.

Motele rannte aus dem Haus, als er die Deutschen herumschreien hörte. Wütend sah er zu, wie sein Vater sich vor Angst auf die Lippe biss und weiter den Wagen wusch.

Die Besetzung von Wolhynien durch die Nazis

Kaum hatten die Deutschen Wolhynien besetzt, gingen sie die vollständige Vernichtung aller dort lebenden Juden an. Dabei konnten sie auf große Unterstützung durch lokale Polizei und Dorfbewohner zählen, deren Antisemitismus und Fremdenfeindlichkeit sie zu willigen Helfern beim Genozid machten. »Alle Elemente, die sich in unseren Städten angesiedelt haben und, ob Juden oder Polen, von außen in die Ukraine hineingebracht worden sind, müssen vollständig aus unseren Städten verschwinden«, verkündete der Herausgeber der Zeitung *Volhyn* am 1. September 1941. »Die Lösung des Judenproblems hat bereits begonnen, und es wird im Rahmen einer allgemeinen Umstrukturierung zu einem ›Neuen Europa‹[82] gelöst werden.«

In der ersten Welle von Massenmorden töteten deutsche Todesschwadronen gemeinsam mit der ukrainischen Polizei 15.000 Juden. Bis Oktober 1941 wurden in weiteren Massentötungen noch einmal 30.000 Juden ermordet. Das Abschlachten verlangsamte sich etwas, als die Deutschen auf den Gedanken kamen, die Juden lieber erst für Zwangsarbeiten auszubeuten, als sie direkt zu töten. Der größte Teil der noch lebenden Juden von Wolhynien war deshalb in überfüllte Ghettos und Arbeitslager deportiert worden, wo Hunger und Krankheiten viele weitere Menschenleben forderten.

Motele und seine Familie waren zwar die einzigen in Krasnowka verbliebenen Juden, wurden aber nicht in ein Ghetto gebracht, weil Burtziks Arbeit in der Windmühle ihn für das Dorf unentbehrlich machte. Burtzik unterstand trotzdem den Nürnberger Gesetzen. Die Nazis konfiszierten sein Getreide und setzten dem, was er mit dem Mahlen des Getreides für die Dorfbewohner verdienen konnte, enge Grenzen. Außerdem musste er den gelben Davidsstern tragen, der ihn unübersehbar von den übrigen Dorfbewohnern abgrenzte.

Einer dieser Dorfbewohner war Burtziks nächster Nachbar Pavlo Fustamit, dessen Familie bereits seit drei Generation neben den Schleins wohnte. Burtzik und Pavlo waren zusammen aufgewachsen, hatten zusammen Vieh gehütet und gemeinsam Militärdienst geleistet. Als Erwachsene sammelten sie zusammen Holz und halfen sich gegenseitig beim Viehkauf aus. Sie waren wie Brüder. Auch ihre Frauen waren enge Freundinnen, besuchten sich mehrmals am Tag, um sich gegenseitig etwas zu borgen, Rat einzuholen oder einfach nur ein Schwätzchen zu halten. Sie bestellten zusammen den Garten, spannen gemeinsam Flachs und halfen sich gegenseitig bei zahlreichen anderen Arbeiten aus.

Als Pavlos Haus durch einen Blitzeinschlag vollständig abbrannte, nahmen Chana und Burtzik ihn und seine Frau Maria solange bei sich auf, bis Pavlo ein neues Heim errichtet hatte. Aber nach der Invasion durch die Nazis mieden Pavlo und Maria Burtzik und seine Familie. Sie stellten ihre Besuche ein. Sie wandten sich ab, wenn sie ihnen auf der Straße begegneten.

Auch Motele wurde von seinen früheren Freunden gemieden. Zu Beginn des Schuljahrs ging er wieder in Gershteins ehemaliges Palais, um sich zurückzumelden. Auf dem Weg kam er an einer Gruppe ukrainischer Schulkinder vorbei, die im Park spielten. Kaum hatten sie ihn erblickt, riefen sie: »Jude! Jude!« Motele reagierte nicht. Mit gesenktem Kopf ging er weiter.

Er betrat das gewohnte Klassenzimmer und bemerkte ein Porträt von Hitler, das neu an der Wand hing. »Guten Morgen«, grüßte er.

»Ein Ukrainer sagt nicht ›Guten Morgen‹, sondern ›Ehre der Ukraine‹«, erwiderte einer der drei Lehrer, die an einem runden Tisch saßen. Niemand hob auch nur den Kopf und sah aus den Büchern hoch, die sie gerade lasen.

»Ich möchte mich für die Klasse anmelden«, murmelte Motele zögernd. »Wie heißt du?«, fragte einer der Lehrer, ohne den Kopf zu heben. Motele erkannte ihn trotzdem als den Erdkundelehrer, der ihn immer schon gemein behandelt hatte.

»Mordechai Schlein.«

Der gemeine Lehrer sprang auf und starrte Motele hasserfüllt an. »Du Zhid!«, schrie er. »Wer hat dich hier reingelassen? Hau sofort ab! Weißt du nicht, dass es Juden verboten ist, zur Schule zu gehen?«

Motele stürzte hinaus so schnell er konnte, sprang auf der Treppe immer drei Stufen auf einmal hinunter, rannte aus dem Schulgebäude und hielt nicht eher an, bis er ein großes Feld weit außerhalb des Dorfes erreicht hatte, wo er sich auf den Boden warf und hemmungslos losschluchzte.

Der Winter war sehr schwer für Moteles Familie. Sie hatten immer ein einfaches Leben geführt, waren aber nie in Armut versunken. Seitdem die Nazis Burtziks Verdienstmöglichkeiten eingeschränkt hatten, blieb ihnen kaum genug zum Überleben. Zu allem Überdruss war auch der Mühlstein abgenutzt und musste erneuert werden, wenn Burtzik weiterhin für das Dorf so von Nutzen sein wollte, dass er mit seiner Familie verschont wurde. Um das nötige Geld für einen neuen Mühlstein zu sparen, ernährte sich die Familie den ganzen Winter über nur von Kartoffeln.

Dabei wären sie nicht nur beinahe verhungert, sondern auch fast erfroren. Da die Dörfler sich weigerten, Burtzik ein Pferd zu leihen, konnte er kein gutes Feuerholz herbeischaffen. So mussten Motele und Batyale kilometerweit in den Wald laufen und mit bloßen Händen im Schnee nach Ästen suchen, die sie auf ihren kleinen Schlitten laden konnten. Während sie sich vor Hunger, Kälte und Erschöpfung weinend auf den Rückweg machten, wurden sie unterwegs von ukrainischen Kindern angepöbelt und verspottet.

Erneute Massenmorde

Im Frühjahr 1942 wurde die ethnische Säuberung in Wolhynien in aller Brutalität wiederaufgenommen. Die Nazis ließen in den Ghettos die systematische Vernichtung anlaufen, angefangen bei Frauen, Kindern und nicht arbeitsfähigen Alten. Fast 20.000 wolhynische Juden wurden schon in der Anlaufphase der erneuten Massenmorde getötet, die im Mai begann und bis Mitte Juni andauerte. In der zweiten Phase wurden die Ghettos in Rowno (heute Riwne) und Olyka ausgemerzt und 10.000 Juden ermordet. Die dritte Phase war die schlimmste. Sie begann im August und dauerte über zwei Monate. Die Mörderbanden, die oft in verschiedenen Bezirken gleichzeitig am Werk waren, töteten 150.000 Juden und löschten mit erbarmungsloser Effizienz die einst so lebendige jüdische Gemeinde in Wolhynien vollständig aus. Eine letzte Aktion im November und Dezember

1942 beendete die ethnische Säuberung und eliminierte auch die in den Ghettos verbliebenen fähigen Arbeitskräfte. Nur wenige tausend Juden, die sich verstecken oder in die Wälder fliehen konnten, waren davongekommen. Aber auch von diesen verloren später noch viele ihr Leben durch Unterernährung oder in Partisanenkämpfen.

Beim Massaker in der wolhynischen Stadt Korez am 21. Mai 1942 – am Vorabend des jüdischen Schawuot-Fests – wurden neunzig Prozent der jüdischen Stadtbevölkerung abgeschlachtet. Zu den wenigen Überlebenden gehörte der 44-jährige Bauingenieur Moshe Gildenman, der später detailliert von den Gräueltaten in Korez berichtete: »Neben einer zwanzig mal zwanzig Meter langen und drei Meter tiefen Grube befand sich ein Tisch, auf dem Cognacflaschen und etwas zu Essen standen«, erinnerte er sich. »Am Tisch saß ein Deutscher mit einer automatischen Pistole in der Hand. Verängstigte und verzweifelte Juden wurden nackt und in Gruppen zu sechst in die Grube gestoßen. Der Deutsche befahl ihnen, sich mit dem Gesicht nach unten auf den Boden zu legen. Dann nahm er abwechselnd einen Schluck Cognac und erschoss einen von ihnen. Unter den 2.200 Juden, die die Deutschen an diesem Tag erschossen, waren auch meine Frau und meine 13-jährige Tochter.«

Das Töten dauerte zwölf Stunden. Am Abend versammelten sich Gildenman und die anderen Überlebenden in der Synagoge, zerrissen sich, wie es die Tradition gebot, die Kleider und sprachen das Kaddisch für die Toten. Während die anderen trauerten, sann Gildenman auf Rache und Vergeltung. Er hörte nur, wie eine innere Stimme in ihm schrie: »Gebete werden deinen Schmerz über die Ströme von unschuldig vergossenem Blut nicht lindern – nur Rache!«

Kaum war das Kaddisch gesprochen, schlug Gildenman mit der Faust auf den Tisch. »Hört mir zu, verzweifelte, todgeweihte Juden! Ihr wisst, dass es uns früher oder später alle erwischt. Aber ich lass mich nicht wie ein Schaf zur Schlachtbank führen!« Gildenman schwor, er werde eines Tages Vergeltung üben.[83]

Als die Deutschen und Ukrainer am 23. September 1942 das Ghetto von Korez umstellten, um es endgültig auszulöschen, entkamen Gildenman, sein Sohn und einige andere Männer in die Wälder. Gildenman nutzte sein Wissen als Bauingenieur und linderte seinen Rachedurst mit einer Serie ausgeklügelter Anschläge, um Nazis zu töten und deren Waffen zu erbeuten. Zu den erfolgreichen Aktionen gehörten geschickt ausgeführte Sabotageakte gegen Züge, Gleise und Brücken, mit denen sie die Deutschen daran hinderten, die dringend benötigte Verstärkung an die Ostfront zu transportieren. Nach Gildenmans Rufnamen bei den Partisanen machte seine Truppe sich als »Dyadya (Onkel) Mishas« jüdische Gruppe einen Namen. Es war dieselbe Partisanenbrigade, der sich später, im Januar 1943, auch Motele anschloss.

Eines Tages kam Motele nach Hause und sah, wie der von den Nazis ernannte Dorfvorsteher in Begleitung von vier Soldaten den Hof seiner Familie betrat. Aus Angst, den Nazis unter die Augen zu treten, huschte Motele in die Windmühle. Er kletterte ins Dachgeschoss und beobachtete durch ein rundes Fenster, was unten vorging: Der Vorsteher lehnte am Brunnen und putzte mit einem Zweig wie unbeteiligt seine Stiefel, während die vier Soldaten ins Haus gingen. Plötzlich hörte er seinen Vater aufschreien. Mehrere Schüsse fielen. Da hörte er die schier unerträglichen Schreie von Chana und Batyale.

Dann war alles still. Motele zitterte am ganzen Körper. Seine Haare sträubten sich. Er wusste sofort, dass seine Eltern und seine Schwester tot waren. Er wäre der nächste, wenn er nicht aufpasste. Er beschloss davonzulaufen, sobald er die Mühle sicher verlassen konnte.

Der Dorfvorsteher ging ins Haus, tauchte kurz darauf wieder auf und trug ein blutiges Tuch in der Hand, in das er einige gestohlene Sachen gewickelt hatte. Dann ging er, gefolgt von seinen Nazi-Schergen, ins Dorf zurück.

Von seinem Versteck in der Windmühle aus sah Motele, dass der Nachbar Pavlo Fustamit sich näherte. Pavlo huschte in Moteles Heim und streckte seinen Kopf zum Fenster hinaus.

»Maria!«, rief er. »Schnell, bring einen Sack mit!«

Maria kam mit einem leeren Sack hinüber und ging ins Haus. Nach einer Weile erschien Pavlo wieder auf dem Hof und hatte das große Federbett, das Moteles Mutter in mühseliger Kleinarbeit gefertigt hatte, unter dem Arm. Er riss die Decke auf, schüttelte die Federn aus und ging mit dem leeren Laken zurück ins Haus. Als er wieder nach draußen kam, war das Laken mit Diebesgut vollgestopft. Maria folgte mit einem Sack auf den Schultern, der fast so schwer war wie sie selbst.

Von stummen Weinkrämpfen geschüttelt nahm Motele durch die Tränen verschwommen wahr, dass auch der Dorfvorsteher zurückkehrte.

»Bis der örtliche Befehlshaber die Windmühle übernimmt, wird sie versiegelt«, erklärte der Vorsteher Pavlo.

Während der Vorsteher auf die Mühle zuging, huschte Motele vom Dachgeschoss hinunter und versteckte sich hinter einem alten Holzverschlag. Sein Herz pochte und in seinem Kopf drehte sich alles. Er war wie benommen.

»Ist da jemand?«, rief der Vorsteher und öffnete die einzige Tür zur Mühle. »Komm raus, denn ich nagele die Tür zu.«

Motele hörte, wie die Tür geschlossen und Nägel eingeschlagen wurden. Er atmete schwer, aber blieb in seinem Versteck. Lange lag er dort und weinte leise vor sich hin. Als es Nacht wurde, beschloss er zu fliehen. Er fand ein Seil und band es mit einem Ende an einen Pfosten. Das andere Ende schob er durch eine kleine Luke im Dachgeschoss. Dann kroch er selbst durch die Luke und glitt am Seil die 15 Meter bis zum Boden hinunter.

Mit pochendem Herzen näherte er sich dem Haus. Kaum war er drin, erstarrte er. Im Mondlicht sah er Burtzik im eigenen Blut mitten im Raum liegen. Seine Augen waren noch geöffnet. Chana lag auf dem Bett, ein nackter Fuß hing über die Kante hinunter in einer Blutlache. Die kleine Batyale lag ganz in der Nähe unter einem Stuhl, das Gesicht flach auf dem Boden. Ihre kleinen Hände waren ausgestreckt, wie eingefroren in einer letzten Geste der Verzweiflung.

»Blut … Blut«, stammelte Motele schockiert von dem, was er da sah. »Ich habe niemanden mehr. Alle sind ermordet worden. Ich muss weg von hier, so schnell wie möglich. Sie wollen auch mich töten.«

Bevor er ging, entdeckte er das kleine Gebetbuch seines Vaters, das noch direkt neben ihm lag. Er hob es auf, presste es an seine Lippen und steckte es in die Tasche. Dann rannte er schnell aus dem Haus.

Er hatte kaum den alten Birnbaum am Rand des Hofes erreicht, als er Pavlo den Weg entlang kommen sah. Schnell kletterte Motele auf den Baum und wartete, bis Pavlo ins Haus gegangen war. Während Motele wieder hinunterkletterte, fiel ihm Gershteins Geige ein, die er im Hohlraum dieses Baumes versteckt hatte, damit die Deutschen sie nicht beschlagnahmten.

Motele fischte die Geige aus ihrem Versteck und presste sie an sich. Sie war die letzte Erinnerung an eine bessere Zeit. Dann rannte er in den dichten Wald und hatte dabei nur einen Gedanken im Kopf: »Lauf weg, je weiter, desto besser. Nur weg von diesen bösen Menschen.«

Motele im Wald

Motele erzählte Lionka und den anderen Partisanen, nachdem sie ihn im Wald entdeckt hatten, er habe den Sommer nach seiner Flucht im Wald verbracht. Er war nach Osten Richtung Weißrussland gewandert und hatte sich von Waldbeeren und Pilzen ernährt. Wenn er in die Nähe von Städten oder Dörfern kam, versteckte er sich im Gebüsch bis es dunkel war und klaute dann auf dem Weg durch den Ort in den Gärten Kartoffeln. Zum Schlafen machte er sich ein Bett aus Moos und Gras und nahm den Geigenkasten als Kopfkissen. Anfangs flößte ihm der Wald mächtig Angst ein, aber je besser er sich zurechtfand und sich das Nötigste zum Überleben zu besorgen wusste, desto zuversichtlicher wurde er.

Als kalter Wind und Regen den Herbst ankündigten, wurde es sehr viel schwieriger, genügend Nahrungsmittel aufzutreiben. Die Beerensaison war vorbei, Pilze waren unter dem dichten Laub immer schwerer zu finden und die Kartoffeln in den Gärten waren abgeerntet. Ohne Schuhe und nur mit einem dünnen Leinenhemd und ein Paar Hosen am Leib fror Motele ständig. Auch sein Geigenkasten litt unter dem Wetter und fing durch die Feuchtigkeit an aufzuquellen. Seit Monaten hatte Motele aus Angst, dass ihn jemand hören könnte, nicht mehr auf der Geige gespielt. Trotzdem öffnete er den Kasten gelegentlich, um mit der Hand sacht über die Saiten zu streifen. Schon dieser minimale körperliche Kontakt mit seinem Instrument genügte, um ihm ein wenig Trost zu verschaffen.

Als das kalte Regenwetter nicht mehr zu ertragen war, versteckte Motele die Geige unter einem umgestürzten Baum und ging ins nächste Dorf. Er klopfte an die erstbeste Tür und wurde von einer älteren Bäuerin aufgenommen, die ihm eine Arbeit als Viehhirte für den reichsten Bauern des Dorfes besorgte. Motele lief zurück in den Wald, holte seine Geige und versteckte sie in einem Holzschuppen unter dem Stroh. Dafür dass er zwei Ochsen, vier Kühe und zehn Schafe hütete, bekam Motele eine Jacke, eine Hose und ein Paar Stiefel.

Der reiche Bauer Karpo war ein stiller, freundlicher Mann, der Motele gut behandelte. Seine Frau Christia dagegen war eine bösartige Frau, die Motele und ihr Dienstmädchen Dasha mit Schlägen und Schimpfworten traktierte. Noch schlimmer war ihr Sohn Pyetro, ein antisemitischer Polizist aus dem nahegelegenen Dombrovitze.

»Das ist unser neuer Hirte?«, fragte Pyetro, als er Motele entdeckte. »Aus unerfindlichen Gründen hat er sehr lockige Haare wie ein Zhid. Komm mal näher, Junge.«

Moteles Herz pochte und er musste allen Mut aufbringen, um sich Pyetro zu nähern. »Ehre der Ukraine!«, grüßte er den Polizisten freundlich mit dem Gruß, den er von seinen Nazi-Lehrern in Krasnowka gelernt hatte.

Pyetro starrte in Moteles dunkel glänzende Augen. »Das ›Vater unser‹«, sagte er und verlangte das christliche Gebet zu hören. »Kennst du es?«

Da Motele mit christlichen ukrainischen Kinder aufgewachsen war, hatte er auch ihre Gebräuche und Gebete gelernt. Er sagte das Gebet auf, ohne zu stocken.

»Auch wenn du Christ bist«, lenkte Pyetro ein, »hast du trotzdem Haare wie ein Nichtchrist.«

Damit ruhte die Angelegenheit, bis zum Neujahrsabend, als Christia unter Moteles Sachen das kleine Gebetbuch fand, das einmal seinem Vater gehört hatte.

»Du bist ein Zhid!«, konfrontierte sie Motele mit ihrem Fund, als er abends nach Hause kam.

»Alle sagen, dass ich aussehe wie ein Zhid«, entgegnete Motele gelassen. »Selbst Ihr Sohn Pyetro sagt, dass ich Haare wie ein Nichtchrist habe.«

»Und was ist das?«, fragte Christia und hielt triumphierend das Gebetbuch in die Höhe.

»Wo haben Sie Seryozhas kleines Buch gefunden«, rief Motele, indem er schlagfertig einen jüdischen Freund erfand. »Er hat es mir für einen Tag geliehen, um damit zu spielen, und ich habe es verloren. Wir hätten uns beinahe deswegen geprügelt.« Er griff in aller Ruhe nach dem Buch und steckte es sich in die Tasche.

»Ich habe doch gesagt, dass du ganz ohne Grund auf diesem armen Jungen herumhackst«, wies Karpo seine Frau zurecht. »Er ist eine wahre christliche Seele, und du willst ihn zu einem Juden machen.«

»Morgen kommt unser Pyetro«, antwortete Christia, die sich noch nicht geschlagen geben wollte. »Er wird den Jungen so lange befragen wie es nötig ist, um herauszufinden, ob er Zhid oder Christ ist.«

Als sich die Familie am Neujahrsmorgen auf den Weg zur Kirche machte, ließen sie Motele daheim, um das Haus zu bewachen. Die Befragung sollte nach der Messe stattfinden. Motele hatte geplant, einfach zu verschwinden, sobald sie weg waren, aber dann überkam ihn die Lust sich zu rächen. Er musste an den Nazi-Lehrer denken, der ihn in Krasnowka gedemütigt hatte, und an die Schläge von Christia. Er dachte an seine früheren Nachbarn Pavlo und Maria Fustamit, die seinen Vater erst gemieden und dann sein Haus geplündert hatten. Er dachte an seine ermordete Familie. Es war nicht gerecht, dass die selbsternannten Christen ihr Neujahr feierten, während er zurück in den Wald fliehen musste. Jemand musste dafür bezahlen.

Motele schnappte seine Geige, stieg auf den Dachboden und zündete das Strohdach an. Dann schlich er sich schnell hinter den Häusern entlang durch das Dorf in den Wald. Kaum hatte er den Waldrand erreicht, hörte er Geschrei. Die Kirchenglocken läuteten zum Feueralarm. Motele wandte sich um. Während er im Wald verschwand, schossen die Flammen aus Karpos Haus in den Himmel.

Das Dienstmädchen Dasha hatte Motele Geschichten von Partisanen erzählt, die die Wälder rund um das Dorf besetzt hielten. Diese tapferen Kämpfer töteten Polizisten, überfielen Militärdepots und teilten ihre Beute mit den ärmsten Bauern. Begeistert von den Erzählungen über ihre Bravourstücke, hielt Motele nach ihnen Ausschau.

Nachdem er drei Tage im Wald umhergeirrt war, fanden sie ihn. Und so kam der Junge, der sich selbst Mitka nannte, zu Onkel Mishas jüdischen Partisanen, die damals bereits taktische Unterstützung von der Roten Armee bekamen. Motele stellte sich als cleverer und wagemutiger Agent mit einem Händchen für Informationsbeschaffung und Spionage heraus.

Motele, der junge Partisane

Kaum war Motele bei den jüdischen Partisanen aufgenommen, schickte ihn Onkel Misha auf eine Mission. Motele sollte eine Gruppe ungarischer Soldaten ausspionieren, die im fünf Kilometer entfernten Dorf Lubin eingetroffen waren.

»Wenn sie dich anhalten und fragen, wer du bist, was sagst du dann?«, fragte Onkel Misha, bevor er Motele ziehen ließ.

»Ich erzähle ihnen, dass ich aus dem Dorf Kristinowka komme und nach einer weißen Kuh mit roten Flecken und einem abgebrochenen Horn suche«, antwortete Motele gewitzt und ohne zu zögern. »Die hat sich von der Herde gelöst und ist Richtung Lubin gelaufen.«

Barfuß in seiner kurzen Leinenhose, eine Tasche über der Schulter und eine Peitsche in der Hand, war Motele der perfekte Kuhhirte. Er ging mitten durch das Dorf und schlenderte unschuldig an den ungarischen Soldaten vorbei, die von Haus zu Haus gingen und Eier und Käse einsammelten. In der Dorfmitte sah er sechs große Transporter. Neben den Transportern saß ein dicker ungarischer Koch, mit dem sich Motele anfreundete, indem er ihm Holz hackte und die Suppe umrührte. Während Motele sich um die Suppe kümmerte, döste der Koch ein. Der Koch hatte seine Pistole auf eine Bank gelegt und Motele überlegte: »Mit so einer Pistole wäre ich ein richtiger Partisan.« Er nahm die Pistole flink aus dem Holster und steckte sie sich in die Tasche.

Auf dem Rückweg aus dem Dorf begegnete er einem ungarischen Soldaten, der gerade auf ein Pferd stieg. Dabei fiel ihm die Peitsche herunter, und er bedeutete dem Jungen, sie für ihn aufzuheben. Moteles Herz klopfte, aber um sich nicht verdächtig zu machen, atmete er tief durch und hob die Peitsche auf. Kaum war der Soldat davongeritten, lief Motele so schnell er konnte in den Wald zurück.

Im Partisanenlager erstattete er Onkel Misha Bericht, griff in die Tasche und zog mit großer Geste einen belgischen Colt hervor. »Lass uns auf die andere Seite der Sümpfe gehen«, bat er voller Vorfreude und nahm seinen neuen Freund Lionka bei der Hand. »Bring mir bei, wie man schießt!«

»Einen Moment Geduld, bevor du das Schießen lernst!«, unterbrach ihn Onkel Misha. »Du hast mir noch nicht erzählt, was deine Aufklärungsmission erbracht hat. Ich habe dich nach Lubin geschickt, um herauszufinden, mit wie vielen Ungarn wir es dort zu tun haben und wie sie bewaffnet sind, nicht um schlafenden Köchen die Pistole zu stehlen.«

Motele wurde rot. »Ich habe doch gesagt, dass dort sechs Transporter sind«, antwortete er wütend. »Wenn wir davon ausgehen, dass auf jeden Transporter fünf Mann kommen, sind dort dreißig Ungarn. Dann der Koch, macht 31, und der Kommandant, macht 32. Mehr können es nicht sein, denn die Ungarn sind keine Partisanen, die sich freiwillig zu zehnt in einen Transporter quetschen.«

»Sie haben nur ein schweres Maschinengewehr, ähnlich unserer Maxim«, fuhr er fort und bezog sich auf die sperrige Waffe, für deren Bedienung man mehrere Männer brauchte. »Es stand auf einem der Wagen, versteckt unter einer dicken grünen Plane. Es sah aus, als wären sie nach Lubin gekommen, um Getreide zu besorgen, zumindest habe ich frische, mit einem Hakenkreuz markierte Säcke davon auf einem der Wagen stehen sehen.«

Kaum eine Stunde nach Moteles Bericht griff Onkel Misha die Ungarn in Lubin an. Wie Motele berechnet hatte, fanden sie dreißig Mann vor. Onkel Mishas Truppe tötete sie alle und nahm die gesamte Ladung mit.

An einem Frühlingssonntag im Jahr 1943 wurde Motele erneut auf Mission geschickt – eine deutlich gewagtere als einfach nur eine Brigade Ungarn auszuspionieren. Unbarmherzig trieb Motele sein vor Hunger und Krankheit halbtotes Pferd mit der Peitsche an, einen mit Kleiesäcken beladenen Karren in das Dorf Bielko zu ziehen. Kurz vor dem Dorf hielt Motele und kletterte vom Karren. Er versicherte sich, dass ihn niemand beobachtete, entfernte die Schraube, die das rechte Vorderrad sicherte, und warf sie ins Gebüsch. Dann fuhr er weiter ins Dorf. Das laute Quietschen der absichtlich nicht geschmierten Räder machte seine Ankunft unüberhörbar. Er stoppte den Karren direkt vor einem großen Holzhaus, dem Hauptquartier der stärksten Polizeistation der Region, das vierzig ukrainische Polizisten und sechs deutsche Soldaten beherbergte. Sechs Polizisten kamen heraus, um der Ursache des Lärms nachzugehen, während ein deutscher Soldat aus dem Fenster schaute und sich über die primitive Transporttechnik ukrainischer Bauern lustig machte.

Motele stieg ab und untersuchte unter großem Getue die rechte Vorderseite. »Ich habe die Schraube vom Vorderrad verloren.« Er fing an zu weinen und hämmert sich die Fäuste an den Kopf. »Was soll ich nur machen? Mein Vater bringt mich um!«

»Ich muss die Schraube irgendwo in der Nähe im Wald verloren haben«, rief er. »Wie soll ich jetzt weiterkommen?«

»Können Sie bitte mein Pferd halten, während ich zurücklaufe und nach der Schraube suche?«, bat er die Polizisten, die dabei standen und sich über den weinenden Jungen lustig machten. Bevor sie ihm etwas entgegnen konnten, drückte er einem von ihnen den Zügel in die Hand und lief zurück Richtung Wald. Den Blick hielt er dabei stur auf den Boden gesenkt. Alle paar Schritte ging er auf die Knie, als ob er etwas suchte. Kaum hatte er das dichte Gehölz erreicht, verschwand er zwischen den Bäumen. So schnell er konnte lief er fünfhundert Meter in den Wald hinein, bevor er stehen blieb. Er steckte zwei Finger in den Mund und stieß einen lauten Pfiff aus. Sofort antwortete aus der Nähe ein gleicher Pfiff. Wie aus dem Nichts tauchten Lionka und zwei andere Partisanen auf.

»Hast du das Geschenk abgeliefert?«, fragte Lionka.

»Ich habe das Geschenk nicht nur an der Polizeiwache abgeliefert, sondern den sechs Polizisten und zwei Soldaten direkt in die Hand gedrückt, die es gerade bewachen«, antwortete Motele lachend. »Ha, die habe ich ganz schön reingelegt!« Übermütig schlug er zwei Purzelbäume.

Nachdem Motele die Wache verlassen hatte, standen die Polizisten um den Karren herum und lästerten weiter über den dürftigen Zustand von Pferd und Kutscher. Als Motele nicht zurückkehrte, beschlossen die Polizisten, Pferd und Karren in den Hof der Wache zu bringen. Da das Pferd zu keinem weiteren Schritt mehr zu bewegen war, fing einer der Polizisten an, die Kleiesäcke abzuladen. Er hatte gerade zwei Säcke abgeworfen und den dritten geschultert, als der Karren mit einer gewaltigen Detonation explodierte. Der letzte Sack war mit einer Bombe verbunden gewesen, die die Partisanen auf dem Karrenboden platziert hatten.

Säcke, Karren und Pferdeeingeweide flogen durch die Luft. Vier Polizisten waren sofort tot, zwei weitere wurden schwer verletzt. Ein Holzstück vom Karren traf den deutschen Soldaten am Fenster und schlug ihm ein Auge und sämtliche Zähne aus. Während die Bauern herbeigelaufen kamen, um zu sehen, was passiert war, flogen Hunderte von Papierblättern umher. Die Kleiesäcke waren mit Flugblättern gefüllt gewesen, die nach der Explosion durch die Luft wirbelten. Langsam sanken die Flugblätter zu Boden und legten sich wie frischer Schnee auf Dächer, Höfe und Straße. Das Propagandamaterial, das ein paar Tage zuvor von der Roten Armee per Flugzeug an Onkel Mishas Partisanen geliefert worden war, trumpfte mit den Niederlagen der Deutschen an der Ostfront auf. Und die Ukrainer wurden gewarnt, dass die vorrückende Rote Armee sie schwer bestrafen würde, falls sie noch länger mit den Nazis kollaborierten.

Am 21. Mai 1943, über fünf Monate nachdem er zu Dyadya Mishas jüdischen Kämpfern gestoßen war, offenbarte Motele den Partisanen schließlich doch seine wahre Identität. Für seine Beichte wählte er den Tag, an dem Onkel Misha in großer Trauer den ersten Jahrestag der Ermordung seiner Frau und Tochter beging. Onkel Misha, Lionka und zehn weitere Partisanen von Korez machten sich auf, um außerhalb des Lagers ungestört das Kaddisch zu sprechen. Als Onkel Misha bemerkte, dass Motele sich ihnen anschließen wollte, befahl er ihm, ins Lager zurückzukehren.

»Was für ein Festtag ist heute?«, fragte der Junge.

»Genau heute vor einem Jahr haben die Deutschen meine Familie ermordet«, antwortete Onkel Misha.

»Die Deutschen haben auch meine Familie ermordet.«

»Aber wir sind Juden und werden ein Gebet zu unserem Gott sprechen.«

»Mein Vater hat mich gelehrt, dass alle Menschen den gleichen Gott haben. Ich störe euch nicht, lasst mich mitkommen.«

Onkel Misha gab nach.

Als die Partisanen ihr Ziel auf der andern Seite der Sümpfe erreicht hatten, war die Sonne bereits untergegangen. Sie steckten zwei Reihen von Kerzen auf Nägel, die in einen großen Baumstumpf geschlagen waren, und entzündeten sie. Einer der Partisanen holte ein Gebetbuch hervor und führte durch das Abendgebet. Danach sprachen die Trauernden unter Tränen ihr Kaddisch. Als die Partisanen geendet hatten, hörten sie Motele langsam die letzte Zeile des hebräischen Gebets sprechen: »Frieden unter uns und ganz Israel, sprecht Amen.«

Erstaunt drehten sich die Partisanen zu dem Jungen um, der hinter der Gruppe stand und ein kleines Gebetbuch in der Hand hielt. Es war das Buch, das Motele aus dem Haus seines Vaters mitgebracht hatte. Er hatte es seitdem immer bei sich getragen.

Große Tränen kullerten Moteles Wangen hinunter. Er lief auf Onkel Misha zu und schlang die Arme um dessen Hals. »Onkel Misha, ich bin auch Jude!«, schluchzte er.

Die Partisanen waren verblüfft. Warum hatte der Junge solange seine jüdische Herkunft verschwiegen? In Onkel Mishas Gruppe war es doch absolut keine Schande, Jude zu sein.

»Zuallererst sagst du uns jetzt deinen jüdischen Namen«, verlangte Lionka, der verärgert war, weil er sich hintergangen fühlte. »Und dann, warum du uns verschwiegen hast, dass du Jude bist. Hältst du es für eine größere Ehre, Ukrainer zu sein?«

»Mein richtiger Name ist Motele. Bitte nennt mich ab jetzt bei diesem Namen«, brachte der Junge schließlich hervor. »Ich habe meine jüdische Identität verborgen, weil ich, seitdem die Deutschen unser Land besetzt haben, als Jude so viel Leid erfahren habe, dass ich mich sicherer fühle, wenn ich mich nicht als solcher zu erkennen gebe, nicht mal unter Freunden. Außerdem schien mir, dass ich es als Ukrainer leichter haben würde, den Tod meiner Eltern und meiner einzigen Schwester zu rächen.«

Auch wenn sein wahrer, jüdischer Name jetzt bekannt war, änderte das nichts daran, dass Motele bei den Partisanen weiterhin erstaunliches Geschick und Selbstvertrauen bewies.

Am 6. Juli 1943 wurden Onkel Mishas jüdische Partisanen von zwei deutschen Kampffliegern angegriffen, als sie versuchten, einen Fluss zu überqueren. Die für den Funk zuständige Partisanin Mania wurde auf eine kleine Insel inmitten des Flusses abgetrieben und erschoss sich. Sie wollte auf keinen Fall lebend erwischt werden und sicher gehen, dass man ihr unter Folter keine Geheimcodes abpressen konnte. Fassungslos schauten die Partisanen zu, wie Manias Körper zu Boden fiel und im Morast versank, der die Insel umgab. Sie zu verlieren bedeutete gleichzeitig, dass auch die Batterien für das Funkgerät verloren waren, die sie in einer Zigarrenkiste in ihrer Ledertasche aufbewahrte. Der Funk war lebenswichtig für die Partisanen. Er war ihre Verbindung zum Partisanen-Hauptquartier in Moskau, von dem sie wichtige taktische Informationen erhielten. Nur über Funk konnten sie einen SOS-Ruf absetzen, der ihnen wenigstens eine geringe Hoffnung wahrte, den Angriff der Deutschen zu überleben.

»Ich kann hinschwimmen und die Ledertasche mit den Batterien retten«, meldete sich Motele freiwillig.

»Das ist unmöglich«, antwortete Onkel Misha. »Die Deutschen werden dich entdecken, sobald du auftauchst.«

»Sie werden mich nicht sehen«, sagte Motele selbstbewusst. »Ich bleibe unter Wasser.«

»Wie willst du so lange unter Wasser bleiben?«

»Ich kann stundenlang unter Wasser bleiben. Ich zeig es euch.« Motele zog seine Sachen aus, kroch zum Ufer und riss ein Schilfrohr heraus. Er nahm ein Ende in den Mund und blies hinein wie in einen Strohhalm. »Mit diesem Schilfrohr tauche ich zur Not bis zur Wolga!«, rief er.

Er glitt ins Wasser und verschwand. Nur ein Stück Schilfrohr schaute aus dem Wasser. Onkel Misha und seine Partisanen beobachteten, wie das Rohrende den Fluss durchquerte. Unter den Augen der Deutschen, die den Fluss von der anderen Seite beobachteten, erreichte der Halm die Insel. Die Büsche bewegten sich leicht, und sofort war alles wieder ruhig. Dann näherte sich der Halm wieder den Partisanen. Triumphierend stieg Motele mit

Manias Tasche aus dem Wasser. Eine Stunde später hörten die Russen das Notsignal der Partisanen und konnten, dank Moteles heldenhaftem Einsatz, zu Hilfe kommen.

Motele sprengt den Offiziers-Club

Im August 1943 operierten Onkel Mishas jüdische Partisanen in den dichten Wäldern der nordukrainischen Provinz Schytomyr. Das strapaziöse Waldleben zehrte an den Kräften, aber die jüngsten Radioberichte über die Erfolge der Roten Armee, die erst wenige Wochen zuvor nach der Schlacht bei Kursk die Oberhand an der Ostfront gewonnen hatte, gab den Partisanen neuen Mut. Auf ihrem Vormarsch nach Westen befreiten die Russen immer mehr Städte und nahmen die Deutschen in Gefangenschaft.

Zwar hatten die sowjetischen Befehlshaber angeordnet, dass die Partisanenführer ihre Sabotageaktionen aussetzen sollten bis sie sich mit der Roten Armee vereinigt hatten, aber Onkel Mishas Rachedurst war noch lange nicht gestillt. Er plante einen Überraschungsangriff auf die nahegelegene Stadt Owrutsch, um dort den Bahnhof und eine große Brücke zu zerstören, die als Haupttor zur Ostfront dienten.

Ein Informant namens Karol unterrichtete Onkel Misha davon, dass die orthodoxen Kirchenführer von Owrutsch die deutsche und ukrainische Polizei dazu überredet hatten, am 20. August Besucher ohne Ausweispflicht in die Stadt hinein und wieder heraus zu lassen, damit jedermann ungestört am Fest der Verklärung des Herrn teilnehmen konnte. Diesen Vorteil einer zeitweiligen Sicherheitslücke wollte Onkel Misha nutzen und einige Partisanen nach Owrutsch einschleusen. Die sollten sich mit den Örtlichkeiten vertraut machen, herausfinden, wo Militäreinheiten stationiert waren und auf welcher Seite die Bevölkerung stand. Außerdem wollte er Karols Behauptung überprüfen, ob die Polizeibehörde tatsächlich bereit war, sich seinen Partisanen zu ergeben und ihnen ihre Waffen auszuhändigen.

Neben den spionierenden Partisanen schickte Onkel Misha auch Motele mit seiner Geige nach Owrutsch. Während die Partisanen Informationen sammelten, sollte Motele sich unter die Bettler mischen, die vor der Kirche um Almosen baten. Als Straßenmusiker konnte Motele die Spione unauffällig im Blick behalten und Onkel Misha sofort Bescheid geben, falls sie enttarnt werden würden. Ein ehemaliger Briefmarkenmaler unter den Partisanen hatte für Motele zusätzlich Papiere gefälscht, die ihn als Dimitri Rubina aus dem ukrainischen Dorf Listvin auswiesen. Wenn man ihn fragte, sollte er behaupten, dass er unterwegs nach Schytomyr wäre, um nach seinem Vater Ivan zu suchen, der dort angeblich im deutschen Kriegsgefangenenlager festgehalten würde.

Die Bettler waren eine illustre Schar, zu denen ein blinder Mann, der Psalmen sang und sich dabei auf der Leier begleitete, ein einarmiger Veteran des russisch-japanischen Kriegs, der Akkordeon spielte, eine ältere Frau mit geschwollener und bandagierter Wange und etliche andere Bedürftige und Landstreicher mit diversen körperlichen Gebrechen gehörten, die alle auf das Mitleid der Festbesucher hofften. Motele setzte sich auf einen Holzstuhl hinter die Menge und stellte zwischen seine Beine eine Tonschale, die er auf dem Markt gekauft hatte. Er stimmte seine Geige, schlug ein paar Saiten an und spielte dann eine der vielen ukrainischen Volksweisen, die er in Krasnowka gelernt hatte. Das Lied hieß »Die Ameise«, die Geschichte einer Frau, deren Arbeit so wenig wertgeschätzt wurde, dass sie Gott um Flügel bat. Motele sang eine Strophe und spielte dann die Melodie auf der Geige.

Eigentlich hatte Onkel Misha Motele für seine Aufgabe ausgesucht, weil er sich hervorragend unter die Ukrainer mischen konnte, aber sein Gesang und Spiel war so schön, dass es aus der Masse der Bettler hervorstach. Schnell hatte sich ein Kreis von Zuhörern um ihn gebildet. Als er das Lied beendet hatte, warfen die Zuschauer ihm Münzen in die Schale und schoben ihm Klöße in den Rucksack.

Plötzlich kam Bewegung in die Versammlung. Die Menge teilte sich und machte Platz für einen deutschen Offizier, der direkt auf Motele zuging. Er baute sich unmittelbar vor dem Jungen auf. Der junge Geiger war so vertieft in die Musik, dass er ihn gar nicht beachtete. Schließlich tippte der Offizier ihm mit der Reitgerte auf die Schulter. Als Motele aufschaute und die deutsche Uniform vor sich sah, sprang er sofort auf und verbeugte sich.

»Komm mit mir«, befahl der Offizier.

Motele tastete nach seiner Brusttasche, um sich zu vergewissern, dass die gefälschten Papiere noch da waren. In aller Ruhe packte er die Geige zurück in den Kasten, sammelte die Münzen aus der Schale ein und folgte dem Offizier.

Nachdem sie ein paar Häuserblocks weit gegangen waren, erreichten sie ein Gebäude, vor dem mehrere deutsche Limousinen und Motorräder Spalier standen. An einem bewaffneten Wachposten vorbei passierten sie den Eingang und gingen die Treppe hinauf in ein großes Restaurant, in dem deutsche Offiziere an den Tischen saßen, aßen, tranken und sich lautstark unterhielten. Der Offizier führte Motele in eine Ecke und flüsterte einem älteren Herrn, der Klavier spielte, etwas zu.

»Kannst du Noten lesen?«, fragte der Pianist Motele auf Russisch, da er ihn für einen gebürtigen Ukrainer hielt.

»Ja.«

Der Pianist blätterte in seinen Noten und zog die Partitur für Jan Paderewskis beliebtes Menuett in G-Dur, op. 14, Nr. 1 hervor. Politisch gesehen war das eine interessante Wahl für diesen Ort, hatte der kurz zuvor verstorbene Komponist doch Geld für die von Hitler verfolgten Juden gesammelt. Musikalisch gesehen war es eine ausgezeichnete Wahl für einen Pianisten, der einen unbekannten zwölfjährigen Straßenmusiker begleiten sollte. Die Melodie beginnt einfach, bewegt sich schrittweise durch leichte Rhythmen und wird erst mit der Zeit etwas schwieriger. Sollte der Junge sich unterwegs irgendwo verspielen, konnte der Pianist das missglückte Experiment problemlos mit einer abschließenden Improvisation beenden.

Aber Motele war kein gewöhnlicher Straßenmusiker. Er war ein talentierter und gut ausgebildeter Violinist, der dieses Menuett, begleitet von Reizele am Klavier, schon mehrmals in Gershteins Palais gespielt hatte. Zu Beginn begleitete der Pianist nur mit der linken Hand und hörte aufmerksam auf das Spiel des jungen Geigers. Je mehr das Vertrauen in Moteles Können wuchs, desto mehr Harmonien ließ er mit der rechten Hand einfließen.

Im Restaurant wurde es merklich stiller, Tischgespräche verstummten und immer mehr Menschen lauschten dem berührenden Duett. Als Motele und sein Begleiter zur Coda kamen – eine Tour de Force durch ein virtuoses Passagenwerk – brachen die Gäste in tosenden Applaus aus. Dem Nazioffizier, der Motele entdeckt hatte, gefiel das Geigenspiel so sehr, dass er dem Jungen anbot, die Gäste des Offiziers-Clubs täglich zwei Stunden während der Mittagszeit und abends von sieben bis elf zu unterhalten. Dafür bot er Motele zwei Reichsmark pro Tag plus Mittag- und Abendessen.

Motele protestierte und erzählte die Deckgeschichte, dass er seinen Vater in Schytomyr suchen müsse. Außerdem müsse er danach sofort zurück nach Listvin, um sich um seine kranke Mutter und drei kleine Geschwister zu kümmern. Als der Offizier ihm versprach, dass er für ihn herausfinden würde, ob sein Vater sich in Schytomyr befände und ihn dann gegebenenfalls nach Owrutsch bringen lassen würde, blieb Motele kaum eine andere Wahl, als das Angebot anzunehmen.

Motele suchte unverzüglich Karol auf und bat ihn, Onkel Misha über seine Zwangslage zu informieren. Der Partisanenführer erkannte gleich die Möglichkeiten, die so ein Arrangement eröffnete, befahl Motele in Owrutsch zu bleiben und ihn über alles, was er herausfand, über Karol auf dem Laufenden zu halten.

Der Offiziers-Club befand sich in einem der vielen Restaurants, die die Deutschen als Erholungsoasen für die Truppe auf dem Weg zur Ostfront beschlagnahmt hatten. Dort konnten sie bei guter Musik, erlesenen Speisen, französischem Wein und mit hübschen ukrainischen Serviererinnen, die ihnen auf mehr als eine Art zu Diensten waren, neue Kräfte schöpfen. Während er Geige spielte, konnte Motele Informationen über die Anzahl der Einheiten und die Uniformtypen der deutschen Soldaten sammeln, die auf dem Weg zur Front waren. Auch schnappte er einiges an Gesprächen zwischen den wenigen auf, die von der Front zurückkamen. In der Freizeit zwischen Mittag und Abendessen beobachtete er die Straßen von Owrutsch und gab alles Wissenswerte an Karol weiter.

Auch wenn es ihm schwer fiel, konnte Motele seine Verachtung für die Nazis irgendwie verbergen. Er gewann sogar ihr Vertrauen und ihre Freundschaft. Ein Gebietskommandeur, der jeden Abend im Offiziers-Club verbrachte, ging sogar so weit, dass er Motele zum Vergnügen der anderen Clubangestellten eine für seine Größe maßgeschneiderte Uniform samt Dienstkappe besorgte.

Außerdem fand Motele heraus, dass der dicke Koch besonders gut kochte, wenn er sein Lieblingslied »Rosemarie« spielte. Motele nahm die Mahlzeiten in der Küche ein, die sich im Keller des Offiziers-Clubs befand. Gewöhnlich aß er mittags bevor er spielte und kam abends erst nach der Arbeit wieder in die Küche.

Eines Tages, als er nach dem Mittagessen auf dem Weg nach oben war, bemerkte er, dass einer der Lagerräume am anderen Ende des schwach beleuchteten Kellergangs offen stand. Er spähte in die Dunkelheit hinein und entdeckte einen großen Keller, in dem leere Weinkisten, Heringsfässer und andere ausrangierte Dinge lagerten, die offensichtlich niemanden mehr interessierten.

In der Rückwand des Lagerraums klaffte ein großer Spalt, der vermutlich von einer in der Nähe detonierten Bombe herrührte. Motele erinnerte sich an die vielen Sabotagegeschichten, die Onkel Mishas Partisanen erzählt hatten, und blieb wie angewurzelt stehen. Schlagartig wurde ihm klar, dass er nur den Spalt mit Sprengstoff füllen musste, dann konnte er den ganzen Offiziers-Club darüber in die Luft jagen und alle deutschen Gäste auf einen Schlag erledigen. Jedes Mal, wenn er an dem offenen Lagerraum vorbeikam, wuchs seine Entschlossenheit. Schließlich erzählte er Karol von seinen Überlegungen. Onkel Misha stimmte dem Plan begeistert zu und wies seinen Sprengstoffspezialisten Popov an, mit Motele die Details auszuarbeiten.

Mit Beginn der Herbsternte pendelten die Bauern immer häufiger zwischen Owrutsch und den umliegenden Feldern. Die deutschen Wachsoldaten wurden langsam müde, jedes Mal die Karren zu durchsuchen, und gingen weniger gründlich vor. Das erlaubte Motele, sich auf Karols Gefährt unter einer Fuhre Halmen zum Binden von Weizengarben zu verstecken und so die Stadt unbemerkt zu verlassen. Dem deutschen Soldaten, der Karol an der Brücke aus der Stadt nachlässig durchwinkte, wäre nicht im Traum eingefallen, dass unter dem Strohhaufen ein jüdischer Junge versteckt war, der gerade plante, seine Kameraden in die Luft zu sprengen.

Motele traf sich mit Popov fünf Kilometer außerhalb von Owrutsch. Nachdem sie die Dicke der Steinwände erörtert und geklärt hatten, wie lang die Zündschnur sein musste, damit Motele genügend Zeit blieb zu fliehen, berechnete Popov, dass vierzig Pfund Sprengstoff nötig waren, um den Offiziers-Club in Trümmer zu legen.

Karols Karren brachte Motele unentdeckt nach Owrutsch zurück, und ein paar Tage später schlich Motele sich erneut hinaus. Diesmal zeigte Popov ihm, wie man eine Bombe herstellte und einen Zünder einbaute, eine Lehrstunde, die Motele schon öfter gesehen hatte. Dann gab Popov Motele den Sprengstoff und schickte ihn mit der Anweisung nach Owrutsch zurück, das Material in Karols Haus zu verstecken.

Noch am Abend desselben Tages schlich Motele, nachdem er gegessen und dem Koch eine gute Nacht gewünscht hatte, in den Lagerraum. Er versteckte sein Instrument in einem alten Fass und verließ den Offiziers-Club mit dem leeren Geigenkasten. Als er am nächsten Tag zurückkehrte, hatte er ein paar Pfund Sprengstoff in den Kasten gepackt. Nach dem Mittagessen stahl er sich in den Lagerraum und tauschte den Sprengstoff gegen seine Geige aus.

Diesen Vorgang wiederholte Motele an den folgenden Tagen so lange, bis er erfolgreich vierzig Pfund Sprengstoff in den Keller geschmuggelt hatte. Wann immer er Zeit fand, ging Motele in den Lagerraum, brach Steine aus dem Riss in der Mauer und ersetzte sie durch eine tödliche Ladung. Sobald er den gesamten Sprengstoff in der Wand verstaut hatte, setzte er die Sprengkapsel und die lange Zündschnur ein, die Popov ihm gegeben hatte. Dann versteckte er sein Werk hinter einem Stapel Gerümpel.

Parallel dazu arbeiteten Motele und Karol an einem Fluchtplan. Tag für Tag gingen sie zum Flussufer am Rande von Owrutsch, angeblich um zu fischen oder zu schwimmen, während sie tatsächlich nach einer Stelle suchten, die seicht genug war, dass Motele an ihr den Fluss auf der Flucht überqueren konnte. Auf dem Weg zum und vom Fluss prägten sie sich die Gassen und Gärten ein, durch die Motele fliehen musste, um aus der Stadt zu kommen.

Der einzige ungeklärte Punkt war nun der Zeitpunkt für die Sprengung. Die perfekte Gelegenheit ergab sich von selbst, als eine SS-Division in Owrutsch Station machte. Sie war auf dem Weg zur Ostfront, um dort in der immer hoffnungsloser werdenden Lage zu retten, was zu retten war. Die erfolgreiche Sabotage der Bahnverbindung hatte die SS-Division gezwungen, den Zug zu verlassen und stattdessen auf der Straße ostwärts zu reisen, weshalb sie nun in Owrutsch übernachten musste.

Etwa um drei Uhr nachmittags tauchten die ersten Wagen und Motorräder der SS vor dem Club auf. Das Restaurant füllte sich schnell mit hochrangigen SS-Offizieren in Ausgehuniform. Schepperndes Tellergeklapper, klirrende Gläser und lautes Gelächter ließen Moteles Geigenspiel und die Klavierbegleitung fast untergehen. Den Musikern war es verboten eine Pause zu machen, während die Gäste immer betrunkener wurden und der Zigarrenrauch immer dichter wurde. Die berauschten Gäste verlangten Tango und Walzer und bestanden gelegentlich darauf, dass Motele und der Pianist ihr »Lieblingslied« spielen sollten. Dann schrie ein rotgesichtiger Deutscher von seinem Tisch aus plötzlich: »Spiel ›Wolga, Wolga‹«, und meinte damit das beliebte »Wolgalied« aus einer Operette von Franz Léhar. Ein anderer Offizier torkelte mit einer Cognacflasche im Arm durch das Restaurant und sang mit Tränen in den Augen: »Mein Vater kennt mich nicht, meine Mutter liebt mich nicht, und sterben mag ich nicht, bin noch so jung!«

Motele schmerzten die Finger vom pausenlosen Musizieren, und der Zigarrenqualm brannte in den Augen. Aber er spielte weiter. »Ein letztes Mal spiele ich für euch«, tröstete er sich und lächelte dem applaudierenden Publikum zu. »Esst, trinkt und seid vergnügt, ihr verdammten Deutschen. Das sind eure letzten Stunden. Ich spiele heute Abend so schön für euch, dass ihr tanzend in die Luft fliegen werdet.«

Erst gegen elf Uhr abends konnte der Pianist den Restaurantchef überreden, Motele und ihm frei zu geben und die Gäste selbst das Klavier übernehmen zu lassen, um die Offiziere weiter zu unterhalten. Motele ging hinunter in die Küche und sagte dem Koch, dass er, nachdem er acht Stunden ununterbrochen Geige gespielt hatte, zu müde sei, um noch etwas zu essen.

Er verließ die Küche und tastete sich durch den dunklen Kellergang, bis er den Eingang zum Lagerraum fand. Er schlich hinein und schloss leise die Tür. Er orientierte sich an dem fahlen Licht, das durch ein kleines vergittertes Fenster in den Raum fiel, fand die Zündschnur und zündete sie an. Schnell hastete er aus dem Kellerraum, den Gang entlang und die Treppe hoch. Vor der Wache am Ausgang verlangsamte er seinen Schritt, hob den rechten Arm und grüßte sarkastisch mit: »Heil Hitler!«

Der Wachposten, dem der freundliche junge Geiger in seiner kleinen Soldatenuniform gut bekannt war, antwortete amüsiert: »Ach, du kleine ukrainische Sau!« Und Motele verschwand in der Dunkelheit.

Er war kaum dreißig Meter weit gekommen, als er hinter sich eine gewaltige Explosion hörte. Der Boden bebte und Fenster splitterten. Überall tönten Polizeipfeifen und Sirenen. Rote Flammen erleuchteten den Himmel über Owrutsch.

Panisch und euphorisch zugleich drückte Motele sich eng an die Mauern, um auf der Flucht nicht gesehen zu werden. Er rannte in den Fluss und hielt die Geige mit beiden Händen hoch über dem Kopf, um sie vor dem kalten Wasser zu schützen, das ihm bis zum Hals ging. Als er sich umdrehte, schoss gerade ein gigantischer Feuerball in den Himmel.

Kaum hatte Motele das andere Ufer erreicht, zogen ihn fünf bewaffnete Partisanen aus dem Wasser und hoben ihn auf ihren Karren. Rasch verschwanden sie in die Geborgenheit der Wälder.

Minutenlang war Motele völlig sprachlos und überwältigt vom Erfolg seiner Mission. Dann reckte er die geballte Faust zum Himmel und verkündete mit zitternder Stimme: »Das ist für meine Eltern und meine kleine Schwester Batyale!«

Moteles letzte Mission

Bis Oktober 1943 waren die Männer aus Onkel Mishas jüdischer Partisanengruppe auf verschiedene Divisionen der Roten Armee verteilt und die mitkämpfenden Frauen und Kinder ganz aus der Gefahrenzone entfernt worden. Die Russen wollten, dass Onkel Misha sich hinter den Linien als Ingenieur nützlich machte, aber er weigerte sich. »Ich habe noch eine letzte Rechnung mit Hitler in Berlin zu begleichen«, beharrte er.[84] Er und Lionka wurden Scharfschützen in der 141. Schützendivision der Roten Armee.

Motele sollte ebenfalls die Kampfzone verlassen. Auch er weigerte sich. »Ich bin kein Kind mehr«, beschwerte er sich unter Tränen. »Ich bin über zwölf Jahre alt. Ich kann als kleiner Späher an der Front dienen und dort genauso nützlich sein wie im Wald.«

»Ich bin ein Waisenkind«, fuhr er fort. »Und ich habe niemand anderen als Lionka und Onkel Misha. Ich will nicht von ihnen weg.«

Onkel Misha setzte sich für Motele ein und überzeugte den befehlshabenden Offizier, dem Jungen zu erlauben, beim Regiment zu bleiben.

Am Morgen des 14. Oktober saßen Onkel Misha, Lionka und Motele unter Sperrfeuer aus deutschen Gewehren und Mörsern in einem Graben fest. Sie standen bereits seit dem Vorabend unter Beschuss, als sie beim Auslegen von Landminen entdeckt worden waren.

Nach blutiger Schlacht war bei Anbruch der Dämmerung die Uferböschung, an der sie Zuflucht gesucht hatten, mit den Körpern toter Soldaten und Pferde übersät.

Knapp vierhundert Meter entfernt entdeckten sie eine Gruppe russischer Offiziere, die in einem flachen Graben Schutz suchten. Sobald sie sich regten, blitzten die goldenen Epauletten an ihren Uniformen verräterisch in der Sonne.

»Sieh mal dort, Onkel Misha!«, rief Motele und zeigte auf ein Gebüsch in der Nähe der Russen. »Da kriecht etwas wie eine blaue Schlange über den Boden.«

Onkel Misha erkannte sofort, dass es sich dabei um eine Gruppe Deutscher in blaugrauen Uniformen handelte, die im Schutz der Büsche auf die Russen zuschlichen. Die Partisanen versuchten sie zu warnen, aber das Gewehrfeuer, das Aufheulen der Mörser und die anschließenden Explosionen übertönten jeden Warnruf. Da ihre automatischen Waffen nur eine Reichweite von knapp hundert Metern hatten, konnten sie die Deutschen auch nicht erschießen.

»Ich laufe hinüber und warne sie«, meldete Motele sich freiwillig.

»Rede keinen Unsinn«, erwiderte Onkel Misha. »Die Deutschen werden dich entdecken, bevor du auch nur die Hälfte der Strecke zurückgelegt hast.«

»Sie werden mich nicht sehen. Ich bin klein. Ich laufe gebückt und nutze die toten Soldaten und Pferde als Deckung«, antwortete Motele. »Schau! Die Deutschen sind ganz nah dran. Ich geh jetzt!«

Bevor Onkel Misha ihn aufhalten konnte, sprang Motele aus dem Graben und huschte Richtung russische Offiziere. Er lief im Zickzack, um nicht zur Zielscheibe zu werden. Alle zwanzig Meter warf er sich auf den Boden, wartete ein paar Sekunden und sprintete wieder los. Als Motele die russischen Offiziere erreichte, zogen sie ihn in den Graben. Sekunden später eröffneten sie das Feuer auf die Büsche, hinter denen sich die Deutschen versteckten.

Die Deutschen flüchteten, aber sie hatten sich den Russen inzwischen so weit genähert, dass sie keine Deckung mehr fanden. Einer nach dem anderen fielen sie tot zu Boden.

Die deutsche Artillerie, die die Partisanen und die Russen seit dem Vorabend unablässig unter Beschuss genommen hatte, änderte die Taktik. Alle paar Minuten legten sie eine Feuerpause ein, um den Feind aus seinem Versteck zu locken. Dann beendeten sie die Feuerpause, indem sie zwei Dutzend Mörsergranaten in das Zielgebiet schickten.

Während einer der Feuerpausen kletterte Motele aus dem Graben der Russen und lief im Zickzack zu den Partisanen zurück. Als er nur noch knapp dreißig Meter von seinem Ziel entfernt war, eröffnete plötzlich ein deutsches Maschinengewehr, das getarnt auf einem Hügel stand, das Feuer.

Motele warf sich hin, wartete ein paar Sekunden und rappelte sich wieder hoch.

Kaum war er auf den Beinen, setzte das Feuer wieder ein.

Motele schrie auf und stürzte zu Boden.

Onkel Misha und Lionka rannten zu Motele und zerrten ihn in den Graben. Sie rissen ihm das blutige Hemd und die Hose vom Leib und sahen, dass die gesamte rechte Seite seines Körpers von Kugeln durchsiebt war. Sie zogen das eigene Hemd aus und versuchten einen Druckverband anzulegen, um die Blutungen zu stoppen, aber die Verletzungen waren zu schwer.

»Ich wollte bei euch sein«, flüsterte Motele schwach.

Von Minute zu Minute schwanden ihm die Kräfte, und er wurde immer blasser. Onkel Misha wog ihn in seinen Armen.

Leise weinend hielt Lionka Moteles linke Hand und strich ihm über das lockige Haar. Onkel Misha und Lionka waren so in ihrem Schmerz versunken, dass sie die deutschen Flugzeuge kaum bemerkten, die unterdessen begonnen hatten, Bomben über ihnen abzuwerfen.

Motele öffnete die Augen.

»Onkel Misha, wenn ich sterbe, werde ich dann wieder mit meinen Eltern vereint sein?«, hauchte er fast unhörbar.

»Rede keinen Unsinn, mein Kind. Du wirst nicht sterben«, versuchte Onkel Misha ihn zu trösten.

Onkel Misha versprach, Motele ins Lazarett zu tragen, wo man ihn zusammenflicken und zum Regiment zurückbringen würde. Aber die Traurigkeit in Moteles Augen verriet, dass er sehr wohl wusste, dass er sterben musste.

»Aber wenn ich sterbe ... werde ich dann wieder ... mit meinen Eltern vereint sein?«

Onkel Misha versagte die Stimme. Tränen liefen ihm das Gesicht hinunter. Zum ersten Mal seit anderthalb Jahren weinte er wieder. Es waren die ersten Tränen, die er vergoss, seit seine Frau und seine Tochter während des Pogroms von Korez ermordet worden waren.

Als er Onkel Mishas Tränen sah, wartete Motele nicht länger auf eine Antwort.

Plötzlich verstummte der Artillerielärm. Eine tödliche Stille breitete sich an der Uferböschung aus.

»Ich werde ... meinen Eltern ... und Batyale ... erzählen ..., wie ich sie gerächt ...« Motele stöhnte leise.

Er brachte den Satz nicht zu Ende. Sein Körper erstarrte. Mit einem zufriedenen Lächeln hauchte der 13-jährige Partisan seine tapfere Seele aus.

Onkel Misha wurde in der Sowjetunion zum Offizier ausgebildet. Als Hauptmann der Roten Armee kam er nach Deutschland, war in Berlin, als Hitler Selbstmord beging, und hatte Moteles Geige dabei. Nach dem Krieg arbeitete Onkel Misha am Jüdischen Historischen Institut in Polen, bevor er nach Paris auswanderte. Im Jahr 1951 siedelte er nach Israel um, wo er 1957 in der Stadt Nes Ziona starb.

Moteles Geige erbte Lionka, der Leutnant der Roten Armee geworden war. Nach dem Krieg kehrte Lionka nach Korez zurück und erschoss einen der Ukrainer, der bei der Ermordung seiner Mutter und seiner Schwester beteiligt gewesen war. Lionka musste sich dafür vor einem Militärgericht verantworten, wurde aber nur zu wenigen Wochen Dienst in einer Strafkompanie verurteilt.

Lionka immigrierte zusammen mit seinem Vater nach Israel. Moteles Geige gab er schließlich an seinen Sohn Seffi Hanegbi weiter, der als Reiseführer in der Wüste Negev arbeitete. Jahrelang setzte die Violine irgendwo in den Tiefen von Seffis Kleiderschrank zwischen Kleidern und Laken Staub an.

Anfang der 1990er lernte Seffi zufällig Amnon Weinstein kennen, der mit seiner Frau Assi die Wüste Negev bereiste. Seffi fragte Amnon, womit er seinen Lebensunterhalt bestritt.

»Ich bin Geigenbauer«, antwortete Amnon. Noch hatte er nicht damit begonnen, Geigen aus dem Holocaust zu restaurieren.

»Eines Tages muss ich Ihnen eine schöne Geschichte erzählen«, versprach Seffi.

Im Jahr 1999 hörte Seffi im Radio, wie Amnon über die Wagner-Violine und andere deutsche Instrumente aus seiner Sammlung erzählte. Das ermutigte ihn, Amnons Werkstatt in Tel Aviv aufzusuchen und ihm schließlich die Geschichte von Motele Schleins Geige zu erzählen.

Amnon bat, die Geige restaurieren zu dürfen, die noch immer in dem ramponierten Holzkasten lagerte, in dem Motele den Sprengstoff in den Lagerraum unter dem Offiziers-Club geschmuggelt hatte.

»Es ist ein deutsches Instrument, sehr typisch für das, worauf Juden vor dem Krieg gewöhnlich spielten«, erinnert sich Amnon. »Die Geige war in einem guten Zustand, weil sie die ganze Zeit im Familienbesitz geblieben war.«

Der einzige sichtbare Hinweis auf die erstaunliche Odyssee des Instruments von Wolhynien nach Israel ist ein Fingerabdruck auf der Rückseite der Geige, wo der Lack sich durch Kontakt mit Alkohol abgelöst hat. Aufgrund der Lage und Position des Schadens vermutet Amnon, dass im Offiziers-Club wohl irgendwann einmal ein betrunkener Deutscher versucht haben muss, das Instrument an sich zu reißen, vielleicht um selbst darauf zu spielen.

In der Regel versetzt Amnon die »Geigen der Hoffnung« wieder in einen tadellosen Zustand, aber Moteles Instrument ließ er relativ unverändert. Er führte nur kleinere Reparaturen aus, beschränkte sich darauf, Wirbel, Steg und Stimmstock auszutauschen, damit die Geige bei besonderen Gelegenheiten gespielt werden konnte. Mithilfe des vom Vater geerbten Vorkriegsmaterials konnte Amnon so den Originalzustand der Geige wiederherstellen.

Seffi übergab die Geige danach dem »Museum zur Geschichte des Holocaust« in der Gedenkstätte Yad Vashem. Sie ist in der Galerie »Widerstand und Rettung« ausgestellt, in der all diejenigen gewürdigt werden, die sich gegen die Nazis gewehrt haben. Motele Schleins Geige steht dort zusammen mit weiteren Ausstellungsstücken, die an Rettungstaten und Partisanenlager erinnern, unter anderem mit einer Liste von Oskar Schindler.

65 Jahre nachdem Motele seine Geige zum letzten Mal gespielt hatte, wurde sie am 24. September 2008 noch einmal zum Klingen gebracht. In einem historischen Konzert am Fuß der alten Stadtmauer von Jerusalem hielt ein zwölfjähriger Junge namens David Strongin die Geige von Motele Schlein in der Hand. Vor 3.000 Zuhörern gaben David und ein Dutzend anderer Kinder ein

Konzert mit den »Geigen der Hoffnung«. Und am Ende, so passend wie ergreifend, stimmten die jungen Musiker gemeinsam mit dem Publikum die Hymne »haTikwa« an.

Shimon Krongold mit Geige in seiner Warschauer Wohnung, 1924. Auf Bitte von Yaakov Zimmerman erlaubte Krongold jungen jüdischen Violinisten, in diesem Raum zu üben. Einer von ihnen war Michel Schwalbé, der den Holocaust überlebte und Konzertmeister der Berliner Philharmoniker wurde. (Mit freundlicher Genehmigung von Nadir Krongold)

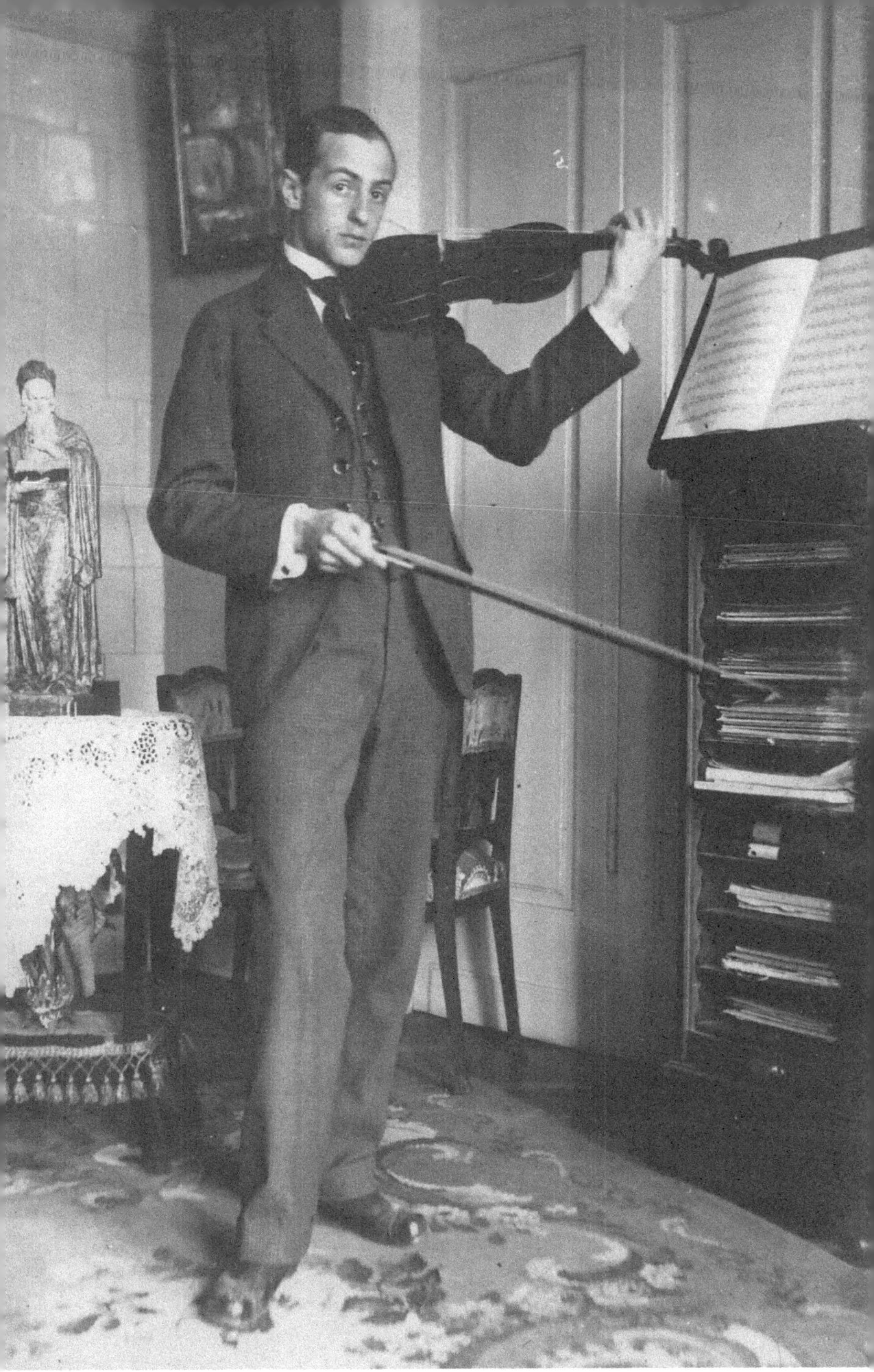

Epilog
Shimon Krongolds Geige

Als weltweit führende Autorität für Geigen aus dem Holocaust ist Amnon Weinstein oft die erste Anlaufstelle für Nachkommen von Holocaustopfern, die auf der Suche nach Instrumenten sind, die einst im Familienbesitz waren. Im Jahr 2008 erhielt Amnon eines Tages Besuch von Dov Brayer, der ihm ein Bild seines Bruders Shevah zeigte. Das verblichene Schwarz-Weiß-Foto war Mitte der 1930er Jahre im ehemaligen Zuhause der Brayers im damals polnischen Lwów (heute Lwiw) aufgenommen worden, kurz bevor Shevah in ein Konzentrationslager gebracht und ermordet wurde. Auf dem Foto hält Shevah eine Geige, von der Dov hofft, dass er sie irgendwann wiederfindet.

»Das war eine Profigeige, kein einfaches Klezmer-Instrument«, sagte Amnon, nachdem er sich das Foto näher angeschaut hatte. »Und sie wurde in Polen gebaut.«

»Ja, ja«, bestätigte Dov aufgeregt. »Mein Bruder erhielt sie als Geschenk von einer polnischen Adeligen. Er war Konzertmeister. Wir glauben, dass er sie am Eingang zum Konzentrationslager Janowska in der Nähe von Lwów gespielt hat. Dort ist er auch gestorben.«

Amnon schwieg eine Weile und erinnerte sich an einen anderen Violinvirtuosen, dessen Leben und Karriere auf so tragische Weise abrupt beendet wurde. »Wir können niemals begreifen, was im Holocaust geschehen ist«, sagte er schließlich. »Aber wenn wir versuchen nachzuvollziehen, was den Menschen durch den Kopf ging, die am Eingang der Lager Musik machten …

vielleicht begreifen wir dann doch etwas. Diese Instrumente sind Zeugen aus einer anderen Welt.«

Amnon holte eine Lupe und untersuchte das Foto genauer. »Die Schnecke dieser Geige ist besonders«, sagte er und zeigte auf die Hundekopfverzierung, die in die Spitze des Instruments geschnitzt war. »So etwas habe ich noch nie gesehen.«

»Die Wahrscheinlichkeit, sie zu finden, steht bei eins zu zehn Millionen«, dämpfte Amnon Dovs Erwartungen. »Aber dank dieser einzigartigen Schnecke ist es zumindest nicht unmöglich.«

»Und sollte ich diese Geige tatsächlich finden«, fuhr er fort. »wird sie in einem großen Konzert gespielt werden.«[85]

Die Brayers sind nur eine von tausenden jüdischen Familien, die ihre Violinen im Holocaust verloren haben. Manche Instrumente wurden für ein Almosen verscherbelt worden, als ihre Eigentümer verzweifelt versuchten, Geld aufzutreiben, um ihre Familien zu ernähren oder zu emigrieren. Andere – wie die Geige, die Feivel Wininger in Gura Humorului aufgeben musste – blieben zurück, als ihre Eigentümer aus den Häusern gezerrt und inhaftiert oder deportiert wurden. Manche gingen in andere Hände über, als ihre Eigentümer in den Ghettos und Konzentrationslagern starben, wie es offenbar auch mit Shevah Brayers Geige geschehen war.

Viele Instrumente – wie die Amati, die Feivel in Transnistrien spielte – wurden von Nachbarn, der örtlichen Obrigkeit oder deutschen Invasoren gestohlen. Zeitgleich zu ihrem großangelegten Feldzug zur Vernichtung der Juden in Europa machten die Nazis sich mit dem gleichen Eifer daran, sämtliche jüdische Wirtschafts- und Kulturgüter zu zerstören. Alles, was Wert hatte, wurde konfisziert, Millionen von Kunstwerken, Schmuckstücken, Büchern und religiösen Schätzen. Im Zweiten Weltkrieg beschlagnahmte ein Spezialteam von nationalsozialistischen Musikwissenschaftlern (der Sonderstab Musik) Hunderttausende von Titeln der Musikliteratur, Zehntausende von Musikinstrumenten, Handschriften und Partituren von jüdischen Musikern, Komponisten, Musikverlagen und Musikgeschäften.

Nur ein kleiner Bruchteil dieses Diebesgutes wurde je wieder an ihre rechtmäßigen Eigentümer zurückgegeben. Vieles wurde im Krieg zerstört. Die meisten Gegenstände, die den Krieg überstanden, blieben in deutschen Händen. Ein Teil der Beutekunst wurde als Anerkennung für militärische Erfolge an Angehörige der deutschen Wehrmacht verteilt. Ein anderer Teil des Diebesgutes wurde zur Entschädigung von deutschen Familien verwendet, die »kriegsbedingte Eigentumsverluste« erlitten hatten. Und der Teil der Beute, der der Roten Armee in die Hände fiel, wurde auf Nimmerwiedersehen nach Osten transportiert.

Die Versuche der westlichen Alliierten, Kulturgüter an ihre legalen Eigentümer zurückzugeben, sind größtenteils gescheitert. Die Suche nach Überlebenden und Zeugen gestaltete sich recht schwierig. Berichte über gestohlene Instrumente waren oft nicht zugänglich, unvollständig oder ganz verschwunden. Wer den Holocaust überlebt hatte, war selten noch im Besitz von Kaufbelegen, Echtheitszertifikaten oder anderen Dokumenten, mit denen er seinen Anspruch auf ein seltenes Instrument beweisen konnte. Selbst wenn Fotos existierten, auf denen Eigentümer wie Shevah Brayer ihre Violine in der Hand hielten, nutzte das nichts, solange das Instrument selbst verschwunden blieb. Es ist unmöglich zu entscheiden, ob diese Geigen nicht mehr existieren oder ob sie in privaten Sammlungen verborgen werden.

In den Archivunterlagen des niederländischen Finanzministeriums finden sich sechzig Rückerstattungsanträge für Musikinstrumente, die von den Nazis während der Besatzung der Niederlande gestohlen wurden. Es werden sowohl Ansprüche auf wertvolle Geigen von Amati und Guarneri angemeldet als auch auf weniger wertvolle Instrumente von unbekannteren Handwerkern, die von den Deutschen konfisziert wurden, nachdem ihre Eigentümer verhaftet wurden oder flohen. Die meisten dieser Diebstähle sind nie untersucht worden. In vielen Anzeigen war die Beschreibung nicht präzise genug, um ein spezielles Instrument unter Tausenden von anderen erbeuteten Musikinstrumenten zweifelsfrei zu identifizieren. Andere Instrumente waren einfach nicht wertvoll genug, um der Sache nachzugehen. Nur ein Formular trägt den Vermerk »An die Niederlande zurückgegeben«.[86]

Ein weiteres Instrument, das an die Familie ihres ehemaligen Eigentümers zurückgegeben wurde, hatte einmal Shimon Krongold gehört, einem Amateurgeiger, dessen begabte Tochter bei den Warschauer Philharmonikern gespielt hatte. Shimons Bruder Chaim emigrierte 1923 nach Palästina und sah Shimon nie wieder. Chaim heiratete und bekam zwei Kinder, die wenig mehr über ihren Onkel Shimon wussten, als sie einem alten Foto entnehmen konnten, auf dem er mit seiner geliebten Geige in den Händen zu sehen war.

Chaim erfuhr, dass Shimon von Warschau nach Russland und weiter nach Taschkent in Usbekistan geflohen und dort an Typhus gestorben war.

Im Jahr 1946 klingelte es an der Tür von Chaims Wohnung in Jerusalem. Seine Schwiegertochter öffnete.

»Heißen Sie Krongold?«, fragte der unbekannte Mann, der vor der Tür stand.

»Ja«, antwortete sie.

»Haben Sie eine Verbindung zu Shimon Krongold?«, fragte der Fremde.

»Ja, natürlich kennen wir ihn.«

»Gut, ich habe etwas von ihm für Sie.« Der Fremde entfaltete ein schäbiges Tuch, das er auf dem Arm trug. Eine Geige kam zum Vorschein. »Diese Geige gehörte Shimon«, erklärte er. Er weigerte sich, Genaueres darüber zu berichten, wie er in den Besitz des Instruments gekommen war.

Inzwischen hatte sich auch Chaim dazugesellt. Er war ein bekannter Anwalt. Er kannte seine Rechte. »Na schön. Wenn sie ihm gehörte, gehört sie jetzt seiner Familie«, stellte er fest. »Würden Sie uns die Geige bitte übergeben?«

»Ja, natürlich«, antwortete der Fremde. Aber nur gegen Geld.

»Warum sollte ich die Geige kaufen, die ihm gehörte?«, fragte Chaim. »Haben Sie sie ihm abgekauft? Haben Sie dafür bezahlt?«

Der Fremde antwortete nicht. Stattdessen machte er einfach kehrt und ging mit dem Instrument davon.

Chaim war wütend. Er hatte schon Shimon verloren, und nun verlangte ein schweigsamer Fremder Geld für die Rückgabe von Shimons Geige, die Chaim für sein rechtmäßiges Eigentum hielt. Er war gewillt, den Fremden und die Geige ziehen zu lassen, aber seine Frau schaltete sich ein. Sie eilte aus der Küche und fing den Fremden ab.

»Was wollen sie dafür?«, fragte sie.

Der Mann nannte einen nicht allzu hohen Preis für das Instrument, den Chaims Frau akzeptierte. Chaims Sohn Nadir erinnert sich, dass es sich um etwa 250 US-Dollar gehandelt habe.

Die Geige verblieb als eine der wenigen Erinnerungen, die sie in Jerusalem noch an Shimon hatten, im Besitz der Familie Krongold. Nadir reiste später nach Taschkent, um das Grab seines Onkels zu suchen, aber selbst die dortige jüdische Gemeinde hatte keinerlei Informationen über Shimon. Alles was von Shimon blieb, ist das Foto von ihm mit der Geige und die Geige selbst. »Das ist die einzige Erinnerung, die wir an ihn haben«, erklärt Nadir. »Die einzige Erinnerung und die einzige Geschichte, die von seinem Leben geblieben ist.«[87]

Im September 1999 gab Amnon Weinstein dem Radio ein Interview zu Motele Schleins Geige. Er bat die Zuhörer, ihn zu kontaktieren, falls sie etwas über andere Instrumente wussten, die eine Verbindung zum Holocaust hatten.

Nadir und seine Schwester Edna meldeten sich und brachten ihm die Geige ihres Onkels. Nachdem Amnon das Foto von Shimon mit dem von der Familie erstandenen Instrument verglichen hatte, konnte er bestätigen, dass es sich tatsächlich um Shimon Krongolds Geige handelte.

Die größte Überraschung erwartete Amnon, als er durch eines der f-förmigen Schalllöcher schaute. Auf der Innenseite klebte ein Etikett, auf dem in einer Mischung aus Hebräisch und Jiddisch stand: »Diese Geige baute ich zur Erinnerung an meinen treuen Freund Herrn Shimon Krongold, Warschau 1924.«

Die Widmung war unterzeichnet mit »Yaakov Zimmerman«. Amnon hielt ein Instrument in Händen, das derselbe Mann gebaut hatte, der seinem Vater vor über sechzig Jahren beibrachte, wie man Geigen repariert. Der Kreis hatte sich geschlossen.

Unidentifizierte Geigen

Auf jede wiedergefundene Geige kommen tausende, die nie an die Familien ihrer früheren Besitzer zurückgegeben werden. Dazu gehören auch Dutzende von Instrumenten, die Amnon auf seiner weltweiten Suche nach Instrumenten mit Verbindung zum Holocaust gesammelt hat. In diesen Fällen haben zwar die Instrumente überlebt, nicht aber das Wissen über die Musiker, die sie einmal gespielt haben. Für sie gibt es einfach keine Möglichkeit, ihre ursprünglichen Eigentümer zu ermitteln – falls diese Violinisten oder ihre Angehörigen den Holocaust überhaupt überlebt haben.

Auch wenn man nichts über die Vorbesitzer weiß, zeigen doch die Art ihrer Konstruktion und der kunstvolle Davidstern, mit dem sie verziert sind, dass es sich dabei um jüdische Musiker gehandelt haben muss. Klezmermusiker verzierten ihre Instrumente oft mit jüdischen Symbolen. Je »jüdischer« die Geige aussah, desto wahrscheinlicher, dass der örtliche Rabbiner ihren Eigentümer als Musiker für Hochzeiten empfahl – und desto wahrscheinlicher, dass der Geiger von der Festgesellschaft ein paar Münzen oder Speisen extra bekam. Eine der Geigen mit einem Davidstern ist außerdem mit einem Löwenkopf verziert, dem der Eigentümer später noch zwei schmucke Diamanten hinzugefügt und den Kindern im Publikum damit ohne Zweifel viel Vergnügen bereitet hatte. Eine der drei Geigen von Yaakov Zimmerman, die Amnon einschließlich der von Shimon Krongold besitzt, ist sogar mit nicht weniger als fünf Davidsternen verziert.

Bei manchen Geigen ungeklärter Herkunft geht Amnon davon aus, dass sie in Ghettos und Konzentrationslagern zum Einsatz gekommen sind, da sie bestimmte markante Schäden an der Oberseite aufweisen. Diese Schäden können nur daher stammen, dass die Geigen bei Wind, Regen und Schnee im Freien gespielt wurden. So etwas würde ein Musiker niemals machen, es sei denn, er würde unter sehr außergewöhnlichen Bedingungen dazu gezwungen.

Der Violinist Teodor Liese erinnerte sich, dass literweise Wasser über sein Instrument floss, wenn er mit dem Orchester vom Konzentrationslager Auschwitz-Birkenau im strömenden Regen spielte.[88] Eins der Instrumente war so stark beschädigt, dass es nicht mehr repariert werden konnte. Amnon hat es in seinem ruinierten Zustand belassen, als stummen Zeugen für tausende andere Instrumente und Millionen von Leben, die im Holocaust zerstört worden sind.

Für Amnon stellen die unidentifizierten Geigen den wertvollsten Teil seiner Sammlung dar. Es sind keine teuren Instrumente wie Ole Bulls Guarneri, die Ernst Glaser mit nach Bergen brachte, oder die Amati, die Feivel in Transnistrien spielte. Es sind einfache, schlichte Geigen, die für das jüdische Alltagsleben und die jüdischen Alltagstraditionen stehen, die im Holocaust zerstört worden sind.

Es sind Zeugnisse der jüdischen Kultur, die die Nazis ohne Erfolg vollständig ausradieren wollten. Für Amnon übersteigt der historische und emotionale Wert dieser Instrumente jeden möglichen monetären.

Amnon hat die Namen seiner Onkel, Tanten, Cousins und Cousinen, die im Holocaust umkamen, nie gekannt. Da sie in Massengräbern beerdigt wurden, gibt es keine Grabsteinen, die ihm helfen würden, seine Abstammung zu rekonstruieren. Es gibt keine Familienaufzeichnungen, keine überlebenden Verwandten, die er besuchen könnte, um die Geschichten der Familienangehörigen zu hören, die für seine Eltern zu schmerzvoll waren, um sie zu erzählen. Die einzige Möglichkeit, mit seiner Familie in Verbindung zu treten, ist das Handwerk, das er vom Vater gelernt hat: das Reparieren von Geigen.

Deshalb sammelt und restauriert Amnon weiterhin Instrumente, die von jüdischen Musikern während des Holocaust gespielt wurden. Jede Geige hat ihre eigene Geschichte. Jede Geige ist ein Grabstein für Angehörige, die er nie kennengelern hat.

Amnon Weinstein (Mit freundlicher Genehmigung von Felix Rettberg)

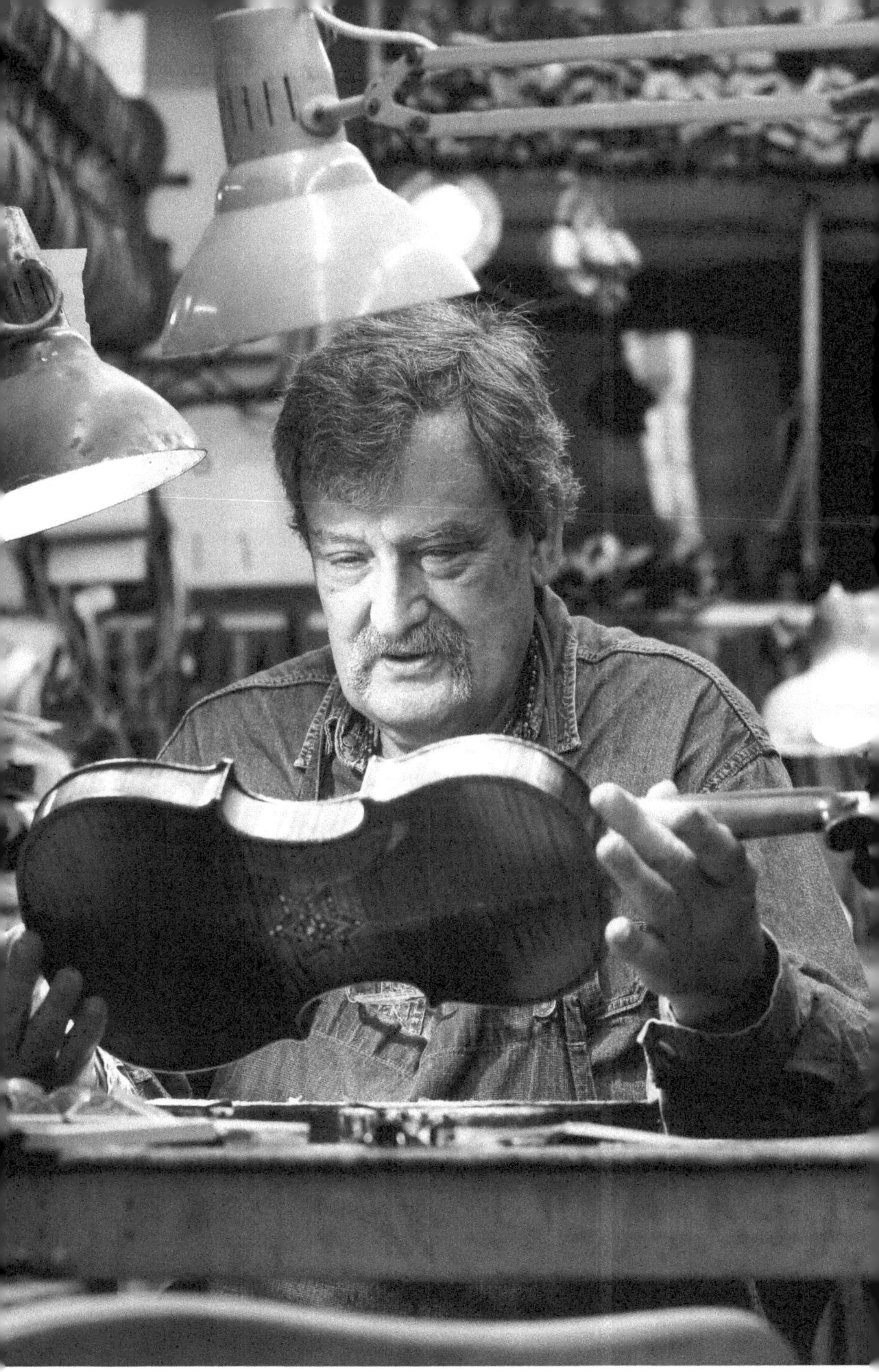

Anmerkungen

1. Levi: *Music in the Third Reich,* 4
2. Lühe: *Die Musik war unsere Rettung,* 93
3. Kater: »Jewish Musicians in the Third Reich«, 75
4. Sommerfeld: »Kein Bier für den Juden dahinten!«, 202
5. Ebd. 206
6. Goldsmith: *Die unauslöschliche Symphonie,* 334
7. Tolischus: »Bands Rove Cities«, New York Times, 11. November 1938
8. Goldsmith: *Die unauslöschliche Symphonie,* 334
9. Geissmar: *Two Worlds of Music,* 84
10. Ibbeken: *An Orchestra Is Born,* 17
11. »Toscanini to Conduct Concerts of New Orchestra in Palestine«, *New York Times,* 23. Februar 1936
12. Ibbeken: *An Orchestra Is Born,* 42
13. Ebd. 18
14. Lühe: *Die Musik war unsere Rettung,* 88
15. Toeplitz: *Sipurah,* 59
16. Sommerfeld: »Kein Bier für den Juden dahinten!«, 209
17. Ibbeken: *An Orchestra Is Born,* 19
18. Ebd. 25
19. Toeplitz: *Sipurah,* 35 f.
20. Erich Kraemer: »Disharmonien um Toscanini«. In: MB, Nr. 5 Dezember (II) 1936, 9, zit. nach: Lühe: *Die Musik war unsere Rettung,* 154
21. Toeplitz: *Sipurah,* 34
22. Clare: *Letzter Walzer in Wien,* 215
23. Ebd.
24. Sutton: *Bruno Bettelheim,* 159
25. Cummins: *Dachau Song,* 87
26. Lenk: *The Mauritius Affair,* 24 f.

27. Ebd. 42
28. Ebd.
29. Mayer: »In the Eye of the Storm«, 26 f.
30. Lenk: *The Mauritius Affair*, 73
31. Pitot: *Der Mauritius-Schekel*, 113
32. Mayer: »In the Eye of the Storm«, 30 f.
33. Pitot: *Der Mauritius-Schekel*, 122
34. Makarova: *Boarding Pass to Paradise*, 80
35. Interview mit Ze'ev Weininger, 15. Juli 2013
36. Meyer: »Anscheinend ging nichts ohne Musik«, 143
37. Stroumsa: *Geiger in Auschwitz*, 40
38. Ebd. 42 f.
39. Szczepański: *Häftlingskapelle*, 18
40. Laks: *Musik in Auschwitz*, 38 f.
41. Ebd. 40f.
42. Goldsmith: *Die unauslöschliche Symphonie*, 329; Meyer: »Mußte da auch Musik sein?«, 34; Vahl: »»Die Musik hat mich am Leben erhalten!«, 13
43. Goldsmith: *Die unauslöschliche Symphonie*, 329
44. Laks: *Musik in Auschwitz*, 43
45. Ebd. 44
46. Meyer: »Mußte da auch Musik sein?«, 35
47. Shuldman: *Jazz Survivor*, 37–38
48. Stroumsa: *Geiger in Auschwitz*, 46
49. Laks: *Musik in Auschwitz*, 74
50. Meyer: »Anscheinend ging nichts ohne Musik«, 143
51. Laks: *Musik in Auschwitz*, 100 f.
52. Ebd. 113 f.
53. Ebd. 124
54. Olewski Zelmanowicz: »Crying Is Forbidden Here,« 29
55. Shuldman: *Jazz Survivor*, 44
56. Ebd. 45
57. Schumann: *Der Ghetto-Swinger*, 86
58. Wiesel: *Die Nacht*, 75
59. Ebd. 133

60. Laks: *Musik in Auschwitz,* 116
61. Levi: *Ist das ein Mensch?* und *Die Atempause,* 58 f.
62. Sachnowitz: *The Story of »Herman der Norweger«,* 187
63. Vahl: »›Die Musik hat mich am Leben erhalten!«, 15
64. Interview mit Freddy Davidovitz, 10. März 2012.
65. Soweit nicht anders vermerkt, sind alle Zitate in Kapitel 4 dem Interview mit Glaser in der Music Academy in Ålesund entnommen. Abrahamsen, »The Holocaust in Norway«, 139, Fn. 67.
66. Haugen und Cai: *Ole Bull,* 58
67. Bull und Crosby: *Ole Bull,* 247
68. »Ole Bulls fele til Bergen idag«, *Bergens Tidende,* 16. Januar 1941
69. Synnøve Louise Krogness an Alfhild Thallaug Olsen, 22. Januar 1941, Nasjonalbiblioteket Oslo
70. Fasting: *Musikselskabet. »Harmonien«,* 16
71. »Da nazistene stoppet en konsert i Harmonien«, *Dagen,* 18. Januar 1946
72. Krogness an Olsen, 22. Januar 1941
73. »En beklagelig demonstrasjon«, *Bergens Aftenblad,* 17. Januar 1941
74. Hurum: *Musikken under okkupasjonen,* 61
75. Ulstein: *Jødar på flukt,* 185
76. Flagstad: *The Flagstad Manuscript,* 139 f.
77. »Da nazistene stoppet en konsert i Harmonien«
78. »Kunstnerparet Glaser« 1 f.
79. Ebd. 2
80. Soweit nicht anders vermerkt, sind alle Zitate im Kapitel 5 aus Livnat: *Le-male et ha-zeman be-hayim* entnommen. Carmelly: *Shattered,* 275
81. Fisher: *Transnistria,* 97
82. Soweit nicht anders vermerkt, sind alle Zitate im Kapitel 6 aus Gildenman: *Motele.* Spector: »The Jews of Volhynia«, 160
83. Suhl: *They Fought Back,* 260
84. Ebd. 261

85. Leora Eren Frucht: »Breaking the Silence«, *Hadassah Magazine* 89, Nr. 7 (März 2008)
86. De Vries: *Sonderstab Musik*, 168
87. Interview mit Nadir Krongold, 8. März 2012
88. Szczepański: *Häftlingskapelle*, 66

Danksagung

Meine erste Begegnung mit den Geigen von Amnon Weinstein hatte ich 2008, als die Instrumente beim historischen Konzert am Fuße der alten Stadtmauer von Jerusalem vorgestellt wurden. Damals überlegten drei Leiter und Kollegen meiner Universität – Ken Lambla (Dekan des Colleges of Arts and Architecture an der University of North Carolina in Charlotte), Royce Lumpkin (Lehrstuhlinhaber im Fachbereich Musik) und David Russell (Anne R. Belk-Professor für Violine) – darüber nach, wie sie diese Geigen zum ersten Mal in die westliche Welt bringen könnten. Im April 2012 wurde diese kühne Initiative erfolgreich umgesetzt, als die Universität Charlotte zusammen mit zahlreichen Partnern aus dem Kultur- und Bildungsbereich eine eindrucksvolle Reihe von Ausstellungen, Konzerten, Vorträgen und Filmen veranstaltete.

Als meine Universität die Veranstaltungen in Charlotte plante, war ich immer stärker fasziniert von dem, was ich über Amnon Weinstein erfuhr. Meine vorherigen Forschungen drehten sich um Musik in Ungarn vor, während und nach dem Holocaust, sodass mich das Geigen-Projekt menschlich, künstlerisch und wissenschaftlich ansprach – und einen regelrechten Aufruhr intellektueller Neugier bei mir auslöste. Im Februar 2011 verbrachte ich eine Woche mit Amnon und seiner bezaubernden Frau Assi in Tel Aviv. Ich sah die Instrumente mit eigenen Augen und erfuhr mehr über Amnons Weg. Durch diese Reise wurde ich schließlich dazu inspiriert, ein Buch zu schreiben über diese Geigen und die Musiker, die einmal auf ihnen spielten.

Im Zuge der Recherchen zu *Die Geigen des Amnon Weinstein* durfte ich die Nachkommen mehrerer Personen, die in diesem Buch porträtiert sind, treffen und interviewen: Freddy Davidovitz; Seffi Hanegbi; Nadir Krongold; Berit, Liv und Ernst Simon Glaser sowie ihren Stiefbruder, Torleif Torgersen; Mona und Solveig Levin; Helen Wininger Livnat; und Ze'ev Weininger. In Norwegen erhielt ich freundliche Unterstützung von Steinar Birkeland und Thomas Hellum (NRK, Norwegischer Rundfunk), Hilde Holbæk-Hanssen (Music Information Center), Lorentz Reitan (Bergen Filharmoniske Orkester) und Magne Seland (Nasjonalbiblioteket). Stanley Bergman, John Cox, Susanna Glaser, David Goldman, Mindle Crystel Gross, Joseph Itiel, Martin Jacobs, Henia Lewin, Myra Mniewski, Nofar Moshe, Anne Parelius und Benjamin Still unterstützten mich ebenfalls sehr während meiner Recherchen. Besonders dankbar bin ich meinem Agenten John Rudolph vom Dystel & Goderich Literary Management dafür, dass er an dieses Projekt geglaubt hat – von Beginn an. Ebenso meiner Herausgeberin Claire Wachtel und der Mitherausgeberin Hannah Wood von Harper Collins, die mir bei der Veröffentlichung des Buchs mit großem Sachverstand zur Seite standen.

Bedanken möchte ich mich außerdem beim Ghetto Fighters' House Museum, beim Israel Philharmonic Orchestra, beim United States Holocaust Museum und Yad Vashem, sowie bei Ernst Simon Glaser, Nadir Krongold, Helen Wininger Livnat und Amnon Weinstein, die mir erlaubten, historische Fotos aus ihren Sammlungen abzudrucken. Die Ansichten und Meinungen in diesem Buch und der Kontext, in dem die Bilder hier stehen, spiegeln nicht zwangsläufig die Ansichten und Grundsätze jener Personen und Institutionen wider und bedeuten weder Zustimmung noch Unterstützung.

Diese Arbeit wurde teilweise von Mitteln der University of North Carolina in Charlotte und dessen College of Arts and Architecture unterstützt. Besondere Unterstützung stellte die Lois Lehrman Grass Foundation zur Verfügung.

Ich danke meinem Vater Robert J. Grymes für seine Hilfe und Begleitung während meiner Forschungsreisen nach Israel, meinem Bruder Chris für die beständige Ermutigung. Vor allem aber muss ich meiner Frau Elizabeth und unserer Tochter Helen für ihre Liebe und Geduld danken. Ohne ihre Unterstützung hätte ich dieses Buch niemals schreiben können.

Bibliografie

Prolog: Amnons Geigen

Yitzhak Arad: »Wilna«. In: *Enzyklopädie des Holocaust.* Ed. by Israel Gutman, dt. Ausg. hg. v. Eberhard Jäckel u.a. Tb. München-Zürich 1995, Bd. 3, 1599-1603; Moses Einhorn (Hg.): *Volkovisker Yisker-bukh.* New York 1949; Elana Estrin: »Did Jews Invent the Violin?« In: *Jerusalem Post.* 20. August 2009; Ida Haendel: *Woman with Violin. An Autobiography.* London 1970; Interview mit Ida Haendel am 31. October 2012; Aharon Weiss: »Volkovysk«. In: *Encyclopedia Judaica.* 2nd ed., ed. by Fred Skolnik, Michael Berenbaum. New York 2007, vol. 20, 573-574.

1 Die Wagner-Geige

Musik im Dritten Reich:

Kurt Baumann: »Der Kulturbund – Ghetto und Heimat«. In: *Sie durften nicht mehr Deutsche sein. Jüdischer Alltag in Selbstzeugnissen. 1933 – 1938.* Hg. v. Margarete Limberg, Hubert Rübsaat. Frankfurt/M. 1990, 259-272; Berta Geissmar: *Two Worlds of Music.* New York 1975; Martin Goldsmith: *Die unauslöschliche Symphonie. Musik und Liebe im Schatten des Dritten Reiches – eine deutsch-jüdische Geschichte.* Freiburg i. Br.-Basel-Wien 2002; Otto D. Tolischus: »Bands Rove Cities«. In: *New York Times.* 11. November 1938; Lily E. Hirsch: *A Jewish Orchestra in Nazi Germany. Musical Politics and the Berlin Jewish Culture League.* Ann Arbor 2010; Michael H. Kater: »Jewish Musicians in the Third Reich. A Tale of Tragedy«. In: *The Holocaust's Ghost. Writings on Art, Politics, Law and Education.* Ed. by F.C. DeCoste, Bernard Schwartz. Edmonton 2000, 75-83; Michael H. Kater: *Die missbrauchte Muse. Musiker im Dritten Reich.* München-Zürich 2000; Erik Levi: *Music in the Third Reich.* New York 1994; Nicolas Slonimsky: *Music Since 1900.* 4th ed. New York 1971; Kurt Sommerfeld: »Kein Bier für den Juden dahinten!« In: *Premiere und Pogrom. Der Jüdische Kulturbund 1933-1941.* Hg. v.

Eike Geisel, Henryk M. Broder. Berlin 1992, 200–209; Leni Yahil: »Reichskristallnacht«. In: *Enzyklopädie des Holocaust*. Ed. by Israel Gutman, dt. Ausg. hg. v. Eberhard Jäckel u.a. Tb. München-Zürich 1995, Bd. 3, 1205-1210.

Musik in Palästina:
Philip V. Bohlman: »The Land Where Two Streams Flow«. In: *Music in the German-Jewish Community of Israel.* Urbana 1989; »›Divine‹, Says Huberman. Palestine Symphony Orchestra's Organizer Acclaims Its Debut«. In: *New York Times.* 27. Dezember 1936; Helmut Goetz: *Bronislaw Huberman and the Unity of Europe.* Rom 1967; Jehoash Hirshberg: *Music in the Jewish Community of Palestine 1880–1948. A Social History.* Oxford 1995; Ida Ibbeken: *An Orchestra Is Born.* Tel Aviv 1969; Barbara von der Lühe: *Die Musik war unsere Rettung! Die deutschsprachigen Gründungsmitglieder des Palestine Orchestra.* Tübingen 1998; Josh Aronson: *Orchester im Exil.* Dokumentarfilm. USA-Israel 2012; »Orchestra of Exiles«. In: *New York Times.* 9. Februar 1936; Elsa Thalheimer: *Five Years of the Palestine Orchestra.* Tel Aviv 1942; Uri (Erich) Toeplitz: *Sipurah shel ha-Tizmoret ha-filharmonit ha-Yisreelit.* [Die Geschichte des Israel Philharmonic Orchestra]. Tel Aviv 1992; »Toscanini to Conduct Concerts of New Orchestra in Palestine«. In: *New York Times.* 23. Februar 1936; Dokumente aus der privaten Sammlung Amnon Weinsteins.

2 Erich Weiningers Geige

Österreich und Deutschland:
Yehoshua R. Büchler: »Buchenwald«. In: *Enzyklopädie des Holocaust.* Ed. by Israel Gutman, dt. Ausg. hg. v. Eberhard Jäckel. u.a. Tb. München-Zürich 1995, Bd. 1, 248-251; George Clare: *Letzter Walzer in Wien.* Wien 2001; Paul Cummins: *Musik trotz allem. Herbert Zipper – von Dachau um die Welt.* Wien 1993; Barbara Distel: »Dachau«. In: *Enzyklopädie des Holocaust.* Ed. by Israel Gutman, dt. Ausg. hg. v. Eberhard Jäckel. u.a. Tb. München-Zürich, Bd. 1, 299-304; Sarah A. Ogilvie, Scott Miller: *Refuge Denied. The* St. Louis

Passengers and the Holocaust. Madison 2006; Theron Raines: *Rising to the Light. A Portrait of Bruno Bettelheim.* New York 2002; Hans A. Schmitt: *Quakers and Nazis. Inner Light in Outer Darkness.* Columbia 1997; Nina Sutton: *Bruno Bettelheim. Auf dem Weg zur Seele des Kindes.* Hamburg 1996.

Emigration nach Palästina:
Joan Campion: *In the Lion's Mouth. Gisi Fleischmann and the Jewish Fight for Survival.* Lanham 1987; Karl Lenk: *The Mauritius Affair. The Boat People of 1940/41.* London 1993; Elena Makarova: *Boarding Pass to Paradise. Peretz Beda Mayer and Fritz Handel.* Jerusalem 2005; Munya M. Mardor: *Haganah.* New York 1964; Beda Mayer, Hannah Mayer: »In the Eye of the Storm«. In: *Across the Street and Far Away.* Ed. by Valerie Arnon. Jerusalem 2004, 16–49; Geneviève Pitot: *Der Mauritius-Schekel. Geschichte der jüdischen Häftlinge auf der Insel Mauritius 1940–1945.* Teetz-Berlin 2008; Aaron Zwergbaum: »Exile in Mauritius«. In: *Yad Vashem Studies* 4. 1960, 191–257.

3 Die Geige von Auschwitz

Auschwitz:
Jozef Buszko: »Auschwitz«. In: *Enzyklopädie des Holocaust.* Ed. by Israel Gutman, dt. Ausg. hg. v. Eberhard Jäckel u.a. Tb. München-Zürich 1995, Bd. 1, 108–120; Guido Fackler: »›We all feel this music is infernal ...‹ Music on Command in Auschwitz«. In: *The Last Expression. Art and Auschwitz.* Ed. by David Mickenburg, Corinne Granof, Peter Hayes. Evanston 2003, 114–125; Shirli Gilbert: »Fragments of Humanity. Music in Auschwitz«. In: *Music in the Holocaust. Confronting Life in the Nazi Ghettos and Camps.* Oxford 2005, 144–195.

Das Orchester des Hauptlagers von Auschwitz:
Emilio Jani: *My Voice Saved Me. Auschwitz 180046.* Mailand 1961; Ignacy Szczepański: *Häftlingskapelle.* Warschau 1990.

Das Orchester des Männerlagers von Birkenau:
Martin Goldsmith: *Die unauslöschliche Symphonie. Musik und Liebe im Schatten des Dritten Reiches – eine deutsch-jüdische Geschichte.* Freiburg i. Br.-Basel-Wien 2002; Simon [Szymon] Laks: *Musik in Auschwitz.* 2. Aufl. Berlin 2014; Henry Meyer: »Anscheinend ging nichts ohne Musik«. In: *Premiere und Pogrom. Der Jüdische Kulturbund 1933-1941.* Hg. v. Henryk M. Broder, Eike Geisel. Berlin 1992, 136-145; Henry Meyer: »Mußte da auch Musik sein? Der Weg eines Geigers von Dresden über Auschwitz nach Amerika«. In: *Musik im Exil. Folgen des Nazismus für die internationale Musikkultur.* Hg. v. Hanns Heister. Frankfurt/M. 1993, 29-40; Ken Shuldman: *Jazz Survivor. The Story of Louis Bannet, Horn Player of Auschwitz.* London 2005; Jacques Stroumsa: *Geiger in Auschwitz. Ein jüdisches Überlebensschicksal aus Saloniki 1941-1967.* Konstanz 1993; Barbara-Maria Vahl: »›Die Musik hat mich am Leben erhalten!‹ Henry Meyer, zweiter Geiger des LaSalle Quartet, im Gespräch«. In: *Das Orchester. Zeitschrift für Orchesterkultur und Rundfunk-Chorwesen* 44. 1996, Nr. 3, 11-15.

Das Orchester des Frauenlagers von Birkenau:
Fania Fénelon, mit Marcelle Routier: *Das Mädchenorchester in Auschwitz.* Frankfurt/M. 1980; Gabriele Knapp: *Das Frauenorchester in Auschwitz. Musikalische Zwangsarbeit und ihre Bewältigung.* Hamburg 1996; Anita Lasker-Wallfisch: *Ihr sollt die Wahrheit erben. Die Cellistin von Auschwitz. Erinnerungen.* Reinbek 2007; Richard Newman: *Alma Rosé. Wien 1905 – Auschwitz 1944.* Bonn 2003; Rachela Olewski Zelmanowicz: *Crying Is Forbidden Here!* Trans. and ed. by Arie Olewski, Jochevet Ritz-Olewski. Tel-Aviv 2009, mit freundlicher Genehmigung von Arie Olewski und Jochevet Ritz-Olewski.

Andere Auschwitz-Ensembles:
Ruth Elias mit Arnold Jacoby: *Die Hoffnung erhielt mich am Leben. Mein Weg von Theresienstadt und Auschwitz nach Israel.* München 1990; Primo Levi: *Ist das ein Mensch?* und *Die Atempause.* München

1988; Herman Sachnowitz: *The Story of »Herman der Norweger«. Auschwitz Prisoner #79235.* Langham, MD 2002; Coco Schumann: *Der Ghetto-Swinger. Eine Jazzlegende erzählt.* München 1997; Elie Wiesel: *Die Nacht.* Freiburg i. Br.-Basel-Wien 2013.

4 Ole Bulls Geige

Der Holocaust in Norwegen:

Samuel Abrahamsen: »The Holocaust in Norway«. In: *Contemporary Views on the Holocaust.* Ed. by Randolph L. Braham. Boston 1983, 109–142; »Ole Bulls fele til Bergen idag«. In: *Bergens Tidende.* 16. Januar 1941; Samuel Abrahamsen: *Norway's Response to the Holocaust.* New York 1991; Maynard M. Cohen: *A Stand Against Tyranny. Norway's Physicians and the Nazis.* Detroit 1997; Richard Petrow: *The Bitter Years. The Invasion and Occupation of Denmark and Norway, April 1940–May 1945.* New York 1974; Herman Sachnowitz: *Auschwitz. Ein norwegischer Jude überlebte.* Frankfurt/M.-Wien-Zürich 1980.

Ole Bull:

Sara Chapman Thorp Bull, Alpheus Benning Crosby: *Ole Bull.* Cambridge, MA 1883; Einar Haugen, Camilla Cai: *Ole Bull. Norway's Romantic Musician and Cosmopolitan Patriot.* Madison 1993; Mortimer Smith: *The Life of Ole Bull.* Princeton 1943; Amnon Weinstein: »Ole Bull. A Renaissance Man«. In: *Journal of the Violin Society of America* 17. 2000, no. 1, 85–125.

Das Philharmonische Orchester in Bergen:

Hans Jørgeb Hurum: *Musikken under okkupasjonen.* Oslo 1946; Kåre Fasting: *Musikselskabet »Harmonien« gjennom to hundre år 1765–1965.* Bergen 1965; Olav Mosby: *Musikselskabet Harmonien, 1765–1945.* Bergen 1949, vol. 2; Elef Nesheim: *Et musikkliv i krig. Konserten som politisk arena, Norge, 1940–45.* Oslo 2007.

Ernst Glaser:
Zeitungsausschnitte und andere Dokumente des Philharmonischen Orchesters Bergen; Ernst Glaser: *Interview in der Music Academy in Ålesund.* (Abschrift), 14. Januar 1975, mit freundlicher Genehmigung von Ernst Simon Glaser; Zeitungsausschnitte und andere Informationen von Bertit, Liv, und Ernst Simon Glaser sowie von Torleif Torgersen; Interview mit Berit, Liv, und Ernst Simon Glaser, 29. Januar 2012; Interview mit Solveig und Mona Levin, 28. Januar 2012; Zeitungsausschnitte und andere Dokumente der Osloer Nationalbibliothek.

Flucht und Exil in Schweden:
Kirsten Flagstad: *The Flagstad Manuscript.* Ed. by Louis Biancolli. New York 1952; »Kunstnerparet Glaser. To trofaste norske musikkambassadører i Sverige«. In: *Norsk Musikkliv* 9–10. 1945, 1–5; Robert Levin mit Mona Levin: *Med livet i hendene.* Oslo 1983; Ragnar Ulstein: *Jødar på flukt.* Oslo 1995.

5 Feivel Winingers Geige

Der Holocaust in Rumänien:
Jean Ancel: *The History of the Holocaust in Romania.* Ed. by Leon Volovici. Lincoln 2011; International Commission on the Holocaust in Romania: *Final Report.* 2004; Radu Ioanid: *The Holocaust in Romania. The Destruction of Jews and Gypsies Under the Antonescu Regime, 1940–1944.* Chicago 2000.

Transnistrien:
Felicia Steigman Carmelly: *Shattered! 50 Years of Silence. History and Voices of the Tragedy in Romania and Transnistria.* Scarborough, Ontario 1997; Julius S. Fisher: *Transnistria. The Forgotten Cemetery.* South Brunswick, NJ 1969; Yosef Govrin: *In the Shadow of Destruction: Recollections of Transnistria and Illegal Immigration to Eretz Israel, 1941–1947.* London 2007; Korrespondenz mit Dr. Timor Melamed; Avigdor Shachan: *Burning Ice. The Ghettos of Transnistria.* Boulder 1996; Meir Teich: »The Jewish Self-Administration

in Ghetto Shargorod (Transnistria)«. In: *Yad Vashem Studies* 2. 1958, 219–254.

Feivel Wininger:
Helen Wininger Livnat: *Le-male et ha-zeman be-hayim.* [Zeit mit Leben füllen]. Tel Aviv 2006; Interview mit Helen Wininger Livnat, 7. März 2012; Feivel Wininger: *We were so many and so weak. We remained few but strong and powerful.* Unveröffentlichte Memoiren, übersetzt von Laura und Zvika Livnat. Mit freundlicher Genehmigung von Helen Wininger Livnat.

6 Motele Schleins Geige

Der Holocaust in Wolhynien:
Wendy Lower: »Facilitating Genocide. Nazi Ghettoization Practices in Occupied Ukraine, 1941–1942«. In: *Life in the Ghettos During the Holocaust*. Ed. by Eric J. Sterling. Syracuse, NY 2005, 120–144; Schmuel Spector: *The Holocaust of Volhynian Jews, 1941–1944*. Jerusalem 1990; Schmuel Spector: »The Jews of Volhynia and Their Reaction to Extermination«. In: *Yad Vashem Studies* 15. 1983, 159–186.

Onkel Mishas jüdische Gruppe:
Reuben Ainsztein: *Jüdischer Widerstand im deutschbesetzten Osteuropa während des Zweiten Weltkrieges.* Oldenburg 1993; Interview mit Seffi Hanegbi, 7. März 2012; Moshe Kahanovitch: »Moshe Gildenman – Partisan Commander of the ›Yevgrupa‹«. In: *Yad Vashem Bulletin* 3. 1958, 13–14; Allan Levine: *Fugitives of the Forest.* Toronto 1998; Yuri Suhl (Ed.): *They Fought Back. The Story of the Jewish Resistance in Nazi Europe.* New York 1967.

Motele Schlein:
Moshe Gildenman: *Motele. Der yunger partizaner.* [Motele. Der junge Partisan]. Paris 1950.

Epilog: Shimon Krongolds Geige

Frances Brent: *The Lost Cellos of Lev Aronson.* New York 2009; Howard Reich, William Gaines: »How Nazis Targeted World's Finest Violins«. In: *Chicago Tribune.* 19. August 2001; Carla Shapreau: »The Stolen Instruments of the Third Reich«. In: *The Strad.* Dezember 2009; Willem de Vries: *Sonderstab Musik. Organisierte Plünderungen in Westeuropa 1940-45.* Köln 1998; Interview mit Nadir Krongold, 8. März 2012.

Index

Über den Autor

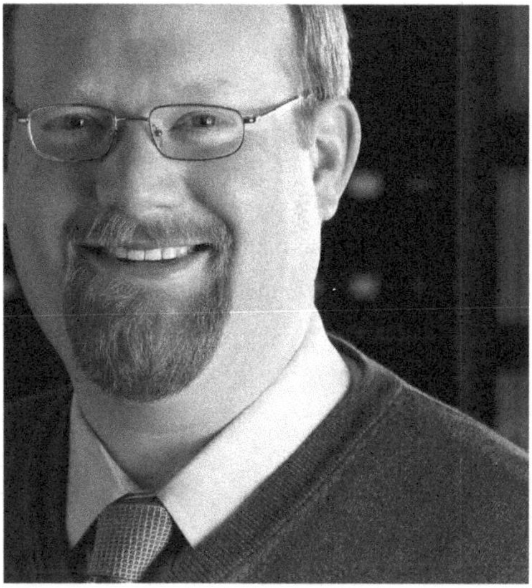

James A. Grymes, Professor für Musikwissenschaft, Lehrstuhlinhaber am Institut für Musik an der University of North Carolina in Charlotte.
Zahlreiche Veröffentlichungen zu Themen vom Mittelalter bis zur Gegenwart. Wichtige Bücher zum ungarischen Pianisten und Komponisten Ernst von Dohnányi.
Essays für die *Huffington Post* und wissenschaftliche Zeitschriften wie *Acta Musicologica, Hungarian Quarterly, Music Library Association Notes* und *Studia Musicologica.*

Die Geigen des Amnon Weinstein (engl. *Violins of Hope*) gewann 2014 den *National Jewish Book Award.*
www.jamesagrymes.com